KB152438

조금 수상한
비타민C의 역사

옮긴이 **김주희**

서강대학교 화학과와 동 대학원 석사 과정을 졸업하고 SK이노베이션에서 근무했다. 글밥아카데미 수료 뒤 바른
번역 소속 번역가로 활동하고 있으며, 옮긴 책으로 《양자역학 이야기》 《원소 이야기》 《우리가 초록을 내일이라
부를 때》 《위대한 과학》 등이 있다.

조금 수상한 비타민C의 역사

초판 1쇄 발행 2023년 4월 27일

지은이 스티븐 M. 사가 / **옮긴이** 김주희

펴낸이 조기흠
책임편집 박소현 / **기획편집** 이수동, 최진, 김혜성
마케팅 정재훈, 박태규, 김선영, 홍태형, 임은희, 김예인 / **제작** 박성우, 김정우
교정교열 신지영 / **디자인** studio forb

펴낸곳 한빛비즈(주) / **주소** 서울시 서대문구 연희로2길 62 4층
전화 02-325-5506 / **팩스** 02-326-1566
등록 2008년 1월 14일 제 25100-2017-000062호

ISBN 979-11-5784-659-7 03900

이 책에 대한 의견이나 오탈자 및 잘못된 내용에 대한 수정 정보는 한빛비즈(주)의 홈페이지나
이메일(hanbitbiz@hanbit.co.kr)로 알려주십시오. 잘못된 책은 구입하신 서점에서 교환해드립니다.
책값은 뒤표지에 표시되어 있습니다.

⌂ hanbitbiz.com **f** facebook.com/hanbitbiz **N** post.naver.com/hanbit_biz
▶ youtube.com/한빛비즈 ◎ instagram.com/hanbitbiz

지금 하지 않으면 할 수 없는 일이 있습니다.
책으로 펴내고 싶은 아이디어나 원고를 메일(hanbitbiz@hanbit.co.kr)로 보내주세요.
한빛비즈는 여러분의 소중한 경험과 지식을 기다리고 있습니다.

스티븐 M. 사가 지음

조금 수상한
비타민C의 역사

김주희 옮김

아주 작은 영양소가 촉발한
미스터리하고 아슬아슬한 500년

잇몸이 부풀다 죽는 잔혹한 고통에서
스타 과학자의 은밀한 욕망까지

한빛비즈
Hanbit Biz, Inc.

수전을 위하여

연구는 체계적인 일이 아니라 직관에 기반한 예술 작업이다.

— 얼베르트 센트죄르지

세상에 그저 과학에 불과한 것은 없다.

— 시리 허스트베트

차례

1부
해적의 바다
낯선 질병의 역사

2부
욕망의 과학자
유연한 사고의 힘

3부

비타민 비즈니스

우리가 모르는 딜레마

과학은 가끔 퇴보도 한다

나는 순수 아스코르브산(비타민 C의 화학명)을 1977년에 처음 접했다. 의대를 갓 졸업하고 레지던트 생활을 한 뒤, 의사과학자가 되기를 꿈꾸며 보스턴의 신경과학 실험실에 들어갔는데, 여기서 나는 아스코르브산을 거의 매일 사용했다. 그러나 그 화합물에 관심은 없었다. 실험용 스푼 끝부분으로 아스코르브산 몇 밀리그램을 뜨면서 구태여 무게를 잴 필요도 없었다.

1980년대 초 나는 시범 연구 프로젝트에 필요한 연구 보조금을 마련하면서 처음으로 비타민 C에 관심을 가졌다. 새클러 재단이 나의 지도교수를 뉴욕으로 초대해 연구소 일을 논의했다. 지금이 새클러 재단은 자신들이 소유한 기업인 퍼듀가 마약성 진통제인 옥시콘틴을 홍보하여 오피오이드 위기를 촉발한 일로 악명 높다. 새클러 형제와 지도교수가 만난 것은 그 일이 벌어지기 전이었다. 참고로 그들은 의약품을 의사들에게 홍보하는 전략을 거대 제약 회사에 자문해주면서 억만장자가 되었다. 이후 일부 재산을 의학 연구에 지원했고 지도교수는 이 기부금을 유치하기 위해 새클러 가문과 만나려 했다. 이를 위해 지도교수는 대학원생들에게 연구 보조금 제안서를 간단히 작성하라고 했다.

나는 캡사이신의 신경생물학적 작용을 주제로 제안서를 썼고, 같은 주제의 수많은 글처럼 내 제안서에도 캡사이신이 헝가리 파프리카와 멕시코 고추에 함유된 자극적 성분이라는 설명이 포함되었다. 새클러 형제는 이 문서를 정독했지만 캡사이신이나 내가 언급한 과학 분야에는 관심이 없었다. 그런데도 연구 보조금을 지원하기로 결정한 것은 헝가리산 파프리카가 비타민 C의 상업적 공급원이기 때문이었다. 나는 몰랐던 사실인데, 새클러 형제의 재단은 노벨상을 수상한 화학자이자 공개적으로 비타민 C 메가도스(비타민 C를 권장 섭취량보다 과용량으로 복용하는 요법 – 옮긴이)를 지지한 라이너스 폴링Linus Pauling의 연구 활동을 지원하고 있었다. 제안서는 비타민과 아무런 관련이 없었고 그 프로젝트에서 중대한 결과가 도출되지도 않았지만, 이때 뜻밖에 연구비를 지원받은 계기로 나는 우연히 비타민 C의 역사에 끼어들게 되었다.

이후 나는 더는 비타민 C와 관련된 일을 하지 않다가 진로를 바꾸어 제약 산업에 뛰어들게 되었다. 2012년에는 작은 생명공학 회사의 면접을 준비했다. 특정 형태의 비타민 C를 뇌로 수송하는 메커니즘이 있는데, 그 회사가 생산하는 약물 또한 해당 메커니즘으로 수송되었다. 이를 계기로 나는 괴혈병의 신경학적 징후를 조사하게 되었고 그 질병의 역사를 파헤치기 시작했다.

지원한 회사에 입사하지는 않았지만, 읽을수록 흥미로운 비타민 C 이야기와 그 역사에 등장하는 매력적인 인물들을 접하면서 나는 이 이야기를 수많은 대중이 들을 만한 가치가 있다고 확신하게 되었다.

비타민 C의 500년 역사에는 용기와 냉정, 뛰어난 통찰과 어리석음, 그리고 뜻밖의 행운이 담긴 흥미진진한 에피소드와 생생한 등장인물로 가득하다. 이 역사에는 떠돌이 선원, 북극 탐험가, 돈한 푼에 벌벌 떠는 관료, 말라리아모기가 득실대는 정글 실험실에서 연구하는 과학자, 분자생물학의 최신 도구를 활용하는 연구자 등 각양각색 개성을 지닌 이색적인 인물들이 주인공이다. 이들의 이야기는 우리가 역사에서 교훈을 얻지 못하고 수백 년 전 선조들이 저지른 실수를 똑같이 반복한 사례이다.

비타민 C의 역사는 의학이 현실 세계에서 어떻게 작용하는지, 그리고 수 세기에 걸쳐 어떻게 변화해왔는지 가르쳐준다. 인간 뇌가 생물학의 신비를 꿰뚫을 뿐 아니라 잘못된 길로 들어설 수도 있다는 것도 보여준다. 그리고 과학자가 인간 지성의 한계에 맞서 싸우고 사회가 그런 과학자의 발견에 어떠한 의미가 있는지 밝히려 노력하는 동안, 과학이 진보와 퇴보를 반복하는 과정을 밝힌다. 코로나19 팬데믹을 계기로 나는 오늘날 우리가 직면한 딜레마를

심도 있게 이해하려면 과학의 역사를 살피는 일이 중요하다는 사
실을 마음 깊이 확신하게 되었다.

미겔: 사후 세계는 비타민처럼 어른들의
지어낸 이야기인 줄 알았어요.
빅토리아 이모: 얘야, 비타민은 실제로 존재한단다.
— 〈코코〉, 픽사 애니메이션

유인원 조상의 유전자

비타민 C는 인간에게 필수적인 영양소이다. 비타민 C 덕분에 인간은 산소가 풍부한 대기에서 살아가면서도 세포 조직을 산화시키지 않고 몸에 연료를 공급할 수 있다. 대부분의 동물들은 몸 안에서 비타민 C를 만들어내는데, 이 능력은 4억 년 전 최초의 양서류가 육지에 진출했을 때 진화한 것이다. 그들은 바다에 있을 때보다 산소 농도가 40배 높은 대기와 마주쳤다. 동물계는 비타민 C 덕분에 육지 위로 확장할 수 있었다. 그런데 유인원은 비타민 C가 풍부한 식물과 과일이 있는 숲에 살게 되면서 비타민 C를 몸에서 만들어내는 능력을 잃어버렸다. 대신 이들은 식단에서 비타민 C를 섭취하기 시작했다.

최초의 인간은 유인원 조상으로부터 비타민 C를 몸에서 만들어내는 능력을 상실한 유전자를 물려받았고, 비타민 C를 얻기 위해 음식에 의존했다. 이는 다양한 식단을 섭취하는 수렵·채집인이나 정착한 농경인에게는 문제가 되지 않았다. 수많은 식물이 비타민 C를 풍부하게 생성하기 때문이다. 신선한 과일과 베리류, 녹색 채소, 감자, 고추, 양배추는 풍부한 비타민 공급원이다(부록 참조).

하지만 인류는 아프리카 숲에서 유럽과 아시아로 이주한 이후부터는 비타민 C를 함유한 음식을 항시적으로 섭취할 수 없게 되었다. 겨울을 나는 북위도 지역 주민, 길어진 보급로로 물자를 보급받는 군대, 먼바다를 항해하는 선원은 수개월 동안 신선한 과일과 채소 없이 지내야 했고 결국 비타민 C 결핍으로 괴혈병에 걸린 환자가 흔해졌다. 이 병은 고대와 중세에도 있었지만, 그 명확한 설명은 15세기 말, 탐험가 바스쿠 다가마Vasco da Gama의 첫 인도 항해 일지에 처음 등장했다.

다가마와 선원들은 아프리카 동쪽 해안을 항해하는 동안 6개월 넘게 신선한 과일과 채소를 섭취하지 못했고, 이름을 알 수 없는 병에 걸리기 시작했다. 환자들은 팔다리와 잇몸이 부어서 아무것도 먹지 못했다. 선원들은 너무 쇠약해진 나머지 선박 운항조차 제대로 할 수 없었고 대부분 비참하고 고통스러운 죽음을 맞이했다.

다가마는 치료법을 발견했다. 아프리카 해안에서 오렌지 나무와 마주친 선원들은 오렌지를 열심히 먹고 건강을 회복했다. 이러한 지식을 얻었음에도, 본격적인 항해의 시대가 시작되면서 괴혈병은 폭풍과 전투보다 더 위험한 요인이 되었다. 괴혈병은 또한 육지에서도 유럽인 수백만 명의 목숨을 앗아갔다.

그토록 많은 사람이 사망한 이유는 무엇일까? 본질적으로 당내 의사와 관료는 비타민에 대한 개념이 없었고, 질병을 설명하는 데 진부한 통념에 의존했기 때문이다. 괴혈병이 영양결핍에서 비롯한다는 단순한 사실을 이해하는 데는 무려 400년이 소요되었다.

20세기 초가 되어서야 비로소 괴혈병의 본질이 밝혀지고, 화학자들은 괴혈병을 치료하는 영양소를 확인하기 위해 연구하기 시작했다. 1930년대 초 과학자들은 괴혈병을 치료하는 물질을 분리하고 화학구조를 규명했다. 괴혈병 치료 물질은 항괴혈병(괴혈병 scurvy을 방지anti한다는 의미) 물질이라는 의미에서 아스코르브산이라는 이름이 붙었다. 아스코르브산은 공장에서 대량 생산되었고, 연구자들은 실험실에서 아스코르브산이 어떠한 역할을 하는지 밝히기 위해 노력했다. 또한 교통과 농업이 발전하면서 사람들은 전 세계에서 신선한 농산물을 1년 내내 공급받게 되었다. 이와 더불어 음식과 음료에 아스코르브산이 방부제로 첨가되기 시작했다. 그렇게 괴혈병은 선진국에서 거의 사라졌다.

그런데 이것으로 이야기는 끝나지 않는다. 오렌지 한 개에는 비타민 C가 괴혈병 예방에 필요한 기준량보다 다섯 배 이상 많이 함유되어 있다. 하지만 노벨상을 두 번 수상한 화학자 라이너스 폴링은 건강을 유지하기 위해서는 괴혈병 예방에 필요한 몇 '밀리그램'이 아니라 몇 '그램'의 비타민 C를 매일 섭취해야 한다고 주장했다. 다른 전문가들은 이 견해에 반대하며 질문을 던졌다. 과연 비타민 C는 얼마나 먹으면 충분할까? 괴혈병 예방을 위해서라면 얼마나 필요할까? 아니면 고용량 아스코르브산에 다른 효능이 있을까? 이러한 질문들은 1970년대에 의학계를 벗어나 정치와 상업의 영역으로 들어갔다. 비타민은 거대 산업이 되었다.

가장 인기 있는 영양소

지난 50년간 비타민 C는 전 세계에서 가장 인기 있는 비타민으로, 다른 모든 비타민 중에 가장 많이 팔렸다. 2016년 미국에서는 비타민 D에 이어 2위로 밀려났으나 매출은 계속 증가했다. 2020년에는 코로나19 팬데믹으로 다시 1위에 올라섰다.

비타민 C 공장은 주로 중국과 인도에 있고 비타민 C를 매년 15만 톤 넘게 생산하며 이를 금액으로 환산하면 약 1조 3천억 원에 달한다. 전체 15만 톤에서 약 3분의 1이 영양제로 소비자에게 판매된다. 나머지 대부분은 음식, 음료, 동물 사료용 방부제로 쓰인다.[1] 아마존에서는 알약, 씹어 먹는 약, 분말, 액상, 크림, 스프레이 등 100종이 넘는 비타민 C 제품을 판매한다. 비타민 C는 약 52조 원 규모의 비타민과 영양제 산업이 지속적으로 성장하도록 이끌었다. 물론 다른 영양제 판매도 늘었지만 현재는 고작 시장의 2퍼센트만을 차지하며, 건강을 생각하는 소비자들은 계속해서 비타민을 구입한다.

비타민의 효험을 믿습니까

나의 친구 메리는 비영리 단체의 임원으로 적극적인 성격에 체력도 좋은 편이다. 그녀는 감기 기운을 느낄 때마다 적당량의 비타민 A와 E, 약간의 무기질과 허브, 그리고 비타민 C가 1,000밀리그램이 섞인 파우더를 복용한다. 약병의 성분 목록에 따르면 비타민 C 1,000밀리그램은 '하루 권장 섭취량 대비 함량 비율'이 1,667퍼센트에 달한다. 이 파우더는 "면역 체계를 돕는다"고 말하지만, 감기나 다른 감염증을 예방·치료한다고 구체적으로 주장하지는 않는다.

메리는 파우더를 하루 이틀 동안 두세 번 복용한다. 대부분은 "감기와 싸워 물리치지만", 때로는 결국 감기에 걸린다. 일단 감기가 시작되면 증상이 완화되지 않는다면서 비타민 파우더 복용을 중단한다.

메리는 본인이 곧 증거라고 설명한다. 감기 증상에는 비타민 C를 복용해도 아무런 효과가 없다는 임상시험 결과를 들려주며 내가 비타민 복용 이유를 묻자, 메리는 본인의 경험은 다르다고 대답한다. 메리의 경험이란 무엇일까? 메리는 1년 동안 몇 차례 비타민을 먹고 한두 번 감기에 걸린다. 메리는 비타민 C를 섭취하면 대부분 효능을 발휘한다고 생각하며 계속 복용한다.

또 다른 내 친구 빌은 하버드 출신의 저명한 의사과학자이자 이름난 의과대학 교수이다. 그의 연구 주제 중 하나는 근육 손상에서 산소가 하는 역할이다. 수년 전 마라톤 대회에 출전하면서, 빌은 근육 건강을 증진하기 위해 비타민 C 500밀리그램을 매일 섭취했다. 식단에 포함된 비타민 C가 부족하다고 생각하지는 않았지만, 장거리 달리기로 근육이 극도의 스트레스에 노출되기 때문에 비타민 C를 추가로 섭취하면 항산화 효과를 얻을 수 있으리라 추론했다. 그는 비타민, 무기질, 허브가 배합되었다고 광고하는 항산화제를 섭취하는 수백만 명의 소비자 대열에 합류했다.

빌은 비타민이 조금은 도움이 되리라 추론하며 '왜 안 되겠어?'라고 생각하고, 자연에서 유래한 물질이니 몸에 아무런 해를 끼치지 않으리라 믿었다. 그런데 섭취할 때마다 비타민이 얼마나 몸에 흡수되는지, 얼마나 몸 밖으로 배출되는지는 알지 못했다. 빌은 어느 순간 별다른 이유 없이 제품 복용을 중단했고, 복용 전후로 어떠한 차이점도 느끼지 못했다.

메리와 빌은 비타민 C 영양제를 먹는 소비자 수백만 명에 속한다. 라이너스 폴링과 그의 제자들은 비타민 산업계가 뿌린 판촉물과 마찬가지로, 질병에 걸리지 않으려면 비타민을 그램 단위로 먹어야 한다고 수많은 사람을 설득했다. 이들은 전형적인 서구 식단이 건강을 유지하기에 충분하지 않으므로, 대량 생산된 고함량 비타민으로 영양소를 보충해야 한다고 믿는다.

과거 수백만 명의 사람들은 비타민 C 몇 밀리그램이 부족한 탓에 괴혈병으로 사망했으나, 오늘날 수백만 명의 사람들은 그램 단위로 비타민 C를 소비한다. 이처럼 비타민 과학이 발전하기까지의 역사는 세 부분으로 나뉜다.

수백 년의 무지와 고통

우리는 비타민을 당연하게 여긴다. 비타민이 풍부한 다양한 음식을 즐긴다. 그 결과 인간이 제한된 식단을 섭취하며 살아가던 한때 흔히 겪은 질병을 잊어버렸다. 괴혈병, 각기병, 펠라그라, 구루병 등 지금은 낯선 이름의 질병들이다. 현대의 의사들은 교과서에서만 그러한 질병을 접하며 실제 사례를 경험하는 경우는 거의 없다.

그런데 20세기 이전, 비타민을 둘러싼 문제는 얼마나 추가로 섭취할 것인가가 아니라, 생존의 문제였다. 수백만 명이 비타민 부족으로 사망했다. 일부 국가에서는 비타민 부족이 전염병만큼 많은 사람의 목숨을 앗아갔다. 의학이 성취한 가장 큰 성과로 예방 접종과 항생제가 종종 언급되지만, 비타민의 발견과 그에 따른 식단 개선도 그 못지않게 공중 보건에 영향을 미쳤다.

괴혈병은 유럽인에게 가장 치명적인 병이었다. 이 질병은 수백만 명을 고통에 빠뜨렸고 전쟁의 결과와 제국의 운명을 결정지었다. 괴혈병은 의사와 관료 들을 혼란스럽게 했다. 탐험가 바스쿠 다가마와 그의 선원들은 1498년에 신선한 오렌지를 먹으면 괴혈병이 낫는다는 사실을 인식했지만 영국 해군이 선원에게 감귤류 즙을 의무적으로 공급하기까지 300년 넘게 걸렸다. 또한 이 병이 영양결핍 질환이라는 것을 이해하는 데는 그로부터 100년이 더 소요되었다.

이처럼 명백해 보이는 현상을 이해하기까지 수백 년 걸렸다는 점이 놀랍다. 고대 이후 사람들은 에너지를 얻을 충분한 음식이 필요하며 일반적인 영양실조로 사망할 수 있음을 깨달았다. 인체 조직을 재생하는 데 단백질이 필요하다는 점도 인식했다. 그러나 특정 영양소, 그중에서도 일부 영양소는 극미량이라도 반드시 섭취해야 한다는 것을 이해하지 못했다. 당시 의사들은 오늘날과 마찬가지로 그 시대를 지배한 사고방식에서 벗어나지 못했다. 수많은 사람이 바스쿠 다가마로부터 괴혈병 원인의 이해로 나아가는 동안, 당대 만연한 지식 탓에 잘못된 길로 들어서곤 했다.

과학을 무시하는 순간

괴혈병이 잘못된 식단에서 비롯했다고 증명되자 부족한 영양소를 찾으려는 경쟁이 시작되었다. 비타민 C 역사의 두 번째 부분은 비타민을 발견하고 비타민 C의 화학적 특성과 생리학적 역할을 규명하는 수많은 연구를 설명한다. 고대 철학자의 독단적 견해와 추론에 근거한 이론이 과학적 의학으로 대체되자, 진보는 빠른 속도로 이루어졌다. 20세기 초 수십 년간 의학 연구의 중심에 영양학이 부상했다. 영양학은 대중과 야심 찬 연구자들의 이목을 끌었다. 학자로서의 명예와 노벨상이 걸려 있었고 자부심 강한 과학자들이 도전장을 내밀었다. 이 이야기는 눈부신 과학적 성과와 순수한 행운, 당혹스러운 방향 이탈, 그리고 오해로 장식되었다.

1970년대에 라이너스 폴링은 비타민 C의 옹호자가 되었다. 폴링은 탁월한 화학자이자 카리스마 있는 인물로, 양자물리학으로 분자 내 화학 결합을 설명한 공로로 노벨 화학상을 수상했다. 1950년대와 1960년대에는 핵폭탄 실험에서 유래한 방사능 낙진을 알리기 위해 전국을 순회하면서 유명 인사가 되었다. 폴링의 노력은 대기 핵 실험을 금지하는 조약으로 이어졌고, 1962년 그는 노벨 평화상을 수상했다.

폴링은 이후 공중 보건 문제로 눈을 돌렸다. 주로 추측에 근거하여 이론을 만들고 '분자교정의학orthomolecular medicine'이라 이름 붙였다. 폴링은 식단과 비타민으로 거의 모든 질병을 치료할 수 있다고 가정한 다음, 비타민 C 메가도스가 감기와 독감, 암과 심장병을 예방한다고 주장했다. 그는 자기 생각을 전문 학술지에 발표하는 선에서 만족하지 않고 대중 운동을 시작했다. 인기 있는 잡지와 타블로이드 신문이 폴링의 주장을 전파했고 그가 집필한《비타민 C와 감기》는 베스트셀러가 되었다.

폴링의 주장은 과학적으로 뒷받침되지 않았으나 전도 활동은 결실을 보았다. 비타민 C 판매량이 급증하고 그 인기가 변함없이 유지되었다. 비타민 C의 성공으로 비타민과 영양제 산업이 폭발적으로 확장했다. 이 산업이 정부의 규제를 피해 매출 약 52조 원 규모로 성장한 사례는 과학과 정치의 관련성을 드러내는 동시에 과학이 얼마나 빈번하고 폭넓게 무시되는지 가르쳐주는 교훈이다. 기후 변화와 코로나19 팬데믹이 과학과 정치를 다시 갈등하게 만들었다는 점에서 이 이야기는 21세기와 직접적으로 연결된다.

과학자도 선입견이 있다

인간 지성이 완벽하다면 과학 지식은 별문제 없이 순조롭게 발전할 것이다. 지적이고 숙련된 연구자들이 전임 연구자의 연구 결과를 바탕으로 이해 체계를 폭넓게 확장할 것이다. 하지만 현실은 순탄하지 않다. 과학자들 또한 자부심과 야망과 경쟁심, 상사와 가족, 그리고 재정적 이해관계가 있으며, 이 모든 것이 진실을 추구하는 과정에 방해가 될 수 있다.

과학자는 선입견을 통해 세상이 어떻게 돌아가는지 바라본다. 이러한 선입견은 단순한 직감부터 확립된 이론적 모델에 이르기까지 다양하다. 선입견이 옳을 때는 정답에 이르는 직접적인 경로를 제공한다. 하지만 틀렸을 때는 데이터의 잘못된 해석과 무의미한 실험으로 연결된다. 선입견은 인간의 사고를 취약하게 만든다. 그리고 비타민 C 이야기가 보여주듯 명석한 사람들이 분명한 사실을 지시하는 것 또한 막는다.

과학자는 또한 자신이 살아가는 시간과 공간에 형성된 문화 안에서 추측과 편견, 의사소통 수단, 사고방식을 동원해 연구한다. 과학자는 특정 문화 안에서 세상을 바라보는 방식을 구축한다. 18세기에 고전 교육은 고대 현자가 지혜의 정점에 이르렀다고 가르쳤다. 당시 사상가는 그러한 가르침에서 벗어날 수 없었다. 오늘날의 문화에도 나름대로 한계가 존재한다. 선구자적 이론가가 우리의 세계관을 형성하고, 공공 정책이 재정 지원을 받게 될 연구 프로젝트를 결정한다.

음식 또한 강렬한 감정을 전달하는 매개체이다. 음식은 종교에서 중요한 상징적 의미와 거의 마법 같은 특성을 보이기도 한다. 이를테면 민족 음식은 문화적 정체성의 일부가 되는데 특정 시기와 장소에 음식이 널리 유행하기도 한다. 우리는 우리가 먹는 음식이 우리 자신이라는 원시적인 생각을 어느 정도 견지한다. 따라서 영양은 다른 의학 주제보다 훨씬 감정적으로 우리를 자극한다. 그러한 감정을 바탕으로, 우리는 영양 이면에 숨겨진 과학에 반응한다.

비타민 C 모험담은 이해 과정에 부딪히는 장벽뿐만 아니라 끈기 있게 노력하여 그러한 장벽을 극복하는 방법을 보여준다. 이 책은 대규모 과학적 사업을 5세기에 걸쳐 추적한다. 선원들 사이에서 처음 괴혈병을 인식한 사건부터 비타민 C 분자 연구에 이르기까지, 성공담과 실패담을 전부 들려준다.

1부

해적의 바다

낯선 질병의 역사

1

뱃사람들이 걸리는 병

기도하는 법이 궁금한가? 그러면 바다로 가라.
— 16세기 스페인 속담[1]

미지의 바다와 낯선 고통

1497년 7월의 어느 무더운 날, 바스쿠 다가마와 선원 170명을 태운 함선 네 척이 포르투갈 리스본에서 인도로 출항했다.[2] 국왕 동 마누엘은 시원한 산속 피서지를 떠나면서까지 함대를 배웅하고 싶진 않았고, 귀족들은 다가마와 선원들이 안전하게 항해하기를 기원했다. 리스본 시민은 둑에 줄지어 서서 함선을 향해 환호했다. 이들은 다가마의 탐험으로 실크로드의 유럽 종착점인 제노바와 베네

치아가 쥐고 있던 무역 독점권이 깨지면서 포르투갈이 무역 강국으로 발돋움하기를 바랐다.

항해왕 엔히크(1394~1460년) 통치기에 시작된 탐험 활동은 다 가마의 항해로 절정에 이르렀다. 포르투갈 함대는 정부의 지원을 받으며 아프리카 서해안을 따라 차츰 나아갔다. 1488년 바르톨로메우 디아스와 선원들은 아프리카 희망봉을 거친 최초의 유럽인이 되었다. 선원들은 미지의 바다로 더 멀리 나아가기를 두려워한 나머지 아프리카 대륙 끝을 지나지 말고 그냥 귀항하자고 디아스를 압박했다. 그럼에도 디아스는 아프리카 최남단을 발견하고, 인도양이 허무맹랑한 그리스 지도에 묘사되었듯 육지로 둘러싸여 있지 않다고 확신하게 되었다. 그리고 대서양에서 아시아로 이어지는 바닷길이 존재함을 확인했다.

1483년 크리스토퍼 콜럼버스Christopher Columbus는 국왕 주앙 2세와 왕의 조력자들을 만나, 동인도제도로 가는 서쪽 항로를 개척하겠다고 제안했다. 하지만 포르투갈 왕과 조력자들은 콜럼버스의 제안에 솔깃하지 않았는데, 콜럼버스가 지구 둘레를 과소평가한다는 것을 알았기 때문이다. 아프리카 해안을 인지하고 있던 포르투갈인들은 동쪽 항로에 승부를 걸었다. 그리하여 주앙 2세와 그의 후계자 동 마누엘은 바스쿠 다가마에게 아프리카 최남단을 돌아 인도로 가는 항로를 개척하라고 명령했다.

바스쿠 다가마의 어린 시절이나 왕이 디아스가 아닌 다가마에게 원정을 맡긴 이유는 오늘날 거의 알려지지 않았다. 당시 다가마는 겨우 30대였지만 항해 경험이 있으며 왕에게 절대적 충성심을 보이는 소귀족의 일원이었다. 거만하며 화도 잘 내지만 미지의 세계를 모험하려는 야심 찬 지도자이기도 했다.

다가마와 탐험을 떠났던 한 선원은 항해일지에 다음과 같이 썼다.[3] "우리는 교회의 축복과 왕의 호의와 지지자들의 환호 속에서 임무를 수행하러 떠났다." 다가마와 선원들은 아프리카 해안을 따라 내려가다가 카보베르데제도에 상륙했다. 다가마의 함선 가운데 디아스가 타고 있던 한 척은 리스본으로 귀항했다. 나머지 세 척은 큰 범선(캐럭) 두 척과 소형 보급선 한 척으로, 아시아를 향해 출항했다. 선원은 항해일지에 "8월 3일 목요일, 우리는 동쪽으로 떠났다"라고 간략히 기록했다.

선원은 항해일지에 한 가지 내용을 기록하지 않았는데, 함대가 적도를 넘자 지휘관들이 대담한 결정을 내렸다는 것이다. 이들은 아프리카 해안을 끼고 이미 알려진 바다에 머물면서 남쪽으로 줄곧 내려가는 대신 넓은 대서양 쪽으로 방향을 틀었으며, 아마도 브라질 해안에서 1,000킬로미터 이내 영역까지 접근했을 것이다. 이들은 함선이 편서풍을 타고 항해하다가 희망봉을 둘러 가길 바라며 이 우회 경로를 택했다.

지휘관들은 왜 우회 항로가 낫다고 판단했을까? 당시 디아스와 선원들은 1488년 아프리카의 대서양 최남단을 항해한 유일한 유럽인이었다. 그때 디아스는 서쪽으로 얼마간 방향을 튼 덕택에 편서풍을 타면서 희망봉을 끼고 돌 수 있었다. 아마도 다가마 또한 편서풍을 타기 위해 거의 남아메리카 쪽으로 방향을 틀었을 것이다. 이는 놀랄 만큼 대담한 행동이었다.

하지만 다가마는 이 대담한 행동으로 성과를 얻지 못했다. 그의 함대는 첫 번째 시도에서 아프리카 최남단을 둘러 가지 못하고 희망봉 바로 북쪽에 상륙했다. 이들은 93일간 육지를 보지 못했으며, 이는 당대에 가장 오랫동안 먼바다를 쉴 새 없이 항해한 사례였을 것이다. 선원들은 이질, 열병, 식수 부족으로 고통받고 있었다. 그런 까닭에 육지에 내리자마자 물, 고기, 생선을 챙겼지만, 과일이나 채소는 발견하지 못했다. 그렇게 악천후에 맞서 싸우면서 선원들은 마침내 희망봉을 돌아 아프리카 동쪽 해안에 도착했다.

다가마와 선원들은 디아스의 선원들이 탐험을 주저했던 지점 너머로 나아갔다. 여기에는 어마어마한 용기가 필요했다. 예컨대 최초 우주비행사가 용감했던 것은 분명하지만 그들은 자신이 무엇과 직면할지 알았다. 반면 바스쿠 다가마와 선원들은 인도양이나 아프리카 동부 원주민을 전혀 알지 못했다. 원주민이 자신을 이국땅에 도착한 방문객으로 대하며 따뜻하게 맞이할지, 아니면 적대적 침략자로 취급하며 공격할지 몰랐다. 알려진 세계 너머로 탐험하려는 선원들의 의지에는 아시아에서 부를 가져다 나눠 갖는다는 기대감과 다가마의 리더십이 있었다.

하지만 그들은 북쪽으로 항해하는 동안 불가사의한 질병으로 고통받았다. 항해일지에는 향후 수백 년에 걸쳐 뱃사람들을 괴롭힐 그 질병이 최초로 분명하게 서술되어 있다. "수많은 선원이 여기서 병에 걸려 손발이 붓고 잇몸이 부어올라 음식을 먹을 수 없게 되었다." 낯선 고통에 괴로워하던 선원들이 죽기 시작했다. 탐험가들은 그러한 질병을 경험한 적이 없었으며 질병의 이름도 원인도 몰랐다. 다가마의 함대는 카보베르데에서 출항한 지 거의 6개월 만인 1498년 1월 22일 모잠비크에 정박했다.

그곳에는 풍부한 과일, 특히 오렌지가 강가에 자라고 있었다. 선원들은 과일을 먹고 빠르게 회복했다. "이 도시에 도착하자마자 모든 환자가 건강을 회복했고 자비로운 하느님이 기뻐하셨다. 이곳은 공기가 무척 좋다." 항해일지 작성자는 당대 통념에 기반해 그 질병의 원인을 함선의 더러운 공기 탓으로 돌렸다. 그러나 선원들은 오렌지의 진가를 이내 알아차리고 열심히 오렌지를 먹었다.

함선 세 척이 아프리카 해안을 따라 나아갔다. 다가마가 현지 지도자들을 상대로 오만하게 굴며 여러 차례 대립하고 이따금 폭력을 행사한 까닭에 항해는 필요 이상으로 위험을 감수해야 했다. 마침내 인도에 도착한 다가마와 선원들은 무역 문제로 지역 상인과 다시 충돌하며 오해를 일으켰지만 폭력을 가하지는 않았다.

포르투갈로 돌아가는 길에, 그들은 계절풍이 분다는 경고를 무시하고 인도양을 가로지르는 직항로를 선택했다. 그리고 그 낯선 질병을 다시 경험했다.

바람이 조금도 불지 않거나 사납게 휘몰아치는 날이 빈번한 탓에 우리는 대략 석 달이 걸려서야 만gulf을 건넜고, 그사이 모든 선원이 다시 부어오른 잇몸으로 고통받으며 음식을 먹을 수 없게 되었다. 다리를 비롯한 신체 곳곳이 부었고 붓기가 온몸으로 퍼져 환자가 죽음에 이르기까지 다른 질병의 징후는 드러나지 않았다. 인도로 올 때와 마찬가지로 선원 가운데 30명이 이 질병으로 사망했고, 배를 운항할 수 있는 사람은 함선마다 일고여덟 명밖에 남지 않았으며, 남은 선원은 운항 능력이 그리 뛰어나지 않았다. 이 상황이 2주만 더 지속되었다면 배를 운항할 사람은 한 명도 남지 않았으리라 장담한다. 우리는 규율이 송두리째 사라질 정도로 심각한 고비를 맞이했다.[4]

1499년 1월 7일 선원들은 오늘날 케냐의 말린디에 닻을 내렸고 원주민들은 함선에 특사를 보냈다. "선장은 선원을 특사와 함께 육지로 보내며 환자에게 절실한 오렌지를 가져오라고 지시했다. 이튿날 선원은 오렌지와 다른 과일을 가져왔다." 선원들은 오렌지를 열심히 먹었다. 몇몇은 병세가 너무 심한 나머지 오렌지의 효능을 보지 못하고 사망했고, 나머지는 건강을 빠르게 회복했다.

함선 세 척을 모두 운영하기에는 살아남은 선원이 너무 적었으므로 이들은 보급선을 불태우고 나머지 두 척에 나눠 타서 귀향했다. 희망봉은 3월 20일에 돌았으며, 이때 남은 선원은 모두 건강했다.

다가마는 1499년 8월 말 리스본에 도착했다. 선원의 3분의 2는 대부분 괴혈병으로 목숨을 잃었다. 배 한 척을 지휘하던 다가마의 형 파울로 또한 돌아오는 항해에서 사망했다. 다가마는 고압적인 태도로 아프리카와 인도의 많은 통치자에게 반감을 샀지만 포르투갈에서는 영웅이었다. 다가마가 왕족과 성직자의 호위를 받으며 궁전에서 마누엘 국왕을 접견하는 동안 리스본 시민들이 다시 거리로 나와 크게 기뻐하며 환호했다. 국왕은 다가마에게 명예와 부를 안겨주었지만 고향인 시느스를 개인 재산으로 소유하고 싶다는 다가마의 소원은 들어줄 수 없었다. 시느스는 권력 있는 군주가 이미 소유하고 있었다. 실망스럽긴 했으나 다가마는 여생을 왕처럼 살았다. 그리고 포르투갈은 새로 발견한 항로로 아시아에 접근하며 무역을 지배했다. 포르투갈은 작은 나라이지만 16세기 말 유럽에서 스페인 다음으로 부유한 나라가 되었다. 콜럼버스가 지구 둘레를 잘못 알긴 했어도 스페인이 '신세계'에서 약탈한 보물은 아시아에서 거래한 비단이나 향신료보다 훨씬 가치 있었다.

세계를 누비는 제국의 배

바스쿠 다가마의 항해와 그로부터 5년 뒤 콜럼버스의 항해는 유럽 국가에 바닷길을 열어주며 범선시대로 인도했다. 이후 350년 동안 함선 수천 척이 바람을 타고 바다를 건넜다. 이 함선들은 유럽과 다른 대륙을 연결하며 전 세계에 제국을 건설했다.

바스쿠 다가마는 역사상 처음으로 수 주 동안 먼바다를 항해하여 신기록을 세웠다. 콜럼버스는 서인도제도로 가는 첫 항해에서 대서양 횡단에 37일밖에 걸리지 않았다. 콜럼버스 이전에 선원들은 육지 가까이에 머무르며 자주 해안에 접근했다. 유럽의 배는 너무 작아서 바다에서 여러 달 버틸 인원과 식량을 운반하기 힘들었고, 해양 폭풍에 맞서 살아남기에도 적합하지 않았다. 중국은 유럽에서 가징 큰 힘선보다 다섯 배 더 거대한 함선을 건조했지만, 인도양 주변에서 비교적 짧게 항해했다. 중국은 거대한 함선을 부와 권력을 과시하는 용도로 건조했지, 먼바다를 항해하기 위해 설계하지 않은 것이다. 중국인은 자신이 우주의 중심에 있다고 믿었기 때문에 친숙한 바다 너머를 탐험하는 일에는 거의 관심이 없었다.

당시 바다 여행의 또 다른 한계는 원시적인 항법으로 낮에는 태양을 올려다보고 밤에는 구름에 가리지 않은 별을 바라보는 것이 고작이었다. 지도는 스케치에 불과했으며 최악의 경우 처음부터 끝까지 상상을 토대로 제작되었다. 선원들은 방향을 유지하려면 랜드마크가 필요했다. 알려진 지형을 기준 삼아 자기 위치를 확인하려면 육지가 보이는 쪽으로 다가가야 했다.

결론적으로 유럽은 섬과 다름없었다. 유럽의 서쪽은 바다가 있고, 북쪽은 얼음이 가로막았으며, 남쪽과 북쪽은 무슬림 왕국과 유럽에 적대적인 전사 부족들이 봉쇄했다. 십자군은 북아프리카를 침투했지만 사하라사막에 막혀 더는 남쪽으로 내려가지 못했다. 13세기 마르코 폴로Marco Polo 이후 소수 유럽인이 아시아로 모험을 떠났다. 야심 있는 군주들은 유럽을 둘러싼 장벽이 돌파되기를 갈망했다.

자극제는 탐욕이었다. 상업이 번창하면서 아시아의 비단과 향신료가 실크로드를 통해 유럽으로 전해졌고 이와 관련된 무역을 베네치아와 제노바가 독점했다. 다른 유럽 국가들도 그 수익성 높은 사업에 뛰어들기를 원했다. 이들은 중간상인을 거치지 않고 아시아 시장과 사치품에 직접 접근하여 제품에 가격을 매기고 이익을 챙기고 싶었다. 이처럼 아시아 시장에 직접 접근하려면 바다에서 기나긴 항해를 해야 했다.

기술 발전은 유럽인의 야망을 부채질했다. 바이킹족을 시작으로 함선 건조는 꾸준히 발전했다. 함선의 내부 뼈대가 개선되며 대형 함선을 건조할 수 있게 되자 발전에 가속도가 붙었다. 포르투갈인은 길이가 18미터보다 약간 짧고 배의 양 끝에 삼각형 돛을 달고 바람을 비스듬히 받아 항해하는 배(캐러벨)를 개발했다. 이들은 이 배를 타고 아프리카 서쪽 해안을 탐험했다. 바스쿠 다가마가 주로 활용한 두 척의 배는 캐럭으로, 캐러벨보다 크고 튼튼하지만 기존 사각형 돛이 장착되어 기동성이 낮고 상황에 대응하는 능력이 떨어졌다. 이 때문에 다가마는 남아메리카 가까이 접근했다가 편서풍을 타고 동쪽으로 방향을 틀어야 했다.

함선이 점점 거대해지고 신뢰할 수 있는 나침반이 개발되자 항해술에 혁명이 일어났다. 더욱이 포르투갈인들은 1492년 스페인이 내린 유대인 추방령으로 이익을 얻었다. 이를테면 유대인 천문학자 아브라함 자쿠토는 상세하게 작성된 별 지도를 가지고 포르투갈로 달아났다. 선원들은 새롭게 발명된 선원용 천체관측기구, 아스트롤라베를 이용해 함선 갑판에서 수평선 위 태양과 별의 각도를 측정하면 자신의 위도를 계산할 수 있었다. 이러한 혁신은 유럽인이 먼바다로 떠나도록 용기를 북돋웠다. 이베리아반도에 세워진 두 나라는 사실상 섬이나 다름 없는 유럽 너머로 처음 모험을 떠났으며, 그중 포르투갈은 스페인보다 모험 정신이 훨씬 투철했다.

잇몸이 붓다가 결국 죽다

바스쿠 다가마는 먼바다에서 오랜 기간 항해할 수 있음을 증명하며 유럽인이 세계에 접근할 수 있게 했지만, 항해하는 동안 선원들은 수개월에 한 번씩 식량을 배급받고 살아야 했다. 우리는 다가마의 선원들이 바다에 머무르는 동안 무엇을 먹었는지 정확히 알지 못한다. 다만 냉장고가 없었기에 선원의 식사에는 신선한 과일과 채소가 부족했을 것으로 추정된다.

다가마의 항해일지는 몸이 무기력하고 잇몸이 붓고 입에서 냄새가 나고 팔다리가 붓고 아프다가 결국 사망하는 질병을 역사상 최초로 상세하게 설명한다. 항해일지는 그 질병을 나쁜 공기 탓으로 돌렸지만 선원들은 오렌지가 치료제라는 것을 깨닫고 기회가 될 때마다 오렌지를 먹었다. 당시에는 비타민에 대한 개념이 없었기 때문에 선원들은 자신들이 수개월 동안 결핍되었던 주요 영양소 비타민 C를 오렌지로 채웠음을 알아차리지 못했다.

이 병은 곧 괴혈병scurvy으로 알려졌다. 이 병명은 날카로운 물체에 베이거나 궤양이 발생하면서 생긴 붓기를 의미하는 아이슬란드어 스키비위그르skybjugr에서 파생된 단어이다. 괴혈병을 의미하는 다른 영어 단어는 스코비scorby이고, 괴혈병 환자는 스코뷰틱scorbutic이다. 포르투갈어와 스페인어로 괴혈병은 에스코르부토escorbuto이다. 비타민 C는 항괴혈병antiscorbutic 비타민이므로, 비타민 C의 화학명은 아스코르브산ascorbic acid 또는 아스코르브산염ascorbate이 되었다[아스코르브산의 어원은 a(없다)+scorbutus(괴혈병)+ic(형용사형)+acid(산)이다 – 옮긴이].

다가마와 선원들은 이전에 그 질병을 목격한 적이 없었으나, 범선시대가 열리기 전에 이미 괴혈병에 대한 여러 보고가 있었다. 고대 그리스와 이집트 의사는 성과 요새를 두고 전쟁을 치르는 동안 영양실조로 고통받는 군인과 민간인 들을 묘사했다. 이들에게는 괴혈병 증상과 다른 질병의 특징이 섞여 있었다. 중세 북유럽에서는 비타민 C가 풍부한 감자가 신대륙으로부터 유입되기 전에, 매년 겨울 신선한 채소를 구할 수 없을 때면 괴혈병이 사람들을 괴롭혔다. 십자군은 적절한 물자 보급로를 마련하지 않고 북아프리카를 침공한 뒤 괴혈병과 다른 형태의 영양실조에 시달렸다.

괴혈병은 뱃사람들 사이에 나타나기 전까지 특정 질병으로 인식되거나 의학 저술가들 사이에서 중요하게 다뤄지지 않았다.[5] 이는 한 번 출항하면 몇 달 동안 바다에 머물 수 있게 해준 혁신적인 함선과 항해술이 빚어낸 첫 번째 질병이었을 것이다.

비타민 C가 부족한 식단이 3개월간 지속되면 괴혈병의 첫 징후가 나타난다. 초기 증상은 무기력감인데 시간이 지날수록 증세가 심해진다. 다음으로는 모낭 주위에 작은 혹이 생기고 모발 형태가 비정상적으로 변화하면서 나선형이 된다. 또한 괴혈병은 통증을 유발하는데 주로 관절과 근육, 허리가 아프다. 또 모세혈관이 파열되며 점상출혈이라고 하는 미세한 출혈이 피부에 드러난다.

질병이 진행될수록 인체의 결합조직이 분해된다. 새로운 상처는 치유되지 못하고 오래된 상처는 벌어진다. 출혈은 팔다리가 붓는 원인이 된다. 뼈를 감싸는 단단한 결합조직인 골막과 뼈 사이의 공간으로 혈액이 샐 수도 있다. 이러한 유형의 출혈은 사실상 괴혈병에서만 발생하는 지극히 고통스러운 특징으로, 유아 괴혈병 환자에게서 주로 발견된다. 근육과 다른 장기에서도 출혈이 일어날 수 있다.

치위생 상태가 좋지 않은 괴혈병 환자는 잇몸이 무르고 부어오르며 잇몸 안쪽이 느슨해지면서 결국 이빨이 빠진다. 입 냄새도 지독하다. 당시 의사들은 잇몸에 변화가 있어야 괴혈병이라고 생각했는데 19세기 후반이 되어서야 이빨이 빠진 사람, 아직 이빨이 나지 않은 유아, 혹은 치위생 상태가 좋은 성인에게는 잇몸에 변화가 거의 혹은 아예 없다는 것이 밝혀졌다.

괴혈병은 무기력감, 전신 통증, 고형식품 섭취 불가 등이 복합적으로 작용하는 탓에 고통스러웠다. 이 질병은 발병하면 6개월 이내에 목숨을 잃을 수 있으나 사망에 이르는 정확한 과정은 알려지지 않았다. 어느 괴혈병 환자는 심장 근육이나 심장 내벽에서 출혈이 발생한다. 진행성 괴혈병 환자는 일어서려다 쓰러져 갑자기 사망할 수도 있다.

고된 노동을 버틸 수 있도록

범선시대를 이끈 기술적 진보는 또한 식민 제국 시대를 이끌었다. 유럽 국가는 장거리 항해술을 활용해 먼 나라와 무역하고, 노예와 원자재의 공급원이 될 식민지를 획득하며, 유럽에서 생산한 제품을 전속시장(물품 구매자가 어쩔 수 없이 특정 상품을 살 수밖에 없는 시장 – 옮긴이)에 공급했다. 이 시대의 주요 식민 통치 국가는 영국, 스페인, 포르투갈, 네덜란드다. 이들 국가는 상업적 목적의 배, 상선으로 대규모 상선대를 조직했는데 해군도 따로 구축하여 상선대를 보호했다. 상선대에서는 선원 수십만 명이 근무했다.[*]

상선대 뱃사람들의 삶은 상상할 수 없을 만큼 혹독했다. 그들

---

[*] 이러한 기록은 영국이 괴혈병을 다른 국가보다 더 공개적으로 남긴 문헌에 크게 의존한다. 영국 선장들은 자기 공적을 자랑하기를 좋아했으며 영국인은 기록 보존에 헌신적이었다. 영국 해군과 영국 동인도회사는 활동에 필요한 예산을 상세하게 기록하고 보고서를 작성했다.

은 함선이 항구에 정박하는 내내 선내에 갇혀 있었다. 함선을 버리고 달아날까 봐 상륙이 허락되지 않았기 때문이다. 또한 네 시간 교대로 고된 육체노동을 하며 쉬는 시간에도 해충과 벌레가 들끓는 숙소에서 지냈다. 함선은 바람이 잘 통하지 않아서 옷가지와 침구류 등이 늘 축축했다. 악취도 지독했다. 비위생적인 환경에서 공동 생활하며 수개월간 씻지 않는 사람들, 부패한 식량, 그리고 갑판 아래에 고인 물 때문에 함선에서 악취가 났다. 이러한 상황에서는 전염병, 특히 이질이 유행했다.

뱃사람들은 고된 노동을 버틸 수 있도록 지방과 단백질이 풍부한 고칼로리 식단을 섭취했다. 영국 해군 군함에서 일하는 하급선원은 다음과 같이 식량을 배급받았다.

비스킷: 매일 230그램

소금에 절인 쇠고기: 일주일에 두 번 900그램

소금에 절인 돼지고기: 일주일에 두 번 450그램

말린 생선: 일주일에 세 번 60그램

버터: 일주일에 두 번 60그램

치즈: 일주일에 세 번 110그램

완두콩: 일주일에 네 번 230그램

맥주: 매일 4리터

선원들은 소 내장을 채소와 섞고 소금에 절여 만든 건조식품

'포터블 수프'를 이따금 배급받았다.[6] 가끔은 거기에 뜨거운 물을 부어 따뜻하게 만들어 먹었다. 선원들의 식단은 비타민 C와 비타민 A, 그리고 비타민 B인 티아민과 나이아신이 부족했다. 그 결과 선원들은 여러 가지 비타민 결핍증을 종종 겪었다.

바스쿠 다가마의 항해 이후 100년이 채 지나지 않아 장거리 항해가 보편화되면서 괴혈병은 알려지지 않은 질병에서 뱃사람들의 흔한 고통이 되었다. 1592년 영국에서 출발해 1593년까지 남아메리카를 탐험한 리처드 호킨스 경은 괴혈병의 위력을 특히 생생하게 기술했다.[7] 호킨스는 20년 동안 바다에서 이 질병에 걸린 선원 1만 명을 목격했다고 주장했다. 그의 주장은 괴혈병이 얼마나 흔했는지, 그리고 해군 함장이 괴혈병을 얼마나 당연하게 여겼는지를 강조한다.

호킨스는 해군 집안 출신이었다. 그의 아버지는 해군 제독으로 1588년 군함을 지휘하며 스페인 무적함대와 싸우는 등 광범위한 항해 경험을 지녔다. 대중에게는 리처드 호킨스가 새로운 영토를 발견하고 지도를 작성하기 위해 남아메리카를 원정했다고 알려졌지만, 실제 목적은 해적 행위였다. 호킨스는 스페인 상선을 탈취하고 남아메리카 서부 해안을 따라 스페인 식민지를 약탈하면서 스페인의 무역 활동을 방해했다.

그는 1593년 6월, 선원 2,000여 명과 함선 세 척을 타고 출항했다. 선원들은 역풍에 맞서느라 10월까지 브라질에 상륙하지 못했고, 이때 기함에 탑승한 선원 대부분이 괴혈병으로 고통받은 까닭에 돛을 달 수 있을 만큼 건강한 선원은 겨우 24명밖에 남지 않았다. 호킨스는 괴혈병의 주요 특징으로 "끝없는 무기력증…… 전신, 특히 다리와 잇몸이 붓고, 많은 환자는 턱에서 치아가 통증 없이 빠진다"라고 설명했다. 그는 함선 내부의 나쁜 공기, 함선에 저장한 식량의 부패, 더운 기후로 인한 소화불량 등 여러 원인이 이 질병을 일으킨다고 언급했다.

호킨스는 함선을 청결하게 유지하면 괴혈병을 예방할 수 있다고 믿었다. 이를테면 날씨가 더울 때는 소금에 절인 고기를 가능한 적게 섭취하고, 바닷물로 옷을 세탁하거나 고기를 절이지 않으며, 특히 잠잘 때는 깨끗하게 세탁하고 잘 말린 옷을 입어야 한다고 생각했다.

그런데 선원 2,000명으로 가득한 함선에서 이를 어떻게 수행해야 하는지는 언급하지 않았다. 호킨스는 또한 식단의 중요성을 강조했으며, 매일 아침 빵 한 조각을 먹고 맥주나 포도주에 물을 섞어 마셔야 한다고 모든 선원에게 조언했다. 이뿐만 아니라 "나는 이 질병에 대응하면서 시큼한 오렌지와 레몬을 보급했을 때 가장 큰 효과를 거두었다"라고 밝혔다. 그는 자신이 지휘하는 함선이 다른 두 척의 함선보다 괴혈병 환자가 적게 발생했으며 이는 선원들에게 보급품이 바닥날 때까지 레몬즙을 준 덕분이라고 주장했다.

물론 그도 당대의 통념에 근거하여 괴혈병의 원인으로 나쁜 공기를 지목했다. "무엇보다 가장 중요한 요소는 땅이다. 물고기는 바다에 사는 것이 자연스럽듯 사람은 땅에 사는 것이 자연스럽기 때문이다. 선원들은 악천후 등에 방해받지 않고 항해하면서 땅에 자주 상륙할수록 건강에 좋고 그러한 항로는 선원들이 원기를 회복할 수 있다는 점에서 가장 유익하다." 호킨스는 항해하면서 이같은 생각을 실천하기 위해 종종 해안가에 상륙했다. 그는 주기적으로 땅을 밟으면 좋은 공기를 마실 수 있으므로 유용하다고 믿었으며 또한 기회가 올 때마다 신선한 과일을 사 모았다.

호킨스는 브라질에서 오렌지와 레몬을 200~300개 구입했다.

> 선원들은 배를 타고 오면서 크게 기뻐했다. 많은 이들이 오렌지와 레몬을 보고 마음을 놓은 것 같았다. 오렌지와 레몬에는 신의 놀라운 능력과 지혜가 비밀스럽게 담겼다. 신이 미지의 효능을 숨겨둔 덕분에 두 과일은 그 질병을 치유하는 치료제가 되었다. 최근 나는 괴혈병에 걸린 선원들에게 오렌지와 레몬을 나눠 먹도록 지시했는데, 환자가 너무 많아서 한 사람 몫이 서너 개를 넘지 않았다.[8]

여기에는 바스쿠 다가마의 경험이 반영되었다. 다가마의 선원들은 오렌지를 구할 수 있을 때마다 열심히 먹었다. 다가마와 마찬가지로 호킨스도 오렌지와 레몬이 치료제임을 깨달았다. 다만 과일이 필수 영양소를 제공한다는 사실은 알아차리지 못했고 질병의 원인은 여전히 나쁜 공기 탓으로 돌렸다

호킨스의 노력에도 불구하고 1594년 4월 칠레에 도착했을 때 함선 세 척에는 겨우 선원 75명만이 살아남아 있었다. 대부분은 괴혈병으로 사망한 것이다. 선원 수가 크게 줄었지만 호킨스는 스페인 함선 몇 척을 탈취하고 마을 두 곳을 약탈했다. 하지만 이에 맞서 스페인 해군은 에콰도르에서 호킨스의 얼마 남지 않은 선원들을 생포했다. 호킨스는 스페인 감옥에서 몇 년을 보낸 뒤 영국으로 돌아왔는데 1622년에는 자신의 모험담을 발표했다.

당시 호킨스 같은 무역상은 영국 해군보다 적극적으로 선원에게 감귤류citrus(오렌지, 레몬, 라임 등 운향과 감귤나무속의 나무 혹은 그 열매를 통틀어 이르는 말 – 옮긴이)즙을 보급했다. 1600년 영국 동인도회사는 제임스 랭커스터 경이 지휘하는 상선 세 척을 수마트라섬으로 보냈다. 그보다 10년 전에 랭커스터는 희망봉을 돌아 인도양으로 가는 상선을 영국 최초로 이끌었다. 이때의 항해는 재난이었다. 랭커스터는 출항할 때 함선 네 척을 지휘했지만 귀항할 때는 선원 다섯 명과 소년 한 명을 태운 함선 한 척뿐이었다.[9] 역시나 대부분 괴혈병으로 목숨을 잃었다.

랭커스터의 상선에 탑승한 고급선원으로 추정되는 익명의 저자는 랭커스터의 두 번째 항해에 관하여 기록했다.[10] 항해의 첫 번째 구간에서 의도하지 않은 실험의 결과가 도출되었다. 상선 세 척이 희망봉에 상륙했을 때 랭커스터가 지휘한 배는 다른 두 척의 배보다 괴혈병 문제의 심각성이 낮았다.

> 선장(랭커스터)의 배에 탑승한 선원들은 다른 배에 탄 선원보다 건강했다. 선장이 레몬즙 몇 병을 가져와 아침마다 선원들에게 세 숟가락씩 먹인 뒤 오후까지 금식시켰기 때문이다. 선원이 선상식을 섭취하는 기간이 짧고 소금에 절인 고기를 전혀 먹지 않으면 레몬즙은 훨씬 효과적이었다. 소금에 절인 고기와 긴 항해가 이 질병의 유일한 원인이다.[11]

고급선원들은 아프리카 해안에 상륙할 때면 오렌지를 괴혈병 치료제로 여기며 이를 얻기 위해 온 힘을 다했다. 과거 리처드 호킨스와 바스쿠 다가마처럼 이들은 괴혈병을 예방하고 치료하는 방법은 알았지만 그 원리는 알지 못했다.

1600년대 초 영국과 네덜란드 상선은 선원에게 공급할 레몬즙을 배에 싣고 다녔다. 이를 위해 네덜란드 동인도회사는 모리셔스와 남아프리카에서 레몬 농장을 운영했다. 영국 동인도회사의 초대 의무감인 존 우돌은 선상의학 교과서 《보조 외과의》를 출판했다. 그는 긴 항해를 떠날 때 오렌지, 레몬, 라임을 가져가라고 조언했다. "레몬즙은 충분한 시험을 거쳐 효과가 증명된 귀중한 치료제이다."[12] 레몬즙은 보통 괴혈병 치료제로 쓰였으며 저장량이 넉넉할 때만 예방약으로 사용되었다. 그런데 예방약으로 쓰일 때조차도 레몬즙은 효능이 꾸준하지 않았다. 저장한 지 몇 주가 지나면 효능이 사라졌다.

우돌의 조언은 무시당했다. 레몬즙은 준비하려면 비용이 들고 저장한 이후 효능이 사라지기 때문이었다. 따라서 레몬즙은 1600년대 중반까지 선원에게 거의 제공되지 않았고, 괴혈병은 계속해서 선원의 가장 흔한 사망 원인으로 남았다. 17세기 후반과 18세기 초반까지 괴혈병은 주로 상선에서 발생했다. 해군 함정은 본국을 지키기 위해 대체로 해안 가까이 머물렀기 때문이다. 그러다 18세기 후반 전술이 변화하면서 해군 함정도 오랜 기간 바다에 남아 적국의 항구를 봉쇄하거나 육지에 상륙하지 않고 해안가를 정찰하게 되었다. 그로 인해 괴혈병은 상선뿐만 아니라 해군 함정에도 재앙을 일으켰다.

인적 손실은 놀랄 만큼 심각했다. 1756년부터 1763년까지 이어진 7년전쟁 동안 영국 해군에 복무한 18만 4,899명 가운데 13만 3,708명은 질병으로 죽거나 탈영했다. 질병은 상세히 분류되지 않았으나 괴혈병이 가장 흔했다. 1774년부터 1783년까지 미국 독립전쟁기에 카리브해와 남대서양을 정찰한 영국 해군의 서인도제도 함대에는 17만 910명이 복무했다. 이 중 1,243명은 전사했고 1만 8,545명은 질병으로 사망했다. 열대지방이었기에 질병 사망자는 대부분 감염으로 목숨을 잃었지만, 4,000~6,000명은 괴혈병이 원인이었다. 하지만 인적 손실은 대부분 탈영에서 비롯했다. 선원 중에서 거의 4분의 1, 즉 4만 2,069명이 기회를 틈타 함정의 비참한

환경에서 벗어났다.[13]

괴혈병은 해전의 승패를 결정지었다. 스페인 함대의 패배 원인은 영국보다 오랫동안 함정에 갇혀 지내며 선상식을 섭취한 끝에 괴혈병에 걸리고 몸이 쇠약해진 결과였을 가능성이 있다. 스페인군은 괴혈병으로 인한 피해를 자세히 기록하지 않았으나, 스페인 함대가 귀항했을 때 선원 대부분은 다양한 유형의 영양실조로 고통받고 있었으며 4,000명 넘는 선원이 병에 걸린 상태였다고 한다.[14]

괴혈병은 육지에서도 발병했는데 특히 감옥의 죄수나 장기간 포위당한 군인과 민간인 사이에서 발생했다. 그런데 이 질병은 북아메리카 원주민, 이누이트를 괴롭히지는 않았다. 그들은 괴혈병을 피하는 방법을 알고 있었던 것이다. 이누이트는 비타민 C가 다량 함유된 바다표범 생간을 먹었고, 다른 북아메리카 원주민은 비타민 공급원인 상록수 잎을 긴 겨울 동안 차로 끓여 마셨다.

북아메리카 원주민의 지식은 유럽에서 온 탐험대를 구했다. 1535년 자크 카르티에는 프랑스 탐험대를 이끌고 세인트로렌스강을 거슬러 올라가며 북서항로를 탐색하고 있었다. 탐험대는 퀘벡 북부에서 겨울을 보낼 수밖에 없었고 그사이 괴혈병이 발생했다. 탐험대원 110명 가운데 세 명을 제외한 모든 이가 괴혈병을 앓았으며 25명이 목숨을 잃었다.

원주민과 우연히 만난 카르티에는 상록수, 아마도 미국측백나무를 우린 차가 괴혈병 치료제임을 알게 되었고 남은 탐험대원들은 이 지식을 활용하여 겨울을 버텼다. 그런데 이후 캐나다로 떠난 후속 탐험대도 같은 질병으로 고통받았던 점을 보면 그는 후속 탐험대에게 상록수 차와 관련된 지식을 전수하지 않은 듯하다.[15]

내 몸에 무엇이 부족한가

1850년까지 영국 해군은 괴혈병으로 병사를 100만 명 넘게 잃었다고 추정된다. 다른 유럽 국가는 인적 손실의 원인을 상세히 분류하지 않았지만, 그들 또한 괴혈병으로 엄청난 수의 병사를 잃었다. 수많은 지휘관이 감귤류 과일로 괴혈병을 치료할 수 있다고 확신했음에도 국가에서 효과적인 예방 조치를 마련하지 않았다는 사실이 믿기지 않는다. 이처럼 감귤류 과일을 활용하지 않는 데에는 몇 가지 이유가 있다.

우선, 괴혈병에 걸린 선원이 고통받는 과정을 아무도 이해하지 못했다. 19세기 말 이전에 일반적인 영양실조는 이해되었으나, 특정 영양소 결핍으로 질병이 발생한다는 개념은 존재하지 않았다. 음식을 풍족하게 섭취해 체중이 줄지 않은 사람도 영양결핍을 겪을 수 있다는 생각은 당대 통념과 어긋났다.

괴혈병이 레몬과 오렌지로 치료되는 현상을 초기에 관찰한 사람들은 당시 유행한 질병 이론에 부합하도록 그 현상을 설명하려 했다. 이들은 외부 원인이 각 개체에 작용하여 질병이 발생한다고 생각했다. 따라서 신선한 감귤류 과일을 먹으면 괴혈병이 치료된다는 사실을 입증하지 못했다. 현대인은 항생제가 감염병 치료제임을 이해하는데, 여기에는 감염병이 영양결핍이 아닌 미생물에 의해 발생한다는 지식이 뒷받침된다.

당시 지배적인 질병 이론은 4체액설로, 기원을 거슬러 올라가면 고대 그리스의 히포크라테스와 갈레노스에 도달한다. 4체액설은 혈액, 점액, 흑담즙, 황담즙 등 네 가지 체액이 존재한다고 가정한다. 개체가 건강할 때 네 가지 체액은 깨끗하며 균형 잡혀 있다. 그러던 중 개체 외부의 무언가가 체액을 오염시키거나 체액의 균형을 깨뜨리면 질병이 발생한다. 4체액설은 18세기 유럽 의학 사상까지 널리 영향을 미쳤다.

19세기 말 이전에는 나쁜 공기, 즉 미아즈마miasma가 체액을 오염시킨다고 생각했다. 축축한 토양에서 뿜어져 나오는 미아즈마는 열대지방을 여행하는 유럽인에게 다양한 질병을 일으키는 원인으로 지목되었다.

당시 인간과 인간 사이의 전염은 설명되었으나, 곤충이나 다른 주변 매개체에 의한 미생물 전염은 19세기 후반 루이 파스퇴르, 로베르트 코흐, 조지프 리스터가 규명하기 전까지 이해되지 않았다. 그래서 질병을 일으킨 범인은 열대지방의 공기가 되었다. 나쁜 공기가 질병을 유발한다는 개념은 16세기부터 퍼지기 시작해, 산소 등 대기를 구성하는 다양한 기체가 발견되어 관심을 끌었던 18세기 말에 힘을 얻었다.

항해 중인 함선은 환경이 참으로 열악했으며 공기가 특히 나빴다. 미생물과 비타민에 관해서는 아는 바가 없으나 악취는 직접 경험하므로, 저술가들은 악취가 나는 공기를 질병의 원인으로 돌렸다. 오렌지는 알려지지 않은 방식으로 공기의 악영향을 상쇄한다고 추정되었다.

항해일지 기록가가 보기에 괴혈병은 늘 하급선원에게만 발병했다. 고급선원은 괴혈병으로 거의 고통받지 않았다. 이 시절에는 계급제도가 공고히 자리 잡고 있었으며, 전원 하류층 출신인 하급선원은 괴혈병에 걸리면 비난받았다. 기록가들은 게으름, 위생 불량, 방탕함 같은 특성이 괴혈병을 일으키기 때문에 상류층이 아닌 하류층에만 발병한다고 설명했다. 고급선원들은 자신에게 주어지는 다양한 식단과 항구를 출입하는 자유가 괴혈병에 걸리지 않는 이유라고는 전혀 생각하지 못했다.

마지막으로, 냉장 기술이 발명되기 전에는 장기간 항해하는 동안 함선에 신선한 과일과 채소를 저장할 방법이 없었고 감귤류즙에 함유된 비타민 C는 저장된 이후 효능을 상실했다. 상선은 바람 앞에 속수무책이었으며 상선을 이끄는 선장은 새로운 보급품을 얻기 위해 항구로 다시 돌아가면서 시간을 낭비하고 싶지 않았다. 해군 함정은 한번 출항하면 대개 수개월 동안 적국의 해안을 정찰했으며 보급선을 활용해 식량을 수송하는 일은 비용이 많이 들고 위험했다.

이러한 잘못된 인식 때문에 사람들은 바다와 육지에서 비타민

C 결핍으로 끊임없이 고통받다가 사망했다. 괴혈병을 이해하는 새로운 접근 방식 없이는 아무것도 할 수 없었다.

2

대재앙과 깨달음

종교와 물리학 이론에는 공통점이 있다.
인간에게 절대적으로 필요하다는 것이다. 그런데 도가 지나치면 이들은
세상에 유익한지 해로운지 의심스러워진다.
— 제임스 린드, 〈괴혈병에 관한 논문〉, 1753년

부자가 되거나 죽거나

조지 앤슨 제독은 1740년부터 1743년까지 영국 탐험대를 이끌며 세계를 일주하고 스페인에 경제적 피해를 줬다. 이에 대해 영국 언론은 굉장한 승리라며 환영했다. 하지만 이때 괴혈병으로 선원이 4분의 3 넘게 사망하면서 이 대재앙은 대중의 이목을 끌었고 이 병을 이해하는 결정적 계기를 마련했다.[1]

앤슨은 1697년 영국 스태퍼드셔 귀족 가문에서 태어났다. 15세에 해군에 자원한 그는 사병에서 장교로 빠르게 진급하여 25세에 처음으로 함정을 지휘했고 40세에는 제독이 되었다. 1740년 1월 영국은 스페인에 선전포고 하고, 영국 해군 본부는 앤슨 제독에게 태평양 탐험대를 조직하여 스페인의 보물선 갈레온을 나포하라고 명령했다. 갈레온은 멕시코에서 필리핀으로 금과 은을 수송한 뒤 아시아산 비단과 향신료를 싣고 유럽으로 귀항했다. 스페인인들은 진귀한 보물을 가져오는 동안 혼곳 주변의 험난한 항로를 피하기 위해 멕시코 안의 아카풀코에서 베라크루즈까지 잇는 육로로 이동했다.

1740년 9월, 앤슨은 군함 여섯 척과 보급선 두 척으로 구성된 함대에 선원 약 1,400명과 해군 500명을 태우고 출항했다.[2] 기함은 센추리언호였다. 탐험 기록은 훗날 앤슨의 이름으로 출판되었으나 실제로 누가 기록을 남겼는지는 알려지지 않았다. 앤슨은 특허받은 의약품으로, 땀과 구토를 유발하는 독극물인 발삼과 안티모니를 함유한 워드의 알약을 괴혈병 치료제로 공급받았다. 워드의 알약을 만든 발명가 조슈아 워드는 몸에서 해로운 물질을 제거하여 괴혈병, 매독, 암을 비롯한 모든 질병을 치료하는 만병통치약이라고 홍보했다.

함대가 1741년 3월 혼곳에 도착했을 때 괴혈병이 선원들을 괴롭혔다. 얼마 지나지 않아 선원들이 사망하기 시작했고 사망자가 매일 6~8명에 달했다. 남은 선원들은 체력이 고갈되고 허약해진 상태로 폭풍우가 몰아치는 항로를 따라 혼곶을 둘러 가려고 분투했으나, 군함 세 척은 회항해야 했다. 보급선 한 척은 이미 다른 함선에 화물을 하역한 뒤 브라질에서 회항했다.

6월 9일 센추리언호는 로빈슨 크루소의 모델로 추정되는 알렉산더 셀커크가 고립되었던 태평양의 후안페르난데스제도에 도착했다. 군함 두 척과 남은 보급선은 가까스로 혼곶을 돌아 나중에 센추리온호에 합류했다. 심하게 파손된 보급선은 해체되었고 보급선 선원들은 다른 배로 옮겨 탔다. 남은 군함 세 척은 영국에서 출항할 때 961명을 태웠으나, 9월 초까지 생존한 인원은 335명이었다. 가장 치명적인 사망 원인은 괴혈병이었다. 1741년 12월 7일 생존자는 201명에 불과했다.

영국 함대는 인력이 대폭 줄었는데도 스페인 상선 몇 척을 나포하고 칠레 해안의 한 마을을 약탈했다. 그리고 1742년 5월 6일 남아메리카 해안을 떠나 중국으로 향했는데 7주 뒤 바다에서 괴혈병이 다시 발생했다. 워드의 알약은 땀, 구토, 설사를 유발하면서도 괴혈병에는 효험이 없었다. 공포가 수그러들지 않았다. 선원들이 계속 사망했다. 남은 군함은 센추리언호 한 척뿐이었고, 나머지 군함은 전투와 폭풍으로 회복이 불가능할 만큼 파괴되었다.

마침내 센추리언호는 포모사Formosa(대만의 옛 이름 - 옮긴이)에 도착했고, 여기서 금은보화를 실은 무역선 마닐라 갈레온을 나포했다. 생존자들은 3년 9개월간의 세계 일주를 마치고 1743년 6월 영국에 도착했다. 대형 함선 세 척에 탑승하여 영국을 떠난 선원

약 1,000명 가운데 188명만이 집으로 돌아왔다. 사망 원인은 대부분 괴혈병이었다. 앤슨과 생존한 선원들은 마닐라 갈레온에서 약탈한 어마어마한 보물을 센추리언호에 가득 싣고 돌아와 부자가 되었다. 하급선원은 보수가 적지만 약탈한 전리품을 나눠 가질 수 있었다.

영국인들은 꿋꿋하게 역경을 극복하고 적에게 막대한 피해를 줬다는 점에서 생존자들을 영웅으로 대접했다. 앤슨은 선원들의 죽음에 대해 비난받지 않았을 뿐만 아니라 영국 해군 전체를 이끄는 해군 장관으로 진급했다. 그러나 점차 그 참혹한 사망자 수가 알려지면서 괴혈병은 해군 당국과 대중의 관심을 끌었고, 이는 평범한 해군 군의관 제임스 린드가 괴혈병 역사상 가장 유명한 논문을 발표하도록 동기를 부여했다.

과학이라는 새로운 사고

제임스 린드는 18세기 후반 스코틀랜드 계몽주의의 지적 중심지였던 에든버러에서 태어나 교육받았다.[3] 중세와 르네상스를 거치면서 유럽 학자들은 인간의 지혜가 고대 그리스·로마 학자들과 함께 정점에 이르렀다가 이후 쇠퇴했다고 보았다. 유럽 학자의 임무는 고대 그리스·로마 사상을 해석하고 이를 당대에 직면한 문제에 적용하는 것이었다. 반면 데이비드 흄David Hume과 애덤 스미스

Adam Smith 같은 스코틀랜드 사상가들은 그러한 견해에 이의를 제기하며 고대 권위에 대한 의존을 인간 이성과 직접적인 관찰로 대체해야 한다고 주장했다.

데이비드 흄은 1748년에 영향력 있는 저서 《인간의 이해력에 관한 탐구》를 발표하며 "따라서 관찰이나 실험의 도움 없이 힌 사건을 결론짓거나 어떠한 원인과 결과를 추론하려 한다면, 그것은 잘못된 일이다"라고 주장했다. 이 새로운 사고방식은 과학 발전과 산업 혁명, 그리고 서유럽의 경제 성장을 촉진했다.

제임스 린드는 1716년 중산층 상인 가문에서 태어났다.[4] 15세 때 지역 내과의사의 견습생으로 일하고, 에든버러대학교에 새로 설립된 의과대학에서 정규 학생이 아닌 신분으로 강의를 수강했다. 당시 의학 교육은 고대 그리스에서 유래한 4체액설에 여전히 뿌리를 두었으나, 린드는 지식이 발전하려면 직접적인 관찰과 실험이 반드시 뒷받침되어야 한다고 믿었다.

1739년 린드는 보조 외과의로 영국 해군에 입대했다. 린드가 이 같은 진로를 선택한 일은 그리 놀랍지 않았다. 보조 외과의는 해군 군함의 열악한 환경에서 박봉을 받으며 일하지만 해군에 입대하면 대학 학위 없이도 의료 행위를 할 수 있었다. 게다가 개인 진료소를 성공적으로 설립하려면 린드는 본인에게 주어진 것보다 더 많은 사회적 연줄이 필요했을 것이다.

영국이 스페인에 전쟁을 막 선포한 시기였다는 점에서 린드는 경력을 발전시키려는 생각뿐만 아니라 애국심을 품고 입대했을 수도 있다. 18세기 전반에 걸쳐 스코틀랜드 민족주의가 끓어오르긴 했지만 린드는 아마도 자신을 스코틀랜드인이 아닌 영국인으로 생각했을 것이다. 그는 의사로 일한 세월의 대부분을 영국에서 보냈으며 1794년 에든버러 장로 교회가 아닌 영국 성공회 교회에 묻혔다.

오렌지와 레몬의 실험

린드는 1746년 군의관으로 진급하여 대포 50~60문과 선원 약 350명을 실은 군함 솔즈베리호에 배치되었다. 솔즈베리호는 나폴레옹전쟁 당시 적군의 침략으로부터 영국을 방어하는 해협 함대에 속했다. 1747년 4월과 5월, 군함이 육지가 보이는 지점에 머물렀는데도 선원들 사이에 괴혈병이 발생했다. 1747년 5월 20일 린드는 이 병으로 고통받는 선원 12명을 선별하여 훗날 널리 알려진 실험의 대상으로 삼았다.

린드는 실험 대상을 면밀히 관찰할 수 있는 선내 병실에 선원 12명을 수용했다. 그리고 이들에게 비타민 C가 전혀 없는 표준 해군 식단을 제공했다. 아침 식사는 설탕을 넣어 달콤한 귀리죽, 점심 식사는 신선한 양고기 수프 또는 설탕과 함께 물에 넣고 끓인 비스킷과 푸딩, 저녁 식사는 보리와 건포도, 쌀과 커런트(알이 작고 씨가 없는 포도를 말린 식품 – 옮긴이), 사고(사고 야자나무에서 얻은 전분 – 옮긴이)와 포도주로 만든 요리였다. 그런 다음 선원을 두 명씩 여섯 그룹으로 나누고, 각 그룹에 여섯 가지 음식 중 한 가지를 추가 지급했다.

- 사과주 1리터, 매일 섭취
- 황산 25방울, 하루에 세 번 섭취
- 식초 2스푼, 하루에 세 번 섭취
- 바닷물 300밀리리터, 매일 섭취
- 오렌지 두 개, 레몬 한 개, 6일 동안 매일 섭취(이후 비축분이 바닥남)
- 마늘, 겨자씨, 말린 무, 페루 발삼(발삼나무에서 추출한 수액 – 옮긴이), 몰약(몰약 나무에서 흘러나온 진액을 굳힌 덩어리 – 옮긴이) 반죽을 육두구 크기로 빚은 덩어리, 하루 세 번 섭취

린드는 명백한 결과를 보고했다.

눈에 띄는 신속한 효과는 오렌지와 레몬을 섭취한 그룹에서 나타났다. 이 그룹에 속하는 선원 한 명은 6일 뒤 일을 할 수 있을 만큼 건강을 되찾았다. 이때 선원의 몸에서는 실제로 반점이 완전히 사라지지 않았으며 잇몸이 회복되지도 않았다. 그런데 황산 용액으로 입 헹구기를 제외하면 다른 약은 사용하지 않았는데도 이 선원은 플리머스에 도착한 6월 16일이 되기도 전에 상당

히 건강해졌다. 같은 그룹에 속한 다른 선원도 훌륭히 건강을 회복했다. 현재 그는 몸 상태가 무척 좋다고 판단되어 나머지 환자를 간호하는 임무를 맡았다.[5]

다른 그룹에서는 사과주를 마신 선원들만 회복된 듯 보였다. 2주 후 실험이 중단되었을 때 사과주를 섭취한 그룹은 잇몸과 무기력증이 조금 회복된 상태였다. 황산 용액은 잇몸과 입에는 효과가 있으나 다른 증상에는 도움이 되지 않았다.

이 실험은 의학 역사상 최초의 통제된 임상시험으로 유명해졌다. 린드는 추가로 제공한 음식이라는 한 가지 변수를 제외하면 동일한 환경에서 실험 대상 그룹을 치료하고 직접 비교했다. 이 같은 실험을 진행하기 위해 그는 오늘날에도 유효한 여러 규칙을 따랐다. 린드는 같은 질병을 앓고 질병의 중증도가 유사한 선원을 선별했다. 그리고 선원들을 그룹으로 나눈 다음 전부 같은 방식으로 치료했다. 또 같은 공기와 세균을 공유하도록 선원들을 군함 내 같은 선실에 수용했다. 이들이 군함에서 배회하거나 동료에게서 음식을 얻어먹지 못하도록 철저히 감시하기도 했다. 선원들에게 제공된 식단도 같았다. 유일하게 다른 점은 식사 외에 추가된 음식이었다. 그룹 간 치료 경과에 차이가 있다면 그 음식 때문일 것이다.

각 그룹은 선원 두 명만으로 구성되었고 한 번의 실험은 가설을 증명하기에 충분하지 않지만, 실험 결과는 무시할 수 없는 듯 보였다. 오렌지와 레몬은 괴혈병을 치료했고 다른 치료법은 효과가 없었다. 린드의 실험은 의학사에서 획기적인 사건이었다.

질병을 이해하기 위하여

린드는 1748년 해군에서 퇴역하고 에든버러에 개인 진료소를 열었다. 의사로 일하는 동안 그는 괴혈병을 주제로 첫 논문을 쓰고 1753년에 발표했다. 린드는 경력 발전을 위해 논문을 작성했다고 추정되며 당시 해군 장관인 조지 앤슨에게 해당 논문을 헌정했다.

논문의 전체 제목은 〈괴혈병에 관한 논문: 괴혈병을 주제로 발표된 문헌의 연대기적 견해 및 비판, 그리고 이 질병의 본질, 원인 및 치료법에 대한 탐구를 포함하는 세 개의 장〉이다. 제목이 암시하듯, 린드는 과거 문헌을 학문적·비판적 시각에서 검토했다. 히포크라테스와 플리니우스까지 거슬러 올라가 과거에 괴혈병을 어떻게 설명했는지 요약했다. 바스쿠 다가마와 리처드 호킨스는 언급하지 않았고, 이 질병을 최초로 신뢰성 있게 설명한 사람은 앞서 밝혔듯 1535년 허드슨만에서 탐험대를 이끌다가 겨울에 괴혈병으로 고통받았던 자크 카르티에라고 생각했다.

린드는 다른 해군 군의관이 괴혈병의 참상을 생생하게 묘사한 내용도 검토했다. 그리고 괴혈병의 원인을 규명한 과거 이론을 논의하며 전부 틀렸다고 결론지었다. 함선에서 풍기는 고약한 냄새, 소금에 절인 음식, 바닷물 노출에 따른 영향을 무시했다. 린드는 또한 자신이 직접 실험하여 명백한 결과를 얻었는데도, 1734년 네덜란드 의사 요한 프리드리히 바흐스트룀이 "괴혈병은 신선한 채소로 만든 음식과 푸른 잎채소를 전혀 먹지 않아서 발생하며 이것만이 질병의 진정한 주요 원인이다"라고 주장한 이론에 반대했다.[6]

린드는 식단이 괴혈병을 일으킨다는 생각을 완전히 폐기하지는 않았고 괴혈병의 여러 요인 가운데 하나일 뿐이라고 여겼다. 이러한 견해의 근거는 스코틀랜드나 뉴펀들랜드 같은 지역의 거주민은 1년 중 절반 동안 신선한 채소를 먹지 않아도 괴혈병에 거의 걸리지 않는다는 것이었다. 그는 북위도 지역에서 사는 수많은 사람이 겨울에 비타민 C를 얻는 대체 공급원, 이를테면 영국 제도에서 나는 감자, 유럽 대륙의 사우어크라우트(소금에 절여 발효한 양배추 - 옮긴이), 북아메리카 북극 지역의 상록수 잎으로 우린 차, 바다표범의 생간 등을 섭취한다는 사실을 알지 못했다.

린드는 과거 다른 사람들처럼 괴혈병 원인으로 함선 내부의 공기를 지목했는데 다만 공기의 불쾌한 냄새가 아니라 습기 때문이라고 밝혔다. 그는 "주요 원인은 공기의 질, 즉 습기에 있는 것이 분명하다. 추위와 습기의 결합이 이 질병의 가장 강력한 발병 원인이다"라고 설명했다. 괴혈병을 일으키는 부수적 원인으로는 다른 질병으로 인한 신체 쇠약, 하급선원들의 도덕적 결함과 게으른 성향, 불만 많고 우울한 성격을 꼽았다.

린드는 또한 신선한 녹색 채소의 섭취 부족이 괴혈병의 부수적 원인이라고 인정했다. "실제 경험에 따르면 잘 익은 과일과 신선한 녹색 채소는 최고의 괴혈병 치료법이었으며, 이는 과일과 채소가 가장 효과적인 괴혈병 예방법이라는 것을 증명한다. 그런데 바다에서는 과일과 채소를 얻기 어렵고 습한 바다 공기에 계속 노출되며 이러한 문제가 이 치명적인 질병을 일으키는 진정한 원인이다." 그는 열량이나 단백질 등 영양소 부족으로 발생하는 질병을 상상할 수 없었다. 결과적으로 린드는 실험에서 얻은 교훈과 당대의 지배적 이론을 기반으로 왜곡된 추론에 의존하여, 차갑고 습한 공기가 일으킨 질병이 신선한 과일과 채소를 섭취하면 예방되거나 치료되는 이유를 설명했다.

린드는 해군 군의관으로 복무하면서 지중해와 영국 해협을 항해하는 동안 괴혈병 환자 수백 명을 목격했다. 이때의 경험을 토대로 그는 괴혈병의 무시무시한 특성을 생생하게 묘사했다. 당시 린드는 잇몸 병변이 생겨야만 괴혈병으로 진단할 수 있다고 잘못 판단했다. 실제로는 앞서 언급했듯이 구강위생이 양호하거나 잇몸에 염증이 없거나 치아가 없는 사람은 구강에 아무런 변화가 일어나지 않는다. 그러나 린드가 목격한 선원들은 거의 보편적으로 구강에 문제가 생겼고 이는 너무도 뚜렷한 특징이었으므로, 그가 구강 병변을 괴혈병의 보편적 특징으로 추정한 점은 이해가 간다. 린드는 괴혈병으로 가장 심각하게 타격받은 선원은 강제 징집된 사람들이었고, 반면 장교는 괴혈병에 거의 영향을 받지 않았다고도 언급했다.

린드는 괴혈병 환자가 사망한 뒤에 발견되는 특징을 설명하면서 이 또한 통제된 임상시험만큼이나 질병을 이해하는 데 중요하다고 강조했다. 그의 서술은 본인의 경험과 조지 앤슨의 탐험대에 소속된 다른 군의관의 경험에 바탕을 두었다.

린드는 괴혈병 환자의 근육에 출혈이 빈번하게 발생하며, 출혈 부위의 색은 시간에 따라 파란색, 빨간색, 노란색, 검은색 등 다양한 색으로 보인다고 밝혔다. 또한 부러진 뼈의 양쪽 끝이 서로 맞부딪히는 증상을 섬뜩하게 묘사했다.

> 몇몇 환자가 움직일 때는 뼈 부딪히는 소리가 작게 들렸다. 이들의 시체를 칼로 가르자 골단(긴 뼈의 말단)이 뼈에서 완전히 분리된 채 발견되었다. 두 골단이 서로 맞부딪히며 그러한 소리를 냈던 것이다. 어떤 환자들은 숨을 쉴 때 작은 소리가 들렸다. 이들의 시체에서는 흉골의 연골이 늑골과 분리된 상태로 발견되었다.[7]

린드는 이 같은 골절이 18세 미만 선원에게서 특히 흔하게 발견된다고 기록했다. 이로부터 100년 후, 골절은 유아 괴혈병을 진단할 때 반드시 확인하는 항목이 되었으며 나중에는 동물에게서 괴혈병을 식별할 때도 중요하다는 사실이 입증되었다.

린드는 자신의 실험에서 선원 두 명으로 도출한 결론을 보강하기 위해, 다른 지휘관들의 항해에서 오렌지와 라임으로 괴혈병이 치료된 사례를 인용했다. 언급된 사례에 따르면 네덜란드와 영국 함선이 함께 항해하는 동안 영국 선원은 괴혈병에 걸렸으나 네덜란드 선원은 건강을 유지했다고 한다. 그는 논문 각주에서 사우어크라우트의 효능을 인정했다. "네덜란드 선원은 채소(양배추) 절임을 먹는 덕분에 영국 선원보다 괴혈병에 강하다." 또 허드슨만에 정착한 프랑스 출신 이주민들은 비타민 C가 풍부한 가문비나무 맥주를 마시기 시작한 뒤부터 괴혈병에 거의 걸리지 않았다고 언급했다.

린드는 오랜 항해를 대비해 오렌지즙과 레몬즙의 보존법을 제시하면서 큰 실수를 저질렀다. 그는 보존 처리를 거친 즙을 랍rob이라고 불렀다. 즙을 펄펄 끓기 직전까지 가열하고 시럽 농도가 될 때까지 몇 시간을 졸여 랍으로 만들었다. 린드는 랍을 병에 담으면 수년간 보관할 수 있다고 조언했으며, 이는 랍이 산성도를 유지해 미생물에 오염되지 않는다는 의미였다. 그러나 그는 랍에 항괴혈병 효과가 있는지 검증하지 않았다. 이제 우리는 아스코르브산을 장시간 가열하면 산화되고 분해된다는 사실을 안다. 실제로 랍은 쓸모없다고 판명되었다.

의학은 언제 과학이 되는가

린드는 에든버러대학교에서 고대 그리스인과 갈레노스의 가르침을 당대 의학에 적용하려 노력했던 네덜란드 의사 헤르만 부르하버의 강의를 들었다. 린드는 의학이 관찰보다 이론에 더 의존한다고 탄식하면서도 왜곡된 괴혈병 이론과 스승의 발자취를 따랐고, 체액의 균형을 다루는 고대 그리스 이론에서 유래한 미아즈마와 감귤류 과일이 괴혈병에 효과가 있는 이유를 추정한 자신의 견해를 결합했다.

린드는 괴혈병이 부패성 질병이라는 믿음에서 출발했다. 여기서 부패란 시체에서 일어나는 분해 작용을 가리킨다. 시체는 방부 처리하지 않으면 악취를 풍기고 생성된 기체로 인해 점점 부풀다가 조직이 액체 상태로 변한다. 부패성 질병 이론에 따르면, 살아 있는 인체도 같은 과정을 겪지만 음식에 함유된 단백질로 조직을 복구하며 해로운 노폐물을 소변, 대변, 또는 땀으로 배출한다. 괴혈병은 배뇨 또는 배변에 뚜렷한 문제가 생기지 않으므로 분명 땀이 발병 원인으로 보였다.

린드는 춥고 습한 환경에서 선원들이 운동하지 않으면 모공이 막혀 땀으로 독성 물질이 배출되지 못해 괴혈병에 취약해진다고 가정했다. 모공이 막히면 부패 물질이 축적되면서 체액이 오염된다. 린드가 보기에는 괴혈병에 걸린 선원들의 쇠약해진 잇몸과 입 냄새가 부패의 명백한 증거였다.

린드는 괴혈병을 고치는 감귤류의 효능을 설명하기 위해 복잡한 소화 이론을 고안했다. 그는 채소와 과일이 소화 과정을 거치며 땀으로 쉽게 배출되는 물질로 분해되는 덕분에 막힌 모공을 뚫고 나온다고 가정했다. 이처럼 린드의 이론은 완전히 틀렸으나 당대 통념과는 일치했다.

이는 인간 사고방식에 내재한 보편적인 특징을 드러낸다. 사람들은 새로운 이론을 주창하기에 앞서 새롭게 발견한 사실을 자신이 가장 선호하는 이론에 억지로 집어넣으려 노력한다. 그러한 시도에서 과학자의 보수성이 드러난다. 과학자는 선호 이론과 충돌하는 증거를 반박할 수 있는 한 선호 이론을 폐기하지 않는다. 이는 저항이 가장 적은 길이기도 하다. 새 이론을 고안하는 일보다는 기존 이론에 맞게 증거를 왜곡하는 일이 훨씬 쉽다.

겸손은 권위를 이기지 못한다

린드의 논문은 질병에 과학적으로 접근한 첫 시도로서 널리 인정받는다. 과거 이론에서 완전히 벗어나지는 못했어도, 그는 계몽주의 사상을 받아들이며 자신이 직접 관찰하고 실험한 결과를 저명한 권위보다 우위에 두었다. 린드의 임상시험은 치명적인 질병에 대한 치료법을 제공한 획기적인 실험이었다.* 그가 기술한 괴혈병의 임상적 특징과 사후 병리는 이 질병의 메커니즘을 이해하는 데 필수적이었다. 그러나 린드의 논문은 의사들 사이에서 널리 읽히며 후속 논문이 두 편 발표되었는데도 당시에 실질적으로 거의 영향을 미치지 못했다. 해군 본부는 방침을 변경하지 않았고 선장은 선원에게 신선한 과일과 채소를 제공하려 하지 않았다. 이러한 실패에는 몇 가지 이유가 있었다.

일부는 논문 자체에서 비롯되었다. 린드는 겸손한 인물이었기에 저명한 이론을 반박하면서도 한편으로는 존중했다. 수많은 지면을 할애하여 권위 있는 이론에 경의를 표했다. 그는 고대 문헌을 되짚으며 괴혈병에 대한 과거 견해를 전부 재검토했다. 임상시험은 논문의 몇몇 페이지에 등장하다가 중간부터 거론되지 않으며, 제목에서는 빠져 있다. 그는 관찰한 결과를 설명한 뒤 괴혈병이 영양결핍 질환이라는 명백한 결론을 도출하지 않고, 에든버러대학교에서 배웠던 저명한 질병 이론에 관찰 결과를 꿰맞추려 했다. 4체액설은 린드가 활용할 수 있는 유일한 질병 이론이었다. 당시에는 특정 영양소 결핍이라는 패러다임이 없어서 그가 관찰한 현상을 합리적으로 설명할 수 없었다.

린드는 또한 증거를 잘못 해석했다. 1년 중 9개월 동안 신선한

---

* 린드의 실험은 최초의 통제된 임상시험으로 널리 여겨지지만, 과학적 목적이 아닌 상업적 목적으로 그보다 훨씬 이른 시기에 진행되었던 통제된 임상시험을 언급하는 문헌도 있다. 다음 논문을 참고하라. A. Rankin and J. Rivest, "Medicine, Monopoly, and the Premodern State—Early Clinical Trials," *New England Journal of Medicine* 375(2016): 106–9.

과일과 채소를 먹지 않아도 괴혈병에 걸리지 않는 북유럽 및 북미 원주민 등 수많은 사례를 근거 삼아, 괴혈병의 원인이 식단에 있다는 견해를 묵살했다. 그들에게 겨우내 신선한 과일과 채소를 대체하는 음식이 있다는 사실을 린드는 알지 못했다. 대체 음식의 존재는 다음 세기에 아일랜드를 덮친 비극적인 감자 기근으로 분명해졌다.

린드의 경험에 따르면 선원은 항해하면서 최장 3년간 괴혈병에 걸리지 않을 수 있었다. 그런데 린드는 장거리 항해 시 주기적으로 신선한 과일과 채소를 섭취하게 해주는 상륙 허가의 가치를 알아차리지 못했다. 네덜란드인과 독일인이 겨울에도 먹기 위해 저장한 사우어크라우트가 신선한 채소의 대체품이 된다는 점은 인정했다. 오늘날 우리는 사우어크라우트가 비타민 C를 함유하여 괴혈병을 예방한다는 사실을 안다. 많은 선원은 또 다른 훌륭한 비타민 C 공급원인 생양파를 가져오기도 했다.

린드가 저지른 가장 치명적인 실수는 랍의 효능을 실험으로 입증하지 못한 것이다. 그는 산성도가 유지되어 세균이 번식하지 않도록 랍을 보존하면 항괴혈병 효과가 지속되리라 믿었다. 실제로는 감귤류즙을 공기에 노출한 채 가열하면 아스코르브산이 산화되고 분해된다. 군함 군의관들은 랍으로 괴혈병을 치료하는 데 실패한 이후 감귤류즙의 효능을 믿지 않게 되었다.

게다가 선원 식단에 감귤류즙이나 신선한 채소가 추가되지 않도록 막는 외부 요인이 있었다. 그중 하나는 관료주의적 타성이었다. 해군 본부는 추가 비용 발생에 격렬히 반대했다. 영국 왕실은 국민에게 세금을 제한적으로 부과할 수 있었고, 수입 대부분을 판매세(재화나 용역을 구매한 대상에게 일률적으로 부과하는 소비세 - 옮긴이) 형태로 가난한 사람들에게서 얻었다. 이를 통해 창출된 수익은 토지를 소유한 귀족을 돕거나 사실상 끊임없이 이어진 전쟁을 지원하는 데 쓰였다. 선원들은 턱없이 적은 보수를 받았고, 따라서 위험하고 힘든 노동에 대한 보상으로써 나포한 적군의 함정이나 상선에서 획득한 보물을 나누어 받기를 희망했다. 당시 발발한 해전으로 언급되는 사건들 대부분은 한낱 해적 행위에 불과했다.

간단하고 분명한 방식으로 식단에 새로운 음식을 추가할 수 있었을 것이다. 해협 함대는 육지 근처에서 자주 순찰했으므로 부속선이 함정에 접근해 식량을 공급할 수 있었다. 그러나 여기에는 추가 비용이 발생한다. 괴혈병은 압도적으로 하급선원에게 발병했기 때문에, 영국 귀족 출신으로 구성된 해군 본부 위원회가 사회의 쓰레기로 천하게 여겨지던 선원들의 복지에 자금과 노력을 투입할 동기는 거의 없었다.

1758년 조지 앤슨(당시는 앤슨 경)이 호의를 베푼 덕분에, 린드는 포츠머스의 거대 해군 기지 인근에 설립된 고스포트 왕립해슬러병원의 의사로 임명되었다. 해슬러병원은 영국의 주요 해군 병원으로 얼마 지나지 않아 유럽에서 가장 큰 병원이 되었다. 린드가 논문을 발표했음에도 괴혈병 환자들은 해슬러병원으로 끊임없이 밀려들었다. 그가 부임한 첫 2년간 입원 환자 4,275명 가운데 1,146명이 괴혈병 환자였다.

린드는 1772년 발표한 논문 제3판의 맺음말에서 괴혈병을 치료하는 식이요법으로, 포도주 600밀리리터에 레몬즙 130밀리리터와 설탕 60그램을 넣어 24시간마다 마시면 된다고 상세히 설명했다. 그는 "포도주와 설탕을 섞은 라임즙 또는 레몬즙은 괴혈병에 가장 효과적인 치료제로, 순수한 레몬즙 등 다른 어느 치료법보다 훨씬 효과가 좋다"라고 기술했다. 그리고 "실험을 반복한 끝에, 괴혈병에는 레몬즙이 녹색 채소와 포도주보다 훨씬 효능이 뛰어나다는 사실을 깨달았다"라고 덧붙였다.[8]

알려진 사실에 따르면 린드는 왕립해슬러병원에서 더는 통제된 임상시험을 하지 않았다. 그가 개발한 랍 또한 검증하지 않았다. 그뿐만 아니라 영국 해군에 감귤류즙이나 신선한 과일 또는 채소를 공급하라고 강력하게 주장하지도 않았다. 그는 "나의 본분은 치료법을 알리는 일이다. 그 치료법을 이행하는 권력은 다른 사람에게 있다"라고 말했다. 겸손이 언제나 미덕인 것은 아니다. 린드가 탁월한 논문을 작성했음에도 해군 본부는 아무런 조치를 취하지 않았고, 괴혈병은 40년간 영국 해군을 끊임없이 괴롭혔다.

3

보이지 않는 자는 누구인가

가능할 때마다 세어보라.

— 프랜시스 골턴, 1924년

우연히 영웅이 된다는 것

제임스 쿡James Cook은 조지 앤슨과 다르게 선원들을 단 한 명도 죽게 하지 않고 세계를 일주한 덕분에 수많은 문헌에서 괴혈병을 정복한 인물로 인정받는다.[1] 부하들의 건강을 지키고 영국 선원의 삶을 향상했다는 측면에서 쿡의 공로는 인정받을 만하지만, 사실 그는 괴혈병 예방 활동을 뒷전으로 미뤘다.[2]

쿡은 1728년 영국 요크셔의 농가에서 태어났다. 바다에 매료된 그는 17세에 상선에서 견습 선원으로 일했다.³ 상선에서 진급한 뒤 1755년 영국 해군에 입대했다. 토지 측량과 천문학을 독학하고, 북아메리카 세인트로렌스강과 뉴펀들랜드의 지도를 그렸다. 20년이 넘는 선원 경력과 항해 관련 전문 지식, 그리고 '과거 누구보다 더 멀리 나아가고 싶다'라는 열망이 항해에서 놀라운 발견을 하도록 그를 이끌었다.

쿡은 1768년 8월 25일 재정비를 마치고 이름을 바꾼 석탄 수송선 인데버호에 선원과 과학자를 태우고 플리머스 항구에서 첫 세계 일주 항해를 시작했다. 이 항해는 해군 본부와 왕립학회가 공동으로 후원했으며 순수한 과학적 목적을 달성하기 위해 추진된 역사상 최초의 해군 탐험대였다.

쿡은 처음에 타히티로 가서 금성 태양면통과(금성이 지구와 태양 사이에 위치하여 발생하는 천문 현상으로, 지구에서는 금성이 태양면 위를 통과하는 점으로 보인다 - 옮긴이)에 걸리는 시간을 관측하려 했으나(이를 알면 태양에서 지구까지의 거리를 계산할 수 있다), 구름에 가려진 탓에 실패했다. 그런 다음에는 남쪽으로 방향을 틀고, 북반구 육지 덩어리와 균형이 맞으려면 존재해야 한다고 여겨진 '남방대륙'을 찾아다녔다. 당대 전문가들은 남방대륙이 균형을 맞추지 않으면 지구가 걷잡을 수 없이 흔들릴 것이라는 이론을 제시했다.

인데버호는 18개월간 항해하며 식량을 싣고 다녔는데, 여기에는 항괴혈병성으로 추정되는 몇 가지 음식, 이를테면 맥아(싹을 틔운 다음 말린 보리), 사우어크라우트, 당근, 마멀레이드, 겨자, 살룹

(나무껍질로 만든 음료), 포터블 수프, 린드가 오렌지와 레몬을 재료로 개발한 랍 등이 포함되어 있었다. 이들 중에서 괴혈병 예방에 효과가 있는 식량은 사우어크라우트뿐이었다.

식량보다 더욱 중요한 것은, 이때가 상대적으로 평화로운 시기여서 함선이 해안에 자주 상륙하여 재정비할 수 있었다는 점이다. 쿡은 선원의 건강에 관심을 기울이며 가능할 때마다 신선한 과일과 채소를 적극적으로 구했다. 처음에 하급선원들은 그런 익숙하지 않은 음식을 먹지 않겠다고 버텼지만, 고급선원들이 맛있게 먹는 모습을 보고 결국 마음을 바꾸었다. 그 결과 괴혈병은 큰 문제가 되지 않았다. 쿡은 2년 9개월의 항해를 마치고 1771년 6월 12일 영국에 귀항했다. 쿡의 선원 중에서 괴혈병으로 사망한 사람은 단 한 명도 없었다.

쿡은 두 번째 항해에서 다시 남방대륙을 찾으려 했다. 이번에는 쿡이 지휘하는 레절루션호와 선장 토비아스 퍼노가 이끄는 어드벤처호가 함께 항해했다. 1772년 7월 13일 플리머스 항구를 출발해 10월 30일 희망봉에 도착했고 이때 선원들은 건강했다. 이들은 11월 22일 희망봉을 떠나 남쪽으로 향했으며 남극권을 횡단한 최초의 유럽 함선이 되었다. 선원에게 괴혈병의 징후가 나타나도 효과적으로 치료되었으며 이는 아마도 사우어크라우트 덕분이었을 것이다. 린드의 랍 또한 치료에 동원되었으나 효능이 없었다.

117일간 항해한 뒤 레절루션호는 뉴질랜드에 상륙했으나 어드벤처호는 짙은 안개 탓에 상륙하지 못했다. 두 함선은 4월 7일 뉴질랜드 십 코브Ship Cove에서 만났다. 과거 몇몇 탐험대와 마찬가지로 이들은 무심결에 실험을 수행했다. 쿡이 지휘한 레절루션호와 달리 어드벤처호 선원들은 식단에 신경 쓰지 않은 탓에 괴혈병에 시달리고 있었는데 십 코브에서 얻은 신선한 채소를 섭취하자 선원들의 건강은 빠르게 회복된 것이다.

두 함선은 뉴질랜드에서 타히티로 항해하는 도중 실험을 반복했다. 쿡의 함선에 탑승한 선원 세 명은 괴혈병의 징후를 보이다가 치료를 받고 건강해졌다. 이와 대조적으로 퍼노의 선원 30명은 괴혈병에 걸린 상태로 타히티에 도착했다. 퍼노는 선원에게 신선한 채소와 과일을 제공하지 않았으며 경험에서 아무런 교훈을 얻지 못한 것이 분명했다.

쿡이 남방대륙을 찾는 동안 어드벤처호는 영국으로 귀항했다. 쿡은 남방대륙이 허구임을 증명할 수 있을 만큼 충분히 남극해를 탐험했다. 그러는 동안 기회가 될 때마다 해안에 상륙하여 선원에게 신선한 채소와 과일을 보급했다. 몇몇 정박지에서는 가문비나무를 우린 차도 마시게 했다. 결과적으로 괴혈병은 레절루션호에서 심각한 문제를 일으키지 않았다.

쿡은 1775년 7월 30일 영국에 도착했다. 그는 괴혈병을 관측 보고한 공로를 인정받아 왕립학회로부터 상을 받았으며, 맥아즙 (맥아를 끓는 물에 우린 액체로, 맥주를 만드는 원료임)이 "지금까지 바다에서 쓰였던 괴혈병 예방약 중에서 가장 효과가 좋다"라고 기록했다.[4] 그러면서도 맥아즙이 괴혈병을 예방하긴 하지만 "항해하는 중에 맥아즙으로 괴혈병을 치료한다는 의견에는 전적으로 동의하지 않는다"라며 단서를 달았다. 실제로 맥아즙은 괴혈병 치료에 효과가 없다. 쿡은 레몬즙보다 훨씬 저렴하다는 이유로 맥아즙을 선호하는 해군 본부의 비위를 맞추고 있었는지도 모른다.

쿡은 1776년 북서항로를 찾기 위해 세 번째 항해에 나섰다가 1779년, 하와이 원주민에게 살해당했다. 쿡을 따르던 선원들은 이듬해 10월, 북서항로를 발견하지 못한 채 영국으로 귀항했다. 선원들은 모두 괴혈병에 걸리지 않고 건강했다.

쿡은 심지어 사람이 지내기 힘든 기후에서도 선원들이 괴혈병에 걸리지 않고 오랜 기간 먼바다를 항해할 수 있음을 입증했다. 그러나 그가 수집한 괴혈병 관련 정보는 극히 적은 데다 한계가 뚜렷했다. 쿡은 괴혈병의 예방법과 치료법을 우연히 시도해 효과를 보긴 했지만(가장 효과적인 예방법은 해안에 자주 상륙하여 신선한 과일과 채소를 구하는 것이었다), 개별 조치에 관한 정보를 주지는 않았다. 린드의 람을 시도했다가 실패한 뒤 감귤류 과일에는 효능이 없다고 해석하기도 했다. 그러나 쿡은 해군으로부터 막대한 신뢰를 얻었으며 사망하기 전까지 10여 년간 해군 방침에 영향을 미쳤다.

죽음을 응시한 군의관

제임스 쿡 선장이 유명하긴 하지만 길버트 블레인 또한 영국 해군에서 괴혈병을 정복한 공로로 인정받아야 마땅하다.[5] 블레인은 괴혈병을 정복하는 과정에 전염병학epidemiology이라는 과학 분야를 창시했다.

블레인은 1749년 스코틀랜드 남서부의 부유한 상인 가문에서 태어났다. 14살 때 성직자가 되기 위해 에든버러대학교에 입학했다가 의사로 진로를 바꾸며 10년간 대학에서 공부했다. 그는 학내 의학회에서 회장으로 선출되고, 예술대학과 의과대학의 교수진에게 좋은 평가를 받았다.

블레인은 에든버러대학교 소속 저명한 학자들에게서 추천서를 받은 다음 런던으로 이주해 의술을 펼쳤다. 그는 태도가 냉정한 탓에 훗날 '칠블레인Chilblaine(동상chilblain을 의미하는 동시에 발음이 냉정한Chill+블레인blane과 같다 – 옮긴이)'이라는 별명을 얻었다. "그는 신성하고 경건하며 죽은 사람 같은 표정을 지었다"라고 기록에 전해진다. 그럼에도 블레인은 이름난 의사 윌리엄 헌터의 소개로 런던 사회에 진입한 뒤 성공적으로 진료소를 열었다.

블레인이 진료한 유명한 환자 중 한 명은 서인도제도 함대를 이끈 해군 제독 조지 로드니 경으로, 진료를 받기 전 수행한 작전에서 괴혈병에 시달렸다. 1799년 로드니는 블레인에게 번창하는 진료소를 접고 자신의 주치의 자격으로 서인도제도 항해에 합류해달라고 설득했다. 블레인은 런던에서의 안락한 삶을 포기하고 전쟁터로 나가게 된 계기를 기록으로 남기지 않았다.

블레인은 의사로서, 그리고 갑판에서 전투를 도움으로써 두각을 드러냈다. 로드니는 블레인을 함대 군의관으로 임명했다. 블레인은 군의관으로서 선원에게 발병하는 질병과 사망 사례를 나열한 월간 보고서를 제출하도록 다른 군함의 군의관과 인근 지역 육군 병원에 요구했다. 제출된 보고서는 훗날 블레인이 저술을 남기고 해군 정책을 변화시키는 활동의 기초가 되었다.

블레인이 그러한 데이터를 수집하면 유용하리라 생각한 이유는 무엇일까? 이전까지는 아무도 그와 같은 일을 해본 적이 없었고, 따라서 의사들은 불필요한 서류 작업이라며 불평했을 것이다. 하지만 블레인은 지역 병원에 환자와 자원을 효율적으로 분배하려는 목적으로 데이터를 수집했다. 그는 또한 "보고서는 질병의 원인과 발병 과정을 알려주는 명백한 사실을 취합하는 역할도 수행했다"라고 덧붙였다.[6]

이러한 통찰은 전염병학의 토대이다.

블레인은 1781년 서인도제도를 항해하던 도중 기념비라고 이름 붙인 보고서를 해군 본부에 제출했다. 그는 함대에 복무하는 1만 2,000명 중 1,600명이 죽었고, 그 가운데 60명은 전투 도중 목숨을 잃었으며, 나머지는 감염과 괴혈병으로 사망했다고 밝혔다. 그러고는 다음과 같이 덧붙였다.

> 괴혈병은 선원에게 발병하는 주요 질병 중 하나로 채소와 과일, 특히 오렌지, 레몬, 라임으로 완벽히 예방하고 치료할 수 있다. 이 같은 식품은 여러 섬에서 얻은 다음 한 척 이상의 소형 함선을

이용해 군함으로 보급할 수 있다. 채소 및 과일 보급은 인도적 차원뿐 아니라 해군 전략 차원에서 추진하기를 권장한다. 오렌지 또는 레몬 50개는 선원의 건강과 생명까지 구할 수 있는 만큼, 함대에 소속된 선원 한 명으로 간주할 수 있다.[7]

블레인의 견해에 응하여, 해군 본부는 선원의 건강을 담당하는 의사 위원회인 '선원 부상자 지원실'에 의견을 제시해달라고 요청했다. 선원 부상자 지원실은 제임스 쿡이 린드의 랍을 활용했던 경험을 인용하며, 신선한 과일과 채소보다는 맥아즙과 사우어크라우트가 훨씬 효과적이라고 조언했다. 해군 본부는 의사 위원회의 조언을 받아들이고 블레인의 견해는 무시했다. 이는 전문가 의견만으로 도출된 조언을 받아들일 때는 주의해야 한다는 교훈을 남겼다.

하지만 블레인은 변함없이 선원 건강에 관심을 기울이며 관료주의에 굴복하지 않았다. 그 대신 잠시 휴식기를 보내면서 생각을 정리했다.

무수한 사실들을 비교하기

블레인은 해군 복무를 마친 뒤 의사로 일하기 위해 런던으로 돌아왔다. 그리고 서인도제도에서 겪은 일을 기록해 1789년 저서

《선원 질병에 대한 관찰 보고》를 발표했다.[8] 이 책은 역사상 가장 지루한 책이라는 이유로 과소평가되었다. 그런데도 린드가 발표한 논문보다 괴혈병 및 의학의 역사에 훨씬 막대한 영향을 미쳤다.

블레인도 린드와 마찬가지로 스코틀랜드 계몽주의의 영향을 크게 받았으나, 린드와 다르게 기존 이론에 얽매이지 않았다. 블레인은 발전을 이루려면 개별 사례나 선입견이 반영된 가설에 의존하지 말고 "무수한 사실들을 비교"해야 한다고 생각했다. 그래서 습관적으로 통계 자료를 편집했다. 그의 저서는 3분의 1 이상이 서인도제도에서 수집한 데이터로 구성된 표가 차지한다. 월별 및 함선별 선원 건강 통계와 통계 자료를 분석하는 따분한 설명글이 책을 읽기 지루하게 만든다.

블레인은 자신이 감독하는 함선과 병원을 대상으로 시간 흐름에 따른 질병 발생 패턴을 연구하여 질병의 원인과 효과적인 관리법을 추론했다. 이처럼 시간과 공간에 따라 질병 발생을 분석하는 연구는 전염병학의 기초이며, 블레인은 최초의 전염병학자였다.

블레인은 린드 덕분에 레몬, 라임, 오렌지가 가장 효과적인 항괴혈병 식품임이 밝혀졌다고 확신했다. 이를 뒷받침하기 위해, 전투를 마치고 돌아온 함선 두 척을 지정해 라임을 보급했다. 두 함선에서는 선원들이 괴혈병에서 회복되었지만 라임을 보급받지 못한 다른 함선에서는 괴혈병 환자가 증가했다.

블레인은 실제 결과를 바탕으로 기존과 다른 결론을 도출했다. 우선 괴혈병의 원인으로 나쁜 공기, 즉 미아즈마는 고려할 가치가 없다고 일축했다. "선원들은 해안이 아닌 선상에서 더욱 빨리 건강을 회복했다. 괴혈병을 치유하는 방법은 육지의 공기가 아니라 식단과 청결, 휴식과 관련이 있다고 생각된다."[9] 블레인은 또한 린드의 랍에 효능이 없다고 결론지었다. 이 결론에 어떻게 도달했는지는 밝히지 않았으나 즙을 가열하여 항괴혈병 특성이 사라졌다고 지적했다.

또한 그는 함선 내에서 전염병 전파를 막는 몇 가지 요소를 관찰했다. 그리고 관찰 결과를 정책에 반영하면서 린드보다 한발 앞서 나갔다. 블레인은 당시 병원이 감염의 인큐베이터라는 이유로, 괴혈병에 걸린 선원을 함선에 머무르게 하면서 치료했다.

> 6월에는 함대 전체에 환자가 많이 발생하긴 했으나, 괴혈병으로 사망한 선원은 네 명에 불과한 듯 보인다. 반면 병원 기록에 따르면 함선보다 병원에서 괴혈병 환자의 사망률이 높다. 이는 다른 질병, 특히 이질과 같은 감염병과 무절제한 생활 습관의 결과이다. 육지에 상륙한 수많은 선원이 탈주한다는 점에서 함선 내 치료는 더더욱 바람직하다. 이 방식은 또한 정부에 재정 부담을 덜어주는데 치료비가 병원과 비교해 4분의 1도 되지 않기 때문이다.[10]

블레인은 18세기 의료 환경을 고려해 질병 치료법이 아닌 예방법에 초점을 맞추었다.

> 질병 예방은 치료법만큼 주목할 가치가 있다. 질병은 치료 도중 실수가 뒤따르기 마련이고 최고의 의술로 관리해도 고통이 수반되며 몇몇 환자는 죽음을 맞이하기 때문이다. 질병 예방은 또한 질병 치료보다 인간의 통제하에 있다. 인간의 기술은 인체 내부에 변화를 일으키는 것보다는 먹는 음식과 호흡하는 공기를 변화시키는 데 더 용이하기 때문이다. 질병 예방 지식은 치료 지식보다 명쾌하고 만족스러운데, 생명의 비밀스러운 근원을 밝히는 일보다 건강에 영향을 주는 외부 요인을 조사하는 일이 더 쉽기 때문이다.[11]

그가 남긴 말은 21세기에도 여전히 큰 울림을 준다.

해군을 설득하는 법

1781년 해군 본부가 블레인이 제출한 보고서를 묵살했지만, 결국 블레인은 승리했다. 1795년 블레인은 선원 부상자 위원회(구 선원 부상자 지원실)의 위원으로 임명되었다. 모든 사람이 개인적으로 그를 마음에 들어 하지 않았지만 블레인은 위원 자격을 얻었다. 그는 단도직입적으로 의견을 제시했다.《선원 질병에 대한 관찰 보고》에서는 선원 질병의 책임을 장교와 해군 본부에 돌리기도 했다.

> 일부 고대인의 말에 따르면, 급성 질병은 하늘이 내린 병이지만 만성 질병은 사람이 만든 병이다. 그러나 나는 이번 연구에서 적어도 선원에게 발생하는 급성 질병은 사람의 관리 부실과 방치로 인해 생겨난 병임을 증명하여, 고통받는 선원 자신이 아닌 그들을 보호해야 하는 당국의 악행 탓임을 밝히기 위해 노력할 것이다.[12]

블레인은 새롭게 부여받은 권한을 바탕으로 해군 본부 위원회를 설득하여 각 선원에게 매일 레몬즙 약 20밀리리터를 제공하도록 지시하되, 이를 법으로 규정하지는 않았다. 이때 제공한 레몬즙은 린드의 랍처럼 가열하여 보존한 식품이 아니라 신선한 즙 또는 알코올로 보존한 즙이었다. 모든 함장이 지시에 따르지는 않았지만 영국 해군에서 괴혈병 환자 수는 급격히 감소했다.

이는 정부 방침을 정하는 과정에 역학 데이터를 활용한 첫 번째 사례였다. 이는 의학 역사상 획기적인 사건이었다. 블레인은 질병이 언제 어디서 발생하는지 표로 작성하고 분석하면 그 질병의 원인을 파악해 질병이 전파되지 않는 시기에도 예방할 수 있음을 입증했다. 이 아이디어는 오늘날 명백한 사실로 여겨지지만 이를 길버트 블레인처럼 노력을 기울여 폭넓게 입증한 사례는 없었다.

문헌 대부분은 1854년 런던 의사 존 스노가 콜레라의 급속한 확산 원인을 분석하면서 전염병학이 탄생했다고 추정한다.[13] 스노는 런던의 모든 콜레라 환자를 추적한 끝에 런던 인근 지역에 식수를 공급하는 브로드 스트리트 급수 펌프가 전염병의 원인임을 정확히 밝혔다. 당시에는 미생물이 감염병의 원인이라는 사실을 아무도 몰랐지만 스노는 관계 당국을 설득해 급수 펌프 손잡이를 뽑았다. 그 결과 또는 우연의 일치로 콜레라 확산세는 진정되었으며 브로드 스트리트 급수 펌프는 의학사에 이름을 남기게 되었다. 스노와 블레인은 모두 공로를 인정받아 마땅하다. 그래도 전염병학의 기반을 닦은 인물은 블레인이다.

300년에 걸쳐 선원 100만여 명이 괴혈병으로 사망했지만 블레인 덕분에 영국 해군의 주요 사망 원인에서 괴혈병이 사라지게 되었다. 블레인은 린드와 다르게 의대생 시절의 이론에 얽매이지 않고 현상을 냉정하게 관찰하고 분석했다. 거의 15년이 소요되긴 했으나 결국 그는 해군 관료를 설득하고 선원의 삶을 개선했다.

블레인은 기존 이론과 거짓된 주장을 접어두고 괴혈병의 문제를 직시하는 놀라운 능력을 갖췄다. 그가 지닌 객관성은 어디서 비롯했을까? 단서는 거의 없다. 미완성 초상화 속 블레인은 회계사처럼 보인다. 그는 회계사처럼 숫자를 사랑했다. 해군에 복무하는 동안에는 함대에서 발행한 월간 보고서를 꼼꼼히 검토했다. 블레인의 저서는 무수한 페이지를 할애해 숫자를 밝히며 질병 이론을 논의하는 대목은 거의 없다.

블레인이 해군 정책을 수립했다는 사실 또한 주목할 만하다. 어느 부고 기사는 "블레인이 그러한 지위에 오른 요인은 겉으로 드러나는 우아함이나 인위적인 매력이 아닌 재능과 근면함에서 나왔을 것이다"라고 전했다.[14] 블레인은 끈질겼다. 1781년 해군 본부가 보고서를 묵살했을 때 포기하지 않고 지속적으로 해군 의학에 관심을 쏟으며 관료들에게 압력을 가했다. 블레인의 문체는 그 시대의 전형적인 문체가 그렇듯 억지스러웠지만 명확하고 직설적이었으며 글에서 다루는 주제에 관해서는 당대 누구보다 정통했다. 블레인은 철저한 과학 연구를 바탕으로 대성공을 거두었다.

하지만 블레인의 성공은 완벽하지 않았다. 항괴혈병 식품이 보편적으로 제공되지 않은 탓에 괴혈병은 영국 해군에서 종식되지 않았다. 괴혈병이 완전히 사라지려면 선원들이 과감한 행동을 펼치며 해군 본부 위원회에 결정적 압박을 가해야 했다.

어느 날 갑자기 배로 끌려가다

조지 3세가 집권한 1760년부터 1820년까지는 거의 끊임없이 전쟁이 이어졌다. 영국은 여러 전선에서 전쟁을 벌였다. 한쪽에서는 영국에 저항하는 아메리카 식민지와, 다른 한쪽에서는 나폴레옹 1세가 통치하는 프랑스를 비롯한 유럽 열강과 싸웠다. 게다가 영국은 여전히 해외 식민지를 방어해야 했다. 해군은 전 세계에서 발생한 분쟁에서 대부분 결정적인 역할을 했다. 범선시대에 영국 선원은 국가를 위해 중요한 임무를 수행했지만, 위험하고 궁핍하게 생활하는 동시에 영국 해군 특유의 불합리를 겪었다.

선원 중에서 절반 이상이 실질적으로 자유를 빼앗긴 채 강제로 복무했다. 영국 해군은 신체 건강한 영국 선원, 이를테면 어부와 상선 선원은 물론 전직 해군을 대상으로 강제 징집했다. 강제 징집은 오로지 영국에서만 시행되었다. 이 제도는 1711년 앤 여왕이 시행한 이후, 1814년 나폴레옹전쟁이 끝날 때까지 지속되었다.

강제 징집대는 해안을 돌아다니면서 남성을 해군에 넘기고 현상금을 받았다. 법에 따르면 강제 징집대는 경험이 풍부한 선원만 데려가도록 허용되었으나, 실제로는 가능한 모든 수단을 동원하여 찾아낸 사람을 전부 해군에 넘겼다. 징집대는 몇몇 남성을 상대로 자발적으로 복무하도록 유도하기도 했지만, 대부분은 술에 취했을 때 강제로 데려갔다. 강제 징집된 남성은 대개 늙고 병약하며 만성 영양실조였다. 그 외 남성들은 기나긴 항해에서 수개월 동안 고된 노동과 영양부족에 시달리다가 이제 막 뭍으로 올라온 상태였다. 필요시에는 병원 병실에 있던 남성들도 강제 징집되었다.

법정은 다른 형태로 강제 징집을 시행했다. 치안판사는 범죄자를 감옥에 넣는 대신 해군에서 복무하도록 선고했다. 그러한 범죄자들이 전부 글을 모르는 도둑이거나 강도였던 것은 아니다. 일부는 지능범죄를 저지르거나 빚을 갚지 않은 이들이었고, 다른 일부는 교육을 받은 계층이거나 사업을 운영한 경험이 있는 사람들이었다. 이들은 하급선원들이 지내는 선원 선실에서 잠재적 우두머리로 구성된 핵심 집단을 형성했다.

하급선원은 탈영 위험 때문에 항구에 정박했을 때도 하선이 허용되지 않았다. 함선 내에서 하급선원에게는 권리가 거의 주어지지 않았다. 몇몇 고급선원은 악랄했다. 그들은 채찍질과 용골쓸기(죄인을 밧줄로 결박하고 바다에 빠트린 뒤 줄을 잡아당기며 배의 척추인 용골에 쓸어내리는 형벌 – 옮긴이)에 의존해 질서를 유지했다. 선장은 사형을 집행할 권한이 있었으며, 선원들은 경범죄를 저지르면 총살당하거나 배 밖으로 던져졌다.

선원들은 규정상 음식을 충분히 섭취해야 했다. 식량 배급 체계는 식량 위원회가 감독했다. 항구에 배치된 식량 위원회 관리들이 보급품을 구매해 함선의 출납원에게 분배했다. 식량 위원회는 매주 배급되는 식량의 세부 내역을 상세하게 제공했다.

잘 구워져 상태가 양호하고, 깨끗하고, 달콤하며, 거친 천으로 단단히 포장된 비스킷 450그램. 맥주 4리터. 일요일, 월요일, 화요일, 목요일은 영국에서 먹이를 충분히 공급해 키운 소를 도축하여 소금에 절인 소고기 900그램. 그렇지 않으면 일, 월, 화, 목요일 가운데 이틀은 소고기 대신 베이컨 또는 소금에 절인 영국 돼지고기 또는 먹이를 충분히 공급해 키운 돼지고기 450그램과 콩 570밀리리터. 수요일, 금요일, 토요일은 앞서 언급한 비스킷과 맥주 외에 길이 60센티미터 북해산대구의 8분의 1토막 또는 길이 55센티미터 대서양대구의 6분의 1토막 또는 길이 40센티미터 대서양대구의 4분의 1토막을 매일 섭취. 양념이 첨가된 푸어존 Poor John(건조 어묵) 450그램과 버터 30그램과 서퍽 치즈 110그램 또는 서퍽 치즈의 3분의 2에 해당하는 체셔 치즈(75그램).[15]

이 식단은 비타민이 부족하지만 고된 육체노동에 필요한 열량을 충분히 제공하고 탄수화물과 단백질과 지질을 골고루 함유했을 것이다.

영국 조지 시대에는 식량이 공급되는 모든 단계에서 문제가 발생했다. 선원에게 도달했을 때 식량은 양적·질적 수준이 떨어졌다. 식량 상납, 불량품 섞기, 중량 속이기, 보급품 절도가 만연했다. 정확한 식단 구성은 알려지지 않았으나 식량 위원회가 규정한 분량보다 확실히 적었다.

함선은 보통 6개월간 보급할 식량을 비축했고 식량은 시간이 흐를수록 변질되었다. 비스킷에는 곰팡이가 피며 벌레가 꼬이고, 맥주는 상하고, 치즈와 버터는 산패했다. 하급선원은 해안에 상륙하지 못하는 까닭에 식단을 보충할 기회가 없었다.

영국의 군사 전략은 적의 항구를 해상 봉쇄하고 지속적으로 영국 해협과 북해를 순찰하는 활동에 의존했다. 함선은 항해를 떠나면 대개 몇 달간 바다에 머물렀고 일부는 영국 해안에서 수 킬로미터 떨어져 있었다. 길버트 블레인이 제안한 대로 부속선을 활용해 정기적으로 함선에 식량을 공급할 수 있었지만 이는 실현되지 않았다. 당국은 함선에 이미 충분한 식량을 공급했으며 신선한 식품 공급에 추가되는 비용이 달갑지 않았기 때문에 블레인의 제안이 불필요하다고 여겼다.

선원들이 품은 가장 큰 불만은 봉급이었다. 계속되는 전쟁으로 영국 재정은 파탄에 이르렀고 자금 부족은 해군이 직면한 수많은 문제의 근원이었다. 육군은 봉급이 점점 올랐지만 선원은 생계비가 상승했음에도 30년 넘게 봉급이 인상되지 않았다. 일부 선원은 2년 넘게 봉급을 받지도 못했다. 이들에게 주어진 유일한 희망은 나포한 적함에서 얻은 전리품을 나눠 갖는 것이었다.

이러한 상황에 직면하자 선원들은 반란을 일으켰다. 1797년 봄, 영국 해군의 주요 기지인 포츠머스에 정박하자 해협 함대 선원들이 기회를 잡았다.

명령을 거부한 이들의 최후[16]

대형 군함 16척과 작은 함선 20여 척으로 구성된 해협 함대는 항해를 시작하고 한 달이 지난 시점인 1797년 3월 말에 영국 남부 해안의 포츠머스와 와이트섬 사이의 좁은 해협인 솔렌트로 왔다. 이들이 여기에 온 목적은 함선 수리와 식량 보급이었다. 영국은 프랑스와 네덜란드 함대가 언젠가 공격해 오리라 예상하고 경계하는 중이었다. 해군, 특히 해협 함대는 방어를 위해 만반의 준비 태세를 갖추어야 했다.

해협 함대는 포츠머스 앞바다에서 3~5킬로미터 떨어진 스핏헤드에 정박했다. 선원들은 전투 준비로 분주한 그 도시를 멀리서 지켜보았다. 솔렌트 해협은 함선으로 북적였다. 해협 함대 외에 함선 수십 척이 마을 인근 거대한 해군 기지에 자리한 부두와 조선소를 가득 메웠다.

부활절이 2주밖에 남지 않은 시기여서 고급선원은 대부분 해안에서 도시 생활을 만끽하거나 가족을 만날 기회를 얻었지만 하급선원은 붐비는 함선에서 감시자 없이 머물렀다. 하급선원들은 잔잔한 바다에 정박한 배 안에서 하던 일을 멈추고 잠시 휴식하며, 아직 함선에 남은 고급선원의 감시망이 닿지 않는 곳에서 대화했다. 대기에는 프랑스혁명 정신이 감돌고 있었고 이는 선원들이 품었던 불만을 표출할 기회였다. 영국은 적국의 침략을 예상하고 이를 방어하기 위해 선원에게 의존하고 있었으며, 따라서 선원들은 힘을 한데 모아 영향력을 행사할 수 있었다. 하급선원의 우두머리들은 어둠을 틈타 함선을 오가며 계획을 세웠다. 이들은 과감히 행동하기로 했다.

부활절 일요일에 출항 명령이 내려졌다. 선원들은 명령을 거부했다. 계획대로 고급선원을 해안으로 추방하고, 함선에 자치 정부를 수립하고, 해군 본부가 자신들의 요구를 들어줄 때까지 출항을 거부했다. 서신 형식으로 청원서를 작성하고 각 함선의 대표자가 서명하여 해군 본부에 제출했다. 선원들은 청원서에서 임금 인상과 함선 내 환경 개선을 주장하며 요구 사항을 나열했다.

> 우리 청원인들은 해군 본부에서 하급선원의 불만 사항을 고려하기를 요청하며, 내용은 다음과 같다.
>
> 첫째, 선원 식량은 무게 1파운드를 16온스로 상향하고(영국 단위상 1파운드는 본래 16온스이지만, 함선 내에서 식량 1파운드를 14온스로 계산하여 적게 지급했다고 한다-옮긴이), 품질을 개선한다. 선원이 사용하는 단위는 이 나라 상법에서 규정하는 단위와 같다.
>
> 둘째, 우리 청원인들은 함선이 영국령 항구에 머무르는 동안 곡물 가루가 식사로 제공되지 않도록 해군 본부가 감독하기를 요청한다. 항구에서 가장 풍족한 채소가 식단에 충분히 포함되어야 한다. 선원 식단에는 채소가 심각하게 부족하다.
>
> 셋째, 함선에 있는 환자의 상태를 진지하게 살펴보고, 환자를 세심하게 돌보며, 환자에게 허용되는 필수품을 환자가 사용할 수 있도록 허락한다. 그러한 필수품은 어떠한 이유로도 횡령되어서는 안 된다.[17]

이외 요구 사항으로는 항구에서 상륙 허가 승인, 근무 중 부상자에게 급여 지급, 가혹 행위를 저지른 고급선원 해고 등이 있었다.

해군 고위층은 처음에 이러한 요구를 무시하고 해결하기를 완강히 거부하며 주동자에게 반란죄 혐의로 사형을 선고하겠다고 위협했다. 선원들은 동요하지 않았다. 한 달 뒤 적군의 침략이 예상되며 의회가 불안에 휩싸이자 해군 본부는 선원들의 불만을 해결할 수밖에 없었고 조지 3세는 반란자들을 사면했다.

반란은 다른 함선으로 점차 번져갔으나 해협 함대처럼 성공하지는 못했다. 반란 참가자 중 상당수가 처형되거나 호주로 추방당했다. 뉴사우스웨일스주로 죄수를 실어 나르는 함선에 괴혈병이 유행하면서, 많은 선원에게 호주 유배는 사형선고와 마찬가지였다. 해군 본부는 죄수에게 신선한 채소와 레몬즙을 보급하는 식으로 자원을 낭비하지 않았다.

스핏헤드 반란은 해협 함대에서만 성공했지만 결국 영국 해군에 폭넓게 영향을 미쳤다. 하급선원은 봉급이 인상되었고 항구에 정박하는 동안 육지에 갈 수 있게 되었다. 고급선원은 가혹 행위를 자행한 기록이 있으면 해고당했으며 전반적으로 전문성이 향상했다. 해군 본부는 함선 내부의 생활 환경에 관심을 기울이기 시작했다. 함선을 청결하게 유지하고 선원들에게 잘 말린 의복과 목욕 비누를 보급했다. 선원 식단에는 신선한 채소가 추가되었고, 해군 당국은 일괄 적용되지 않았던 1795년 결의안을 시행하면서 모든 함선에 감귤류즙을 공급했다.

길버트 블레인과 하급선원은 승리했다. 괴혈병은 반세기가 넘는 시간 동안 영국 해군에서 사실상 자취를 감추었다. 그런데 놀랍게도 영원히 사라진 것은 아니었다.

4

반복되는 진전과 후퇴

오래된 편견을 뿌리 뽑거나, 시간과 관습,
무거운 권위로 확립된 통념을 뒤집기란 쉬운 일이 아니다.
— 제임스 린드, 〈괴혈병에 관한 논문〉, 1753년

망망대해에서 병에 걸린다면

1795년 길버트 블레인이 주도한 개혁 이후, 왕립해슬러병원에 괴혈병으로 입원한 선원의 수가 급감했다.[1] 1806년부터 1810년 사이에는 입원한 선원이 두 명뿐이었다.[2] 이처럼 환자가 감소한 이유는 두 가지다. 첫째, 식생활 개선으로 해군에서 발생하는 괴혈병 환자 수가 큰 폭으로 감소했다. 둘째, 큰 수술을 할 필요가 없는 병든 선원은 병원이 아닌 함선에서 치료하는 관행이 블레인 덕택에 도입되었다. 아직 세균이 발견되지 않은 시기였기에 블레인은 감염병이 어떻게 전파되는지 이해하지 못했으나 그가 얻은 통계 수치는 병원 환자가 세균 감염으로 사망했음을 알렸다.

해군에서는 괴혈병 환자가 감소했으나 상선에서는 다음 반세기 동안에도 괴혈병이 발생했다.[3] 1854년 영국 의회는 상선 선원에게 라임즙을 보급하라고 명령하면서도 라임즙의 보급량은 언급하지 않는 등 성의 없는 태도를 보였다. 해당 법은 시행되지 않았고, 선원들은 계속해서 괴혈병에 걸렸다. 1867년 의회는 선원 병원 협회의 압력과 런던의 〈타임스〉 기사에 대응해 상선 개정법을 통과시키고 각 선원에게 제공할 라임즙의 양과 품질을 규정했다. 상선 개정법은 그뿐만 아니라 법 집행과 위반 행위에 대한 처벌을 강화했다.

1867년 상선 개정법이 시행되자 상선에서 괴혈병 환자가 완전히 사라지지는 않았어도 감소하기 시작했다. 런던 부두에서 일하는 선원들은 1870년까지 병원선에서 치료받다가 이후에는 육지로 이전한 병원을 이용했다. 1867년 이전에는 매년 평균 괴혈병이 약 90건 발생했지만, 법 시행 후부터는 매년 약 30건 발생했다.[4] 1885년 이후에는 증기선이 상선 역할을 하면서 괴혈병이 드물어졌다.

라임즙의 품질도 문제였다. 18세기 말 해군은 린드가 개발한 랍 대신 레몬즙이나 라임즙을 럼주와 섞거나 살짝 끓여서 병에 담은 뒤 그 위에 올리브기름을 부어두고 섭취했다. 레몬 또는 라임즙을 오래 가열하지 않자 비타민 C 보존에 도움이 되었고 그 덕분에 1790년부터 해군은 괴혈병 환자가 감소하게 되었다.

1860년 영국 해군은 새로운 변화를 일으켰다. 과거에 이들은 몰타, 스페인, 이탈리아에서 레몬을 조달했다. 전쟁으로 지중해 보급로가 끊기자 영국 해군은 카리브해에서 재배된 라임으로 대체했다. 이들에게는 카리브해산 라임즙이 전부였다. 영국 해군은 레몬과 라임을 구별하지 않았고 과일의 원산지를 가리지 않았다.

영국 해군은 또한 라임즙으로 만든 새로운 식품을 활용하기 시작했다. 1867년 라클란 로즈는 라임즙을 알코올이 아닌 농축된 설탕 용액에 보존하는 방식으로 특허를 출원했다.[5] 로즈의 라임즙은 훗날 칵테일 재료로 인기를 끌었지만, 첫 번째 주요 고객은 해군이었다. 로즈는 스코틀랜드 레이스의 부두 근처에 공장을 세우고 해군에 라임즙을 납품했다. 1875년에는 사업을 런던으로 확장했다. 서인도제도에서 라임을 수입하기도 했다. 서인도제도산 라임은 지중해산 라임보다 비타민 C 함량이 훨씬 적어서, 뒤에서 언급하겠지만 괴혈병 환자 수를 증가시키며 혼란을 일으켰다.

아무도 몰랐던 감자의 힘

괴혈병은 19세기를 거치며 선원들 사이에서는 점점 드물어졌지만 육지에서는 잇달아 발생했다. 1849~1850년 캘리포니아 골드

러시와 1854~1856년 크림전쟁 시기에 발견되었고, 1861~1865년 미국 남북전쟁의 군 포로와 캐나다 세인트로렌스 지역의 프랑스 출신 정착민들 사이에서 흔했다.[6] 최근 사례로 보면, 제1차 세계대전 중동에 배치된 영국 군인도 괴혈병을 앓았다.[7]

그런데 평상시 영국과 북유럽 사람 대부분은 신선한 채소를 먹지 않고 몇 달을 보내는 겨울에도 괴혈병에 걸리지 않았는데 아마도 17세기에 신대륙에서 건너온 감자가 중요한 역할을 했을 것이다. 감귤류 과일이나 잎이 무성한 녹색 채소만큼 비타민 C가 풍부하지는 않아도 감자를 하루에 한 개씩 먹으면 비타민 C를 충분히 섭취해 괴혈병을 예방할 수 있다.

감자는 재배하는 데 곡물만큼 넓은 땅이 필요하지 않으며, 저장해두고 겨우내 먹을 수 있었다. 19세기 무렵 감자는 특히 아일랜드와 스코틀랜드에서 주식으로 자리 잡았고, 이 지역 농부는 겨울이면 주로 버터나 당밀을 바른 빵에 우유와 감자를 먹었다. 아일랜드 소작농은 감자 이외 다른 작물도 재배했지만 이는 수출용 환금작물이었으며, 작물을 판 돈으로 토지 임대료를 냈다. 감자는 농부와 가족들을 먹여 살렸다. 고된 노동을 하는 남성들은 평균적으로 하루에 감자를 4킬로그램 넘게 먹었다.[8]

감자의 중요성은 교도소에서 드러났다. 1816년 완공된 런던 밀뱅크 교도소는 범죄자 재활 시설의 모델로 설립되었다.[9] 이 교도소는 자유를 박탈당한 죄수가 건강마저 잃지 않도록 위생적인 환경과 건강한 식단을 제공했다. 재활은 격리, 노동, 종교적 가르침을 통해 이루어졌다.

1822년 7월 교도관들은 교도소 측이 가난에 찌든 수감자에게 교도소 밖 음식보다 더 좋은 식단을 제공하며 과도한 친절을 베푼다고 생각했다. 그런 지나친 인도주의를 바로잡는다는 이유로 교도관들은 식단에서 감자를 뺐다. 그러자 3개월이 채 안 되어 괴혈병이 발생했다. 1823년 3월 수감자 가운데 절반이 괴혈병에 걸렸다(교도관, 민간 근로자, 조리실 직원은 걸리지 않았다).

전염병 조사를 맡은 의사는 수감자에게 오렌지를 보급하라고 당국을 설득했고, 괴혈병은 빠르게 수그러들었다. 그런데 같은 감옥에 수감된 군 포로에게는 오렌지가 배급되지 않았다. 이들은 부족한 식단을 섭취하며 계속 괴혈병을 앓았다.

20년 후인 1843년 밀뱅크 교도소 소속 의사 윌리엄 밸리는 영국 교도소에서 발생하는 괴혈병의 전염병학을 분석해 논문을 발표하고, 감자로 괴혈병을 예방할 수 있다고 주장했다.[10] 밸리는 밀뱅크 교도소에 수감된 군 포로가 매주 배급받는 수프에 익힌 채소(흐물흐물해질 때까지 끓임)를 추가해 먹었는데도 괴혈병에 걸렸다고 언급했다. 그러다 이듬해 1월, 수프에 감자가 추가되자 더는 괴혈병 환자가 발생하지 않았다.

밸리는 감자가 식단에 추가되자 괴혈병이 사라진 다른 영국 교도소 사례도 설명했다. 생감자의 항괴혈병 특성은 오래전부터 알려져 있었으며, 가벼운 조리로 그 효능이 사라지지 않는다고 밝혔다. 관리자들은 오렌지나 레몬보다 감자가 저렴하다는 이유로 식단 추가를 승인했다.

1845~1848년 발생한 감자 기근은 밸리의 결론을 뒷받침했다. 1845년 여름과 가을에 곰팡이를 일으키는 전염병이 유럽 전역으로 순식간에 퍼지며 감자 농사를 망쳤다.[11] 이후 3년간 겨울마다 감자 기근이 아일랜드를 황폐화시켰다. 영양실조에 걸려 감염병에 저항할 수 없을 만큼 쇠약해진 사람들이 발진티푸스, 재귀열, 콜레라, 이질로 목숨을 잃었다. 치명적인 감염병에서 겨우 회복된 사람들은 다기관 부전으로 사망하거나, 임대료를 내지 못해 집에서 쫓겨나 도로변 배수로에서 잠을 자야 했다.

아일랜드는 인구 약 800만 명 가운데 100만 명이 목숨을 잃은 듯하다.[12] 또 다른 100만 명은 기근에서 벗어나기 위해 이주했다. 결과적으로 아일랜드는 인구의 25퍼센트를 잃었다.

일부 빈곤 가정은 굶주림에서 벗어날 만큼 열량을 충분히 얻을 수 있었다. 영국 정부와 민간 기관은 미국에서 옥수수를 수입하고 빈곤층을 대상으로 무료 급식소를 운영하는 등 구호 활동을 펼치며 기근의 충격을 완화하려 노력했다. 그러한 노력 덕분에 빈곤층 일부는 기아에서 벗어났지만, 몇 시간씩 익힌 옥수숫가루와 묽은 수프에는 비타민 C가 없어 괴혈병 환자가 발생하기 시작했다.

당대 의사들은 대부분 괴혈병 환자를 본 적이 없었기 때문에 혼란을 겪었다. 처음에는 괴혈병으로 인해 피부에 생긴 어두운 점이 출혈성 질환에서 발견되는 증상과 비슷하다는 이유로, 괴혈병을 출혈성 자반으로 오진했다. 괴혈병이 영국 제도 전역으로 퍼지

고 나서야 의사들은 그 질병을 괴혈병으로 인식했다.[13]

밀뱅크 교도소와 감자 기근에서 얻은 경험은 두 가지 교훈을 강조한다. 첫째, 200년 전 신세계에서 유럽으로 들어온 감자는 빈곤층 수백만 명에게 유일한 비타민 C 공급원이 되어주며 매년 겨울 괴혈병 전파를 막고 북유럽을 구했다. 감자 흉작이 들었을 때 그 자리를 대신한 주요 식량은 없었고 괴혈병이 발생했다.

둘째, 사람은 괴혈병에 걸리기 전 굶주림으로 목숨을 잃는다. 옥수숫가루, 빵 또는 곡물로 열량을 충분히 섭취해 영양실조를 면한 사람들이 괴혈병에 걸렸다. 저장된 비타민 C를 신체가 전부 소모하기까지는 적어도 두 달(일반적으로는 더 오랜 기간)이 걸린다. 굶주림은 신체를 더 빠른 속도로 죽음에 이르게 한다. 의사는 음식을 전혀 먹지 못했는데도 괴혈병에 걸리지 않은 사람들을 근거로, 괴혈병을 영양결핍증으로 규정하지 않았다.

우유를 먹지 못한 아이들

유아 괴혈병 이야기는 파리 포위전에서 시작하며 우유를 중심으로 전개된다.[14] 프로이센·프랑스 전쟁이 진행되는 동안, 프로이센군은 1870년 8월 중순부터 이듬해 1월까지 프랑스 전역에서 빠르게 진군하며 파리를 포위했다. 넉 달 반 동안 식량 보급이 중단되면서 파리에서는 우유와 신선한 채소를 구할 수 없게 되었다. 괴혈병은 포위전이 끝날 무렵 식량 부족을 가장 먼저 겪기 시작한 죄수들 사이에서 특히 빈번했으며 이따금 다른 영양결핍과 결합했다.

어린아이는 우유를 먹지 못해 영양실조로 사망했다. 의사들은 아이에게 다른 단백질 공급원을 먹여 생명을 구하려 했으나 실패했다. 이때의 경험은 우유의 영양학적 특성을 연구하고 대체품을 개발하는 활동에 원동력이 되었다. 그리고 궁극적으로 비타민 결핍증을 이해하는 길을 열었다.

인간의 모유는 유아에게 비타민 C를 충분히 제공하지만, 모유 수유는 19세기에 인기가 없었다. 부유한 사람들은 유모를 고용했다. 부유하지 않은 사람들은 대량 생산된 분말을 물이나 연유 또는 희석한 우유에 타서 아기에게 먹였다. 분말은 단백질이 풍부하지만 비타민이 부족했다. 희석하지 않은 신선한 우유는 비타민 C를 조금이나마 공급한다.

병원에 극심한 다리 통증이 특징인 새로운 질병을 앓는 아이들이 나타나기 시작했다. 의사들은 이 질병을 괴혈병으로 인식하지 못했다. 이처럼 의사가 혼란을 겪은 이유는 유아들이 비타민 D 결핍증으로서 골격 기형을 유발하는 구루병을 흔히 앓았기 때문이다. 구루병은 영양소가 부족한 식단을 섭취하고, 대기오염으로 어두워진 도심 거리에서 햇빛에 거의 노출되지 않는 아이들 사이에 빈번히 발생했다. 의사들은 구루병과 새로운 질병이 모두 다리의 긴뼈에 영향을 미친다는 이유로 그러한 증상을 '급성 구루병'이라고 불렀다.

소아과 의사 토머스 발로는 1875년 런던 그레이트오먼드 스트리트 아동 병원에서 전공의(레지던트)로 근무하던 중 첫 번째 사례를 관찰했다.[15] 그는 외과의사 토머스 스미스를 도우면서 다리 통증과 부종을 앓는 23개월 여자아이를 진찰하고 사후 관찰했다.

아이는 다리를 건드리거나 심지어 간호사가 침대 곁에 다가가기만 해도 비명을 질렀다. 아이의 잇몸이 부어오르거나 피가 나지 않았던 까닭에 발로는 괴혈병으로 진단하지 않았다. 아이는 '구루병'이었다. 그런데 구루병은 통증이 없으므로 발로는 아이가 느끼는 심각한 통증이 구루병으로는 설명되지 않는다고 확신했다.

아이는 입원 중 돌연 사망했다. 사후 발견된 주목할 만한 점은 뼈 주위에 출혈이 발생하고 긴뼈에서 성장이 일어나는 말단 부위가 기이하게 부러져 있다는 것이었다. 이러한 발견은 훗날 실험동물에서 괴혈병을 식별하는 결정적 단서가 되었다.

발로는 유사 사례를 더 연구하고 이 질병을 유아 괴혈병으로 규정했다. 1883년 그는 논문 〈괴혈병이 중심 요소, 구루병이 변수로 작용하며 두 질병이 조합되었으리라 추정되는 '급성 구루병' 사례〉를 발표했다.[16] 이 탁월한 논문은 임상학적·병리학적 설명과 분석을 토대로 작성되었다. 발로는 사례 31건을 요약했으며, 그중

11건은 본인이 직접 진찰한 사례였다. 그는 전형적인 사례였던 15개월 남자아이를 다음과 같이 설명한다.

첫 6주간 아이는 활발했다고 한다. 그 6주 동안 아이는 모유를 먹었으나 이후부터는 모유를 전혀 먹지 못했고, 그때부터 내가 진찰할 때까지 아이는 신선한 음식을 전혀 먹지 못했다. 처음에 아이가 섭취한 식단은 로빈슨 옥수숫가루와 스위스 우유, 다음은 구운 밀가루, 그다음은 네슬레 가공식품, 이후는 로브 비스킷, 그이후는 리비히 소고기 농축액, 마지막으로는 스위스 우유와 당분이 첨가된 석회수 등이었다. (중략)

아이는 생후 13개월이었을 때 다른 사람의 도움을 받으며 앉거나 설 수 있었다. 그러나 5주 전부터 둘 다 하지 못했고, 특히 왼쪽 다리의 발목 근처가 부어 있는 모습이 눈에 띄었다. 이 시기부터 아이는 심하게 투정을 부렸고, 누군가 몸을 만지거나 가까이 다가가면 비명을 질렀다. (중략)

아이의 안색은 지나치게 창백하고 병색이 역력하다. 아이의 앞니는 아래쪽에 두 개가 돋았다. 돋아난 아랫니 한 개가 닿는 위쪽 잇몸이 미세하게 짓무른 점을 제외하면 잇몸은 정상이다. 아이는 끊임없이 신음하고, 가까이 다가가면 비명을 지르며, 몸에 무언가가 닿으면 더더욱 크게 소리친다. 아이의 왼쪽 허벅지와 정강이는 다소 부어 있어서 정상인의 다리와 비교하면 윤곽선이 다르다.

발로는 부검을 세 차례 진행한 끝에 다리 통증과 부종의 원인은 뼈 주위에 발생한 출혈이라고 결론지었다. 린드도 성인 선원에게서 비슷한 출혈을 발견했지만 발로는 출혈과 그에 따른 증상을 연결했다. 발로는 또한 아직 치아가 돋지 않은 유아는 괴혈병에 걸려도 잇몸이 붓거나 피가 나지 않는다는 점을 발견했다. 이처럼 그는 유아 괴혈병을 진단했다.

발로는 괴혈병이 영양결핍증임을 깨달았다. 이를 토대로 전형적인 환자에게 처방을 내리고 처방 내용을 기술했다. 그는 통증을 완화하기 위해 다리를 따뜻하게 찜질하는 것 외에, 식단에 매일 오렌지즙 2티스푼을 추가했다.

> 사흘 만에 아이의 상태가 눈에 띄게 바뀌었다. 왼쪽 하체는 통증이 줄고 긴장도가 낮아졌으며, 오른쪽 다리도 회복되었다. (중략) 이후 상태가 점점 더 좋아졌다. 처음 진찰한 날로부터 8주가 안되어 아이는 부축을 받으며 일어서거나 무릎을 꿇을 수 있게 되었다. 혈색이 좋아졌고, 피부와 근육이 제법 단단해졌다.

식단을 바꾸면 환자가 빠르게 회복하는 현상은 그 병이 괴혈병이라는 또 다른 증거였다. 유아 괴혈병은 발로병Barlow's disease으로 알려지게 되었다.[17]

20세기 초 뉴욕시 보건부 소속 연구원 앨프리드 헤스와 밀드러드 피시는 소규모로 발생한 유아 괴혈병을 관찰하고, 어느 음식이 건강 회복에 도움이 되는지 탐구했다.[18] 냉장 시선이 보급되기 전에는 식품이 수송하고 보관하는 도중 부패하는 까닭에 도시에서 운영되는 기관은 신선한 전유(지방을 제거하지 않은 우유 - 옮긴이)를 아이들에게 공급할 수 없었다. 1912년 뉴욕 유대인 유아 보호소는 우유를 섭씨 63도로 가열한 저온 살균 우유를 유아에게 먹이기 시작했다. 이 기관의 관리자들은 우유를 데워도 우유의 특성이 변하지 않는다고 생각했다. 그뿐만 아니라 아이들에게 건강에 좋은 새로운 영양 공급원을 제공하고 있으니 식단에서 오렌지즙을 빼도 된다고 믿었다. 그 결과 몇몇 아이들이 괴혈병에 걸렸다.

　　헤스와 피시는 보건부를 대표해 발병 상황을 조사하고 오렌지즙 또는 미살균 우유를 섭취한 아이들의 회복 과정을 직접 관찰했다. 오렌지즙을 먹은 아이들은 빠르게 회복했다. 미살균 우유를 마신 아이들은 회복 속도가 느리고 회복 양상에 일관성이 없었다. 두 연구원은 또한 당근은 효과가 없고, 으깬 감자는 효과가 있긴 하지만 오렌지즙만큼 뛰어나지 않다는 결과를 얻었다.

　　헤스와 피시는 다음과 같이 결론지었다.

　　미살균 우유는 항괴혈병 특성이 뛰어나다고 보기 힘들다. 미살균 우유의 효과는 오렌지즙을 섭취하면 일어나는 기적적인 변화와 비교할 수 없다. 미살균 우유와 오렌지즙의 효과 차이는 특히 필요 섭취량에서 두드러지는데, 오렌지즙은 소량 마셔도 괴혈병이 치료되지만 미살균 우유는 그에 비해 다량 마셔야 한다. 그렇지만 미살균 우유에도 괴혈병을 예방하는 필수 물질이 충분히 함유되어 있다.

두 연구원은 앞으로 발생할 사건을 암시하며 설명을 이어나간다. "그러한 까닭에 우리는 풍크가 수행한 흥미롭고 도발적인 연구를 언급해야 한다. 풍크는 신체의 건강과 생명에 필수적인 물질을 일컫는 단어 '비타민vitamine'을 만들었다."

캐시미어 풍크는 이 이야기가 전개되는 과정에 중추 역할을 했다. 헤스와 피시가 진행한 연구는 피츠버그대학교 생화학자 찰스 글렌 킹이 영양소에 흥미를 갖고 비타민 C의 발견자 중 한 사람이 되도록 동기 부여했다.

너무나 치명적인 북극

19세기 후반과 20세기 초반, 여러 나라는 극지방을 차지하기 위해 경쟁했다. 극지방 경쟁은 냉전시대의 우주 경쟁과 맞먹을 만큼 치열했으며, 우주 탐사 못지않게 대중의 관심을 사로잡았다. 극지방 탐험가가 사망하면 대중은 우주 왕복선 챌린저호가 폭발했을 때처럼 반응했다. 괴혈병은 극지방 탐험가 사이에 발생해 큰 혼란을 일으켰을 뿐만 아니라 대중의 관심을 끌었다.

1600년대 초, 네덜란드는 극지방이 아닌 동인도제도로 가는 북쪽 항로를 찾기 위해 북극으로 탐험대를 파견했다. 이러한 시도는 초기에 탐험가들이 긴 겨울을 나는 동안 사망하면서 실패로 끝났다. 그런데 일부 탐험대는 신선한 고기를 주로 익히지 않고 섭취하며 2년간 살아남았다. 신선한 고기는 비타민 C 공급원이긴 하지만 함량이 낮아서, 식단이 신선한 고기로만 구성되었으면 괴혈병을 예방하기 힘들다.

북극에서의 생존 이야기는 원정 포경을 떠난 영국인 여덟 명이 그린란드 동쪽 해안에 좌초한 1630년 겨울로 거슬러 올라간다.[19] 이들은 생존하기 위해 북극곰을 비롯한 동물을 사냥해 먹었다. 얼마 지나지 않아 괴혈병에 걸렸다. 그런데 북극곰 간을 섭취하자, 비타민 A 독성으로 피부가 벗겨지긴 했으나, 괴혈병은 호전되었다. 이듬해 봄 영국인들은 모두 구조되어 건강을 회복했다. 이들은 북극곰 간을 적당량 섭취했다. 북극곰 간은 훌륭한 비타민 C 공급원이지만 비타민 A 함량이 더 높다. 비타민 A는 독성이 있어 피부가 완전히 벗겨지거나 목숨에 치명적일 수 있다.

18세기 네덜란드 의사 요한 프리드리히 바흐스트롬은 놀랍지만 출처는 불분명한 생존 이야기를 들려준다.[20] 바흐스트롬은 괴혈병이 영양결핍증이며 유일하고도 확실한 치료법은 신선한 채소라고 시대에 앞서 주장했다. 이러한 주장을 뒷받침하기 위해 그는 그 린란드에 고립된 한 선원에 대해 이야기했다. 선원은 괴혈병으로 몸이 쇠약해져 더는 일어설 수 없었다. 그가 할 수 있는 일은 땅바 닥을 기어다니며 들짐승처럼 풀을 뜯는 것뿐이었다. 풀을 섭취한 그는 이내 건강을 회복하고 살아남았다.

1875년 조지 네어스 선장이 널리 유명한 영국의 북극 탐험대 를 이끌었던 시기, 북극 탐험은 괴혈병 이해에 혼란을 일으켰다.[21] 그는 탐사선 얼러트호와 디스커버리호, 그리고 탐험대원 121명과 함께 영국을 떠났다. 얼러트호는 그린란드 서쪽 해안을 항해하다 가 얼음 속에 갇히는 바람에 북극권에서 겨울을 보내게 되었다.

1876년 4월 사령관 앨버트 마컴은 가능한 한 북쪽으로 나아가 기 위해, 얼러트호에서 나와 탐험대원 16명과 함께 썰매를 타고 출발했다. 얼러트호에는 매일 섭취하는 라임즙이 실려 있었다. 서 인도제도 몬세라트에서 들여온 라임으로 해군이 발표한 표준 규 격에 맞추어 준비된 것이었다. 라임즙은 구리관을 거쳐 병에 담겼 다. 아스코르브산 산화 반응의 촉매인 구리는 항괴혈병 효능을 사 라지게 한다.

탐험대원들은 어는점을 훨씬 밑도는 기온에서 라임즙을 녹이 기 어렵고 영양 상태가 좋은 시점에 탐사선에서 나왔다고 믿었기 때문에 썰매에 라임즙을 싣지 않았다. 2주 뒤 이들에게 괴혈병의 첫 징후가 나타났다. 탐험대는 북쪽으로 1주일 더 나아가다가 되돌아왔다. 6월 초 탐사선에서 출발한 수색대와 만났을 때, 네 명을 제외한 모든 탐험대원은 괴혈병에 걸려 몸이 불편했고 한 명은 사망했다.

얼러트호로 돌아간 탐험대원들은 탐사선에 머물던 다른 대원들도 괴혈병을 앓고 있으며 디스커버리호 대원들도 비슷한 증상을 겪고 있음을 발견했다. 탐험대는 영국으로 귀항했으나 대원 60여 명이 괴혈병에 걸리고 네 명이 사망했다.

영국 의회는 이 사건이 중요하다고 판단하여 조사 위원회를 구성했다. 위원회는 네어스 탐험대를 다른 탐험대와 비교했는데, 다른 탐험대는 1850년대에 북극에서 27개월간 얼음에 갇혀 겨울을 세 번 나는 동안 괴혈병을 앓지 않았으며 선원 65명 가운데 단 세 명만 목숨을 잃었다. 이들도 해군이 라임즙이라 부르는 식품을 가져갔으나 실제로는 서인도제도산 라임이 아닌 지중해산 레몬이었다. 이것이 결정적인 차이였다.

조사 위원회는 그러한 차이를 알지 못한 채, 식단을 포함한 여러 요소를 분석하며 네어스 탐험대가 과거 탐험대보다 피해가 컸던 원인을 알아내려 했다. 라임즙으로 괴혈병을 예방하지 못했다는 사실이 위원회를 혼란스럽게 했다. 이들은 과일의 원산지를 고려하지 않고, 괴혈병 발생 원인은 썰매를 타고 나간 탐험대원들이 탐험대장의 잘못으로 라임즙을 섭취하지 못했기 때문이라고 결론지었다. 그뿐 아니라 함선에 남아 있던 탐사대원에게 괴혈병이 발생한 원인은 라임즙 복용량을 낮췄기 때문이라며 얼버무리고 넘어갔다.

논란이 뒤따랐다. 왕립지리학회에서 활동하는 저명한 학자들은 조사 위원회가 발표한 보고서를 반박했다. 학자들은 라임즙이 괴혈병을 예방하지 못한 다른 사례를 인용하며 라임즙의 효능에 의문을 제기했다. 썰매를 타고 나갔던 탐험대장 앨버트 마컴의 사촌이자 학생을 가르치는 의사였던 C. R. 마컴은 라임즙 같은 식품에 항괴혈병 효능이 있다는 학설은 "구시대 생리학이 마지막으로 남긴 유물"이라고 말했다.[22]

조사 위원회 보고서에 뒤따른 반응이 알려주듯 모든 사람이 괴혈병을 영양결핍 질환으로 믿었던 것은 아니다. 영국에서 가장 유명한 극지 탐험가 로버트 팰컨 스콧 선장은 괴혈병을 영양결핍으로 여기지 않았던 대표적 인물이었다. 스콧은 1901년부터 1904년까지 디스커버리호를 타고 남극 탐험대를 이끌었다. 괴혈병은 얼음 속에서 겨울을 두 번 보내는 동안 되풀이된 문제였다.

스콧과 함께 탐험한 탐험대원이자 내과의사 에드워드 A. 윌슨은 당시 탐험에 관하여 기록하고 1905년 〈영국 의학 저널〉에 발표했다.[23] 윌슨은 19세기 말 질병을 일으키는 미생물이 발견되면서 등장한 '프토마인 이론'을 지지했는데, 이 이론은 모든 질병을 설명하는 데 적용되었다. 이 이론을 토대로, 통조림 식품을 오염시키는 세균이 프토마인이라는 독성을 생성해 괴혈병을 일으킨다는 가설이 나왔다. 그런데 "모든 고기 통조림을 시각과 후각으로 검시"했는데도 대원들이 괴혈병에 걸리자, 윌슨은 깜짝 놀랐다.

윌슨은 통조림 식품을 최소로 섭취하기 위해 식단을 변경했다. 탐험대원들은 버터에 살짝 구운 신선한 바다표범 고기를 일주일에 여섯 번 먹었다. 목요일에만 통조림 고기를 먹었다. 대원들은 목요일을 "괴혈병의 날"이라고 불렀다.[24] "우리는 일요일마다 아침 식사로 바다표범 간을 먹었으며, 이는 모든 음식 중에서 가장 인기가 많았다."[25]

탐험대원들이 깨닫지는 못했지만 바다표범 간에 비타민 C가 풍부한 덕분에 괴혈병은 빠르게 사라졌다. 윌슨은 바다표범 간의 효능을 이해하지 못한 채 괴혈병은 통조림 고기 때문에 발생했으며 신선한 고기를 먹어 건강이 회복되었다고 믿었다. 그는 관찰에 근거하여 "신선한 고기를 먹으면 라임즙이나 신선한 채소를 먹지 않아도 괴혈병에서 빠르게 회복될 것"이라고 주장했다. 괴혈병에 효과가 있으려면 신선한 생고기나 거의 익히지 않은 간을 섭취해야 한다. 윌슨의 논문은 상관관계가 인과관계를 증명하지 않는다는 과학의 원칙을 가르쳐준다.

스콧이 이끌고 1910년에 출발해 1913년에 귀환한, 그의 마지막이자 불행했던 테라노바 탐험대 이야기는 널리 유명하다.[26] 스콧과 윌슨은 식단의 중요성을 계속 무시했다. 탐험 기지에서 라임즙을 구할 수 있었는데도 스콧은 대원들에게 라임즙을 가져가라고 지시하지 않았다. 남극으로 가는 마지막 썰매에 탑승한 탐험대원 다섯 명은 4개월 넘게 신선한 음식을 먹지 못했다. 이들은 비스킷, 베이컨, 초콜릿, 페미컨(말린 고기와 지방이 혼합된 음식)을 먹었고, 채소와 라임즙은 섭취하지 않았다.

결국 남극에서 돌아오는 길에 탐험대원 다섯 명 모두 사망했다. 이듬해 봄, 수색대는 텐트에서 스콧과 윌슨을 포함한 시신 세 구를 발견했다. 수색대는 시신의 괴혈병 징후를 언급하지 않았고 스콧도 탐험 일지에 관련 사실을 기록하지 않았다. 스콧과 탐험대가 비타민 C 결핍 식단을 장기간 지속한 뒤에도 괴혈병에 걸리지 않았다면 정말 놀라운 일이었을 것이다. 몇몇 사람들은 스콧 탐험대가 비난당하지 않도록 진실이 은폐되었다고 주장했다. 수색대는 시신이 발견된 침낭 안에 시신을 넣고 땅에 묻었다. 아마도 우리는 진실을 밝히지 못할 것이다.

조사 위원회와 괴혈병

19세기 말에는 노르웨이 해군 당국(이들 또한 프토마인 이론을 지지했다)이 '선상 각기병ship beriberi'이라고 잘못 이름 붙여진 질병에 주목했다.[27] 각기병은 말초신경 장애를 일으키는 질환으로, 오늘날 비타민 B인 티아민 결핍으로 발생한다고 알려져 있다. 19세기에 각기병은 남아시아 풍토병이었다. 그런데 유럽과 아시아를 오가며 교역하던 선원들이 아시아에서 발생하는 각기병의 한 형태로 여겨지던 선상 각기병에 걸렸다. 선상 각기병은 남아시아 각기병과 다르게 신경 퇴행을 일으키지 않았고, 일부 선상 각기병 환자는 괴혈병의 전형적인 징후인 잇몸과 피부 병변을 겪었다. 이는 대개 괴혈병이었으며 여러 비타민 결핍으로 인한 질병일 가능성도 있었다.

19세기 말, 노르웨이 해군은 함선 식량을 바꾸고 고기 및 채소 통조림 식품을 함선에 공급했다. 통조림 고기는 장거리 항해에서도 보존할 수 있으며 소금에 절인 고기보다 더 맛있었다. 이후 노르웨이 선원이 선상 각기병에 걸리자 노르웨이 해군 당국은 조사 위원회에 발병 과정을 조사하라고 지시했다.

1902년 조사 위원회는 프토마인 이론을 더욱 강화하는 보고서를 발표했다. 위원회는 결론을 뒷받침하는 어떠한 세균학적 증거도 없이, 오염된 통조림 식품이 병을 일으켰다고 주장했다. 이들이 통조림 식품을 지목한 것은 부분적으로 옳았는데, 통조림 식품은 가열 처리를 거쳐 살균되었다. 위원회는 열이 채소의 아스코르브산이 산화되도록 촉진하는 현상을 알지 못했다. 더욱 합리적으로 해석하는 길이 없었던 까닭에, 위원회는 세균 오염이 질병을 일으킨다는 이론을 지지했다.

바스쿠 다가마의 선원들이 오렌지의 항괴혈병 효과를 발견한 지 400년이 흘렀는데도 여전히 전문가들은 괴혈병 원인을 두고 혼란스러워했다. 미아즈마는 괴혈병 원인에서 탈락했지만 세 가지 가설이 계속 경쟁했다. 첫째, 괴혈병이 감염병이라는 믿음은 새로운 세균 이론에 반향을 일으켰으며, 이 가설은 러시아 의사들이 지지했다. 둘째, 프토마인 이론은 세균에 오염된 음식에서 발생한 독소가 괴혈병의 원인으로, 그 세균이 간접적으로 괴혈병을 일으킨다고 주장했다. 마지막으로 다수의 의료 당국, 특히 영국 해군 군의관은 괴혈병이 영양결핍증이라고 믿었다. 그러한 결핍을 일으키는 본질은 수수께끼로 남아 있었다.

블레인이 이미 100여 년 전에 답을 찾았지만 19세기 말 의료 당국은 블레인의 견해에 의문을 제기했다. 극지방 탐험가가 라임즙을 섭취했는데도 괴혈병에 걸리고 프토마인 이론이 등장하며 상황이 복잡해졌다. 그러나 치열한 연구와 놀라운 행운이 이어진 끝에 상황은 이내 정리되었다.

대조군으로 실험하면 일부 참여자가 코로나19에 감염될 수 있다. 괴혈병이 아닌 코로나19의 신뢰할 만한 치료법이 이 책에는 소개되지 않는다는 점에서 위의 질문은 특히 설명하기 까다롭다. 코로나19 실험에 동원된 참여자는 신체에 문제가 생겨 오랜 기간 고통에 시달리거나 사망할 수 있다.

실험 참여자는 성공적으로 치료받은 최초의 환자가 된다는 이점을 누릴 수 있다. 그러나 괴혈병 실험에서는 참여자가 위기 상황에서 의학에 기여하고 국가를 돕는다는 만족감 외에 고통 속에서 얻은 수확이 전혀 없었다. 윤리학자는 이러한 인체 실험 연구가 받아들여질 수 있는지를 두고 다양한 의견을 내지만, 국가가 외세 또는 전염병에서 위협을 감지할 때 윤리학자들의 심의는 뒷전으로 밀린다.

앞으로 과학적 목적을 달성한다는 이유로 인간에게 일부러 괴혈병을 유발하는 일은 없을 것이다. 인체 실험은 의학에 영원히 남아 있겠지만, 지난 반세기 동안 비타민 연구로 얻어낸 중대한 성과는 신진대사 연구 병동이 아닌 실험실에서 나왔다.

8

정상 과학의 자리에 서서

아스코르브산은 생명의 토대에서 작용한다.
— 얼베르트 센트죄르지,
《살아 있는 상태와 암》, 1978년

1933년 비타민 C가 아스코르브산으로 확인되고 화학적 특성이 규명된 이후, 과학자들은 생명 활동에서 비타민 C가 어떠한 역할을 하는지 구체적으로 파악해왔다. 이러한 '정상 과학' 시기에 극적인 사건은 거의 일어나지 않았지만 중요한 과학적 성과를 거두었다. 여전히 의문이 남아 있긴 해도 상당수는 답을 찾았다.

그래서 비타민 C는 무엇인가

1937년 월터 하스는 아스코르브산 구조를 밝힌 공로로 노벨 화학상을 받았다. 아스코르브산은 탄소 원자 여섯 개, 수소 원자 여덟 개, 산소 원자 여섯 개(화학식으로 표현하면 $C_6H_8O_6$를 포함하며 구조가 단당류와 닮았다[1]. 탄소 원자 가운데 네 개는 산소 원자 한 개와 함께 고리 구조를 형성하고, 나머지 탄소 원자 두 개는 측쇄를 이룬다.

아스코르브산은 구조가 당류와 유사하므로 당류를 풍부하게 함유한 레몬즙에서 순수하게 정제하기 어려웠다. 센트죄르지는 소에서 채취한 부신과 헝가리산 파프리카를 원료로 사용해 그러한 문제를 해결하고 경쟁자들을 뛰어넘었다.

두 가지 형태의 비타민 C 화학구조

아스코르브산
(환원된 형태)

탈수소아스코르브산
(산화된 형태)

출처: H. Abozenadah, A. Bishop, S. Bittner, and P. M. Flatt, "Chemistry and the Environment," CC BY-NC-SA (2018), https://wou.edu/chemistry/courses/online-chemistry-textbooks/ch150-preparatory-chemistry/

아스코르브산이 산소와 반응하면 수소 원자 두 개가 제거되며 탈수소아스코르브산이 형성된다. 세포 내에는 탈수소아스코르브산을 아스코르브산으로 전환하는 효소가 있다. 이러한 상호 전환 덕분에 탈수소아스코르브산은 또한 항괴혈성이다. 엄밀히 말하면 비타민 C라는 용어는 두 화합물을 가리킨다.

아스코르브산이 세포 내에 있지 않을 때, 예컨대 과일즙이나 순수한 아스코르브산 용액에 녹아 있을 때, 공기 중 산소가 아스코르브산과 반응하여 생성된 탈수소아스코르브산은 아스코르브산으로 다시 전환되지 않는다. 그 대신 탈수소아스코르브산은 더 작고 불안정하며 항괴혈병 효능이 없는 분자로 분해된다. 이는 공기 중에 감귤류즙을 보관하면 항괴혈병 효능이 사라지는 현상을 설명한다. 항괴혈병 효능 상실은 온도가 올라갈수록 가속화한다. 제임스 린드는 뚜껑이 없는 용기에 레몬즙을 담고 몇 시간 동안 가열하여 랍을 생산했고 그 결과 랍은 괴혈병을 치료하지 못했다.

아스코르브산 용액을 보관하려면 산소에 노출되지 않도록 보호해야 한다. 산성을 띠는 아스코르브산 용액은 용기에 가득 채우고 밀봉해 공기와의 접촉을 최소화한 다음 빛이 들지 않으며 온도가 낮은 장소에 보관해야 한다. 알약이나 분말 형태인 고체 아스코르브산은 건조한 환경에서 안정하다.

왜 동물은 비타민 C가 필요한가

아스코르브산은 산소가 20퍼센트를 차지하는 대기에서 동물이 살 수 있게 해준다.[2] 산소는 육지 생물에게 양날의 검이다. 생물은 산소가 없으면 살 수 없다. 세포는 산소를 이용해 세포 대사, 근육 수축, 신경 활동에 필요한 에너지를 생성한다. 본질적으로 세포는 탄소를 함유한 음식을 연소시킨다. 그리고 연소 반응에서 생성된 에너지를 열로 소멸시키지 않고 보존하여 세포 활동에 쓴다. 이러한 메커니즘이 진화하자 동물은 자유롭게 움직이고 환경을 조작하는 데 필요한 에너지를 충분히 생산할 수 있게 되었다.

다른 한편으로 산소는 위험할 수 있다. 조절되지 않는 산화 반응은 세포의 단백질과 지질, 핵산을 분해한다.[3] 우리는 대기 중 산소에 노출되었을 뿐만 아니라 정상적인 세포 대사는 반응성 산소 중간체라고 불리는 산화제를 무수히 생산한다. 세포 기능에 필수적인 분자는 ROI처럼 반응 대상을 찾아 돌아다니는 고반응성 분자로부터 보호되어야 한다. 산소는 다양한 부작용을 나타내는데, 이를테면 혈관 벽에 지방이 축적되도록 촉진하거나 뉴런을 약화한다. 점진적이고 지속적인 산화는 노화 과정의 일부이다.

세포가 지닌 주요 항산화제는 아스코르브산과 글루타티온으로, 글루타티온은 아미노산 세 개가 사슬로 연결된 분자이다. 세포에는 아스코르브산보다 글루타티온이 약 10배 더 많으며 대개 환원된 항산화제 형태로 존재한다.[4]

글루타티온은 산화제가 체내 필수 분자를 공격하기 전에 먼저 산화제의 공격을 대신 받아 필수 분자를 보호하는 든든한 보디가드로 작용한다. 아스코르브산은 산화된 글루타티온에게서 산소를 전달받는 최후의 희생양이다. 아스코르브산이 산화된 글루타티온을 다시 항산화제 형태로 되돌리는 반응이 진행되는 동안, 아스코르브산은 산화되어 탈수소아스코르브산이 된다. 괴혈병에 걸리면, 즉 아스코르브산이 산화제와 반응하기에 충분하지 않으면, 산화제가 세포 조직을 손상시키며 일부 괴혈병 증상이 나타나게 된다.

한 가지 복잡한 문제가 있다. 체내 아스코르브산 농도가 정상 수치보다 높으면 아스코르브산은 산화 촉진제가 될 수 있다. 따라서 아스코르브산은 조직을 보호하지 않고 산화를 촉진할 수 있다.[5] 이러한 현상은 고용량 아스코르브산을 정맥주사로 투여할 때만 일어난다. 아스코르브산을 먹었을 때는 장에서 충분히 흡수되지 않아, 혈액에서 산화 촉진제로 작용할 만큼 농도가 상승하지 않는다. 이처럼 산화 촉진제로 작용하는 아스코르브산의 특성은 암세포에 독이 될 수 있으므로 임상시험에서 고용량 아스코르브산 정맥주사의 효능을 검증하고 있다.

비타민 C 합성 능력의 진화

바다에 살았던 최초의 동물은 비타민 C를 합성하지 못했고 오늘날 해양 동물 중에서도 합성 능력이 있는 종은 거의 없다. 그러나 최초의 양서류는 위험을 무릅쓰고 육지로 진출한 직후 비타민 C 합성 능력을 진화시켰고 포유류를 비롯한 후손에게 그 능력을 물려주었다.

예외도 존재한다. 몇몇 동물 종은 비타민 C 합성 능력을 상실했다.[6] 여기에는 영장류, 기니피그, 거의 모든 박쥐 종, 일부 조류 종이 해당한다. 이들 동물은 아스코르브산 합성 경로에서 최종 효소를 생성하는 유전자가 비활성된 돌연변이이다. 이 효소는 L-굴로노-γ-락톤 산화효소라는 까다로운 이름으로 불린다.

GULO 유전자의 불활성화 돌연변이는 진화 과정에서 여러 번 발생했으나 식단에 비타민이 풍부하게 포함되어 있을 때는 해로운 영향을 미치지 않았다. 엄밀히 말해 이 돌연변이는 중립적이다. 비타민 C 합성 능력을 상실한 종은 식물을 주로 먹거나 비타민 C가 풍부한 먹이를 섭취하면 번성할 수 있으나 식단에 비타민 C가 결핍되면 괴혈병에 걸리게 된다.

악셀 홀스트와 테오도르 프룈리크는 실험동물로 우연히 기니피그를 선택했다. 기니피그는 활성 GULO 단백질이 없으므로 비타민 C 결핍 식단을 섭취하면 괴혈병의 징후가 나타난다. 발병 초기에 관절이 부으면 부은 다리를 공중에 띄우고 옆으로 누워서 체중을 지탱한다. 이빨과 잇몸에 문제가 생기면 머리 측면을 사육장 바닥에 대고 누르기도 한다. 사지에 출혈이 생기고 뼈에서 성장이 일어나는 말단부는 골절된다. 골절은 괴혈병 발병 여부를 확인하는 데 결정적이었다. 제임스 린드와 토머스 발로는 괴혈병에 걸린 인간에게서 발견되는 유사한 뼈 변형을 설명했다.

몸집이 작은 동물은 신진대사가 빠르기 때문에 질병의 진행 과정이 인간에 비해 압축적이다. 기니피그는 비타민 C 결핍 식단을 섭취하면 2주 후 괴혈병에 걸린다.

아스코르브산을 정상적으로 합성할 수 있는 다른 포유류 종은 GULO 유전자를 비활성화하는 자발적 돌연변이가 발생할 수 있다. ODS와 Sfx라는 두 종류의 돌연변이 쥐가 뼈 변형을 근거로 발견되었다.[7] 분자생물학자는 쥐에서 GULO 유전자를 제거하고 이를 비타민 C 연구에 보편적으로 활용한다. 원숭이와 다른 유인원도 활성 GULO 유전자가 결핍되었지만 사육이 어렵고 비용도 많이 드는 까닭에 실험동물로는 제한적으로 활용된다.

식물의 특별한 능력

모든 식물은 비타민 C를 합성하는데 그중 과일과 베리류, 녹색 채소를 포함한 수많은 식물이 비타민 C를 다량 생성한다(부록 참조). 오렌지 한 개에는 성인이 괴혈병을 예방하려면 필요한 비타민 C의 하루 섭취량이 다섯 배 넘게 들어 있다.

비타민 C는 동물에서와 마찬가지로 식물에서도 산소로부터 세포를 보호한다.[8] 동물이 에너지 생성을 위해 탄소가 포함된 음식을 연소하고 노폐물로 이산화탄소를 발생시키는 반면 식물은 그와 반대로 작동한다. 식물은 공기에서 이산화탄소를 흡수하고 태양에너지를 이용해 산소 원자 두 개와 탄소 원자 한 개로 쪼갠다. 탄소는 식물 조직을 구성하는 분자의 재료로 쓰이고 산소는 공기 중으로 방출된다. 이러한 과정이 광합성으로, 빛 에너지를 사용해 분자를 합성한다.

광합성은 식물이 녹색을 띠게 하는 엽록소를 지닌 세포 소기관인 엽록체에서 일어난다. 광합성에서 산소, 즉 우리가 들이마시는 기체인 동시에 반응성이 매우 높은 산화제가 생성된다. 아스코르브산은 식물의 미토콘드리아에서 합성된 뒤 엽록체로 수송되고 세포 내 소기관을 산화 반응으로부터 보호한다. 이를테면 광합성이 일어나는 동안 가장 풍부하게 생성되는 산화제는 과산화수소다. 아스코르브산은 과산화수소를 산소와 물로 전환하는 효소의 보조인자이며, 산소와 물은 세포를 손상시키지 않고 대기로 방출된다. 아스코르브산은 식물에서 광합성이 일어나는 녹색 부위에 고농도로 존재하므로 케일이나 시금치처럼 잎이 많은 진녹색 채소와 나뭇잎에 풍부하다.

아스코르브산은 광합성에 관여하지 않는 조직인 과일과 베리류의 과육에도 풍부하다. 센트죄르지는 공기에 노출되면 어떤 과일은 갈변하지만 어떤 과일은 본연의 색을 유지하는 이유를 조사하다가 산화·환원 화학에 관심을 갖게 되었다. 겉보기에 사소한 의문일지라도 과학적 호기심을 품고 접근하면 중대한 발견으로 이어진다. 얼마 지나지 않아 센트죄르지는 갈변하는 과일과 채소에 환원제가 고농도로 포함되었음을 발견했고, 마침내 그 환원제가 아스코르브산이라는 것을 확인했다. 그러한 발견을 통해 센트죄르지는 레몬즙이 아보카도의 잘린 단면을 갈변하지 않도록 막는 이유는 밝혔으나 몇몇 과일에만 아스코르브산이 고농도로 존재하는 이유는 설명하지 않았으며 이 이유는 오늘날까지도 막연하게만 알려져 있다.

식물의 열매는 동물이 씨앗과 함께 맛있게 먹도록 진화했다. 동물은 열매와 씨앗을 동시에 삼키고 자신의 영역에 배설하며 씨앗을 뿌린다. 과일에 함유된 항산화제인 아스코르브산은 과일의 맛을 보존한다. 순수한 아스코르브산은 맛이 시큼해서 과일을 매력적인 간식으로 만들 확률이 낮지만, 설탕을 비롯한 맛있는 물질을 보호한다. 즉 비타민 C는 과일과 베리류의 맛과 질감을 보존한다. 예컨대 사과는 과육이 어딘가에 부딪히거나 공기에 노출되면 산화되어 갈변한다. 이는 과육의 맛을 떨어뜨리며 멍들거나 무르게 하므로 비타민 C가 없었다면 사과는 동물에게 외면받았을 것이다. 비타민 C는 슈퍼마켓에서 산화 반응의 부작용을 방지할 때도 중요하다.

비타민 C의 주요 역할

아스코르브산은 산소의 해로운 영향으로부터 세포 내 소기관을 보호할 뿐만 아니라, 효소의 보조인자로 작용하면서 산소가 유익한 영향을 미치도록 돕는다.[9] 효소는 생화학 반응을 조절하는 단백질이고, 보조인자는 효소에 결합해 효소가 촉매 활성을 충분히 발휘하도록 돕는 작은 분자이다. 아스코르브산은 철이나 구리를 포함하는 수많은 효소의 보조인자이다. 이들 금속 원자는 녹슨 철과 구리를 보면 알 수 있듯 쉽게 산화된다. 아스코르브산은 환원제로 작용하며 금속 원자를 환원된(산화되지 않은) 상태, 즉 활성 상태로 유지한다. 이처럼 금속을 포함한 효소는 대개 산소 원자가 고도로 통제된 반응을 거쳐 단백질 또는 다른 분자로 전달되는 과정을 촉진한다.

콜라겐 합성 반응에서 아스코르브산의 역할은 괴혈병의 주요 증상과 직접적으로 관련 있다.[10] 콜라겐은 동물에 가장 풍부한 단백질로 몸을 하나로 묶는 주요 분자다. 머리카락과 손톱의 주요 성분이 콜라겐이며 피부, 연골, 힘줄도 단단하게 만든다. 또 혈관이 온전히 유지되도록 돕는다. 동물이 괴혈병에 걸리면 콜라겐 합성에 문제가 생긴다. 괴혈병의 많은 증상, 예를 들어 잇몸이 무르며 치아가 빠지고, 뼈가 변형되고, 상처가 벌어지고, 혈관 손상으로 출혈이 발생하며, 머리카락이 비정상적으로 변화하는 등의 증상은 결합조직에 발생한 결함에서 비롯한다.

아스코르브산은 다양한 경로로 콜라겐 합성을 촉진한다. 가장 잘 알려진 경로는 콜라겐 단백질이 올바른 형태를 이루도록 돕는 것이다. 콜라겐은 아미노산 사슬 세 개가 꼬여 삼중나선을 이루는 섬유이다. 콜라겐 단백질 사슬 세 개가 올바르게 접히고 꼬이려면, 히드록실기(산소와 수소 원자로 구성된 작용기)가 있어야 한다. 작용기가 히드록실기로 전환되는 반응은 아스코르브산이 보조인자로 작용하는 철 함유 효소가 촉진한다.

괴혈병 증상과 관련 있는 역할을 하나 더 꼽자면, 비타민 C는 골격근과 심장근의 근세포 수축에 쓰이는 에너지를 생성하는 데 꼭 필요한 분자인 카르니틴 합성에 관여한다.[11] 카르니틴이 고갈된 근육은 쇠약하다. 비타민 C 결핍 식단을 섭취하는 기니피그는 심장근과 골격근을 포함한 여러 장기에서 카르니틴 수치가 낮다. 괴혈병의 두드러진 초기 증상인 호흡 곤란은 근육의 카르니틴 결핍이 원인일 것이다.

아스코르브산은 또한 산소 농도가 낮은 조건에서 세포가 반응하는 메커니즘에 쓰인다.[12] 이 메커니즘을 발견한 과학자들은 2019년 노벨 생리의학상을 받았다. 산소가 풍부할 때, 특정 효소는 아스코르브산의 도움을 받아 저산소 유도 인자hypoxia-inducible factor: HIF라는 신호 분자에 산소를 첨가한다. HIF에 산소가 첨가된 상태는 산소가 충분하다는 신호이다. 이때 세포는 HIF가 필요하지 않으므로 이를 분해한다. 이것이 우리 몸을 구성하는 세포 대부분의 정상 상태이다.

산소 농도가 낮을 때는 HIF에 산소가 첨가되지 않고 HIF가 세포 내에 축적된다. 이 신호는 산소 없이 포도당으로부터 에너지를 생성하는 효소를 더 많이 만들고, 산소를 소모하는 세포소기관을 적게 사용하라고 세포에게 지시한다. 산소가 없으면 세포는 최적 상태일 때보다 적은 에너지로 버텨야 한다. 이는 세포에 스트레스를 주며, HIF는 세포가 그러한 스트레스 상황에서도 살아남도록 돕는 단백질을 생성하도록 유도한다. GULO 유전자가 불활성화된 동시에 비타민 C가 결핍된 쥐에서는 글루타티온이 아스코르브산을 대체하는 덕분에 이 메커니즘이 보존된다.[13]

비타민 C는 다양한 호르몬을 생성한다. 센트죄르지는 포유류의 부신에서 환원 물질을 고농도로 발견했고 그 물질은 아스코르브산으로 규명되었다. 부신은 신장 위에 위치하며 두 개의 층으로 구성된다. 부신수질은 카테콜아민(주로 에피네프린)을 생성하고 분비한다. 부신피질은 코르티솔을 비롯한 스테로이드 호르몬을 생성하고 분비한다. 카테콜아민과 스테로이드 호르몬은 합성 과정에 아스코르브산이 보조인자로 작용한다.[14] 아스코르브산은 에피네프린이 저장·분비되는 세포 내 소낭인 크롬친화성 과립에 함께 저장된다. 아스코르브산은 에피네프린 합성에 참여할 뿐만 아니라 쉽게 산화되는 에피네프린이 활성 형태를 유지하도록 돕는다.

비타민 C는 또한 뇌하수체에 고농도로 존재한다. 뇌하수체는 뇌의 기저부에 위치하며 부신, 갑상선 등 여러 호르몬 분비 기관의 활동을 조절하는 몇몇 '마스터 호르몬master hormone'을 분비한다.

아스코르브산은 뇌하수체가 분비하는 여러 호르몬의 마지막 합성 단계에 필요하다.

뇌는 부신에 뒤이어 두 번째로 비타민 C 농도가 높다. 비타민 C는 부신에서처럼 뇌에서도 카테콜아민 합성에 보조인자로 작용하며 카테콜아민이 산화되지 않도록 보호한다. 비티민 C가 부족한 기니피그도 비타민 C가 다른 장기보다 뇌와 부신에 많이 분포하며, 이는 두 기관의 기능에 비타민 C가 중요하다는 것을 의미한다.[15]

면역 체계에 대한 진실

비타민 C가 감염에 대한 면역력을 높인다는 주장은 면역 체계에서의 비타민 C 역할에 관심을 집중시켰다. 이 주장이 사실이라면 괴혈병에 걸린 사람은 감염에도 취약했으리라 예상할 수 있다. 그러나 이에 관한 증거는 거의 없다.[16] 괴혈병으로 사망하는 환자는 투병 말기에 이따금 폐렴을 앓았지만 이는 모든 만성질환에서 발견되는 현상이다.[17] 상처 감염도 흔했는데 면역 결핍보다 상처 치유 실패가 원인이었을 확률이 훨씬 높다.

다음 두 가지 관찰 결과는 면역 체계에서 비타민 C가 어떤 역할을 하는지 간접적으로 나타낸다. 첫째, 아스코르브산의 농도는 침입한 미생물에 대항하는 첫 번째 방어선을 구축하는 혈구, 즉 백혈구에서 높다.[18] 가장 풍부한 형태의 백혈구인 호중구 내 아스코르브산 농도는 혈장 내 아스코르브산 농도보다 15~30배 더 높다. 또 다른 백혈구인 림프구 내 아스코르브산 농도는 호중구보다 훨씬 더 높다.

비타민 C는 호중구에서 항산화제로 작용하며 호중구를 보호하리라 추정된다. 호중구는 세균과 바이러스를 삼키고 포식소체라는 세포 내 미세 소기관에 가둔 다음 산화제를 폭발적으로 방출하여 그 침입자들을 죽인다. 고농도 아스코르브산은 호중구가 그러한 과정을 진행하는 도중 자살하지 않도록 막는다.

둘째, 혈장 및 백혈구 내 아스코르브산 농도는 급성 감염에 반응하여 수치가 낮아진다. 감기에 걸린 사람과 바이러스가 주입된 동물은 혈액 및 백혈구 내 아스코르브산 농도가 빠르게 낮아졌다가 감염에서 회복되면 정상 농도로 돌아온다.

이러한 관찰 결과는 아스코르브산이 백혈구에 미치는 영향을 검증하는 일련의 조직배양 연구를 촉발했다. 아스코르브산이 부족한 백혈구는 추가로 아스코르브산을 투여하면 몇몇 효과를 보인다. 그러나 아스코르브산을 정상적으로 저장한 백혈구는 추가로 아스코르브산을 투여해도 기능이 향상하지 않으며 아스코르브산 과다 투여 또한 동물을 감염에서 보호하거나 항체 생산을 늘리지 않았다. 즉 비타민 C가 감염을 막을 수는 있겠으나 그와 관련된 메커니즘은 아직 알려지지 않았다.

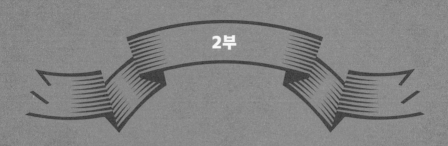

2부

욕망의 과학자

유연한 사고의 힘

5

새로운 영양소

과학 지식은 논란과 의혹에 자극받으며 비연속적으로 발전한다.

— 클로드 레비스트로스,
《날것과 익힌 것》, 1969년

영양소, 아주 소량의 세계

단 한 명의 탁월한 연구자가 비타민을 발견한 순간은 없었다. 누구에게도 그 공로를 독차지할 자격은 없다. 비타민 연구는 점진적으로 진보하다가도 간간이 중단되었으며, 뜻밖의 행운과 잘못된 방향 전환이 번갈아 가며 일어났다. 일부 연구자는 시대에 뒤떨어진 부적절한 질병 모델로 자신의 눈을 가렸다. 하지만 집념과 행운

덕분에 우리는 오늘날 당연하게 여기는 개념, 즉 음식에 아주 미량만이 존재하는 영양소가 건강에 필수적이라는 개념을 궁극적으로 깨닫게 되었다.

∗

인간의 영양에 대한 체계적인 조사는 1815년 프랑스 한림원이 증가하는 도시 빈곤층을 구제할 방안을 찾기 위해 젤라틴위원회를 조직하면서 시작되었다.[1] 젤라틴위원회는 에너지를 공급하기에 충분한 열량과 신체 조직을 구성하는 단백질, 오직 두 가지 필수 영양소만 존재한다고 믿었다. 이 믿음이 사실이라면 가난한 사람들은 열량 공급원인 빵과 다른 단백질 공급원만 섭취해도 근근이 살아갈 수 있을 것이다. 위원회는 젤라틴이 저렴한 단백질 공급원으로 작용하기를 바랐다.

젤라틴은 결합조직으로 구성된 동물의 일부분, 이를테면 피부, 힘줄, 발굽, 뼈를 물이나 약한 산성 물질에 넣고 가열하면 얻을 수 있다. 결합조직은 가열하면 외부로 콜라겐 단백질이 빠져나와 섭취 시 소화하기 쉬워진다. 젤라틴위원회는 도축장에서 부유층이 먹을 고기를 생산한 뒤, 남은 내장에서 젤라틴을 얻어 빈곤층에게 공급하려 했다.

젤라틴위원회 의장이자 저명한 생리학자인 프랑수아 마장디 Francois Magendie는 1816년부터 1841년까지 일련의 획기적인 실험을 수행했다. 마장디는 개에게 설탕만 먹이거나, 빵 또는 젤라틴만 먹이거나, 빵과 젤라틴만 먹이는 등 식단을 제한했다. 개들은 제한된 식단 내에서 원하는 만큼 먹이를 먹었는데도 모두 살이 빠지다가 죽었다. 이는 위원회의 예상이 틀렸다는 것, 즉 빵과 젤라틴만으로는 생명 유지가 불가능함을 의미했으므로 놀라운 동시에 실망스러웠다.

마장디는 빈곤층을 구제할 값싼 방법을 발견하지는 못했지만, 두 가지 혁신을 이루며 비타민 발견을 향한 길을 열었다. 첫째, 동물을 인간 생리의 모델로 삼았다. 마장디는 영양 등 생명에 필수적인 과정이 모든 포유류에서 유사하게 일어난다고 가정했다. 과거 연구자들은 축산학을 연구할 때만 동물을 연구 대상으로 삼았다. 예컨대 옥수수만 먹인 젖소와 보리만 먹인 젖소의 우유 생산량을 비교했다. 그런데 젤라틴위원회는 농장 동물이 아닌 인간의 영양을 이해하려 했다.

둘째, 마장디는 단순화된 식단을 실험에 활용했다. 개에게 곡물이나 고기 같은 자연식품을 먹이는 대신 정제된 설탕과 젤라틴을 먹였다. 동물실험은 주로 독일에서 화학과 더불어 발전하며 식품의 구성 성분을 구체적으로 밝혔다. 연구자는 동물실험에서 얻은 지식을 바탕으로 영양 성분을 검증했다. 젤라틴위원회는 빈곤층 구제에 실패했지만 영양소의 최소 필요 섭취량을 정하기 위한 일련의 연구에 돌입했다.

실험은 기본적으로 간단했다. 정제된 음식 성분을 동물 그룹에 먹이고, 동물의 체중을 정기적으로 측정하고, 동물의 건강 전반을 관찰하고, 동물이 얼마나 오래 사는지 지켜보았다. 실험에는 주의를 기울여야 하는 수많은 세부 조건이 있었다. 동물은 정말 먹이를 먹었을까, 아니면 먹이가 맛이 없어서 굶었을까? 처음에는 먹이를 잘 먹다가 나중에는 매일 공급되는 똑같은 먹이에 싫증 낼까? 섭취한 먹이는 장에서 흡수될까, 아니면 대변으로 전부 배설될까? 음식은 어떻게 준비되었나? 신선했나, 아니면 몇 주간 보관되었나? 세균 번식을 막기 위해 가열했나? 실험을 엄격히 진행하려면 노동력과 자원이 필요했다. 연구자는 주요 세부 조건에 여러모로 주의를 기울였다.

결핍과 질병 사이에서

젤라틴위원회 활동기부터 20세기 초까지 유아의 영양학은 무수한 과학적 연구를 기반으로 발전하며 대중의 이목을 집중시켰다. 연구자들은 마장디가 선도했던 연구를 이어나간 끝에, 동물 생존에 단백질, 지방, 탄수화물, 무기질, 물이 필요하다는 것을 발견했다. 화학자는 음식의 에너지 함량을 측정해 열량으로 표기했다.

생리학자는 발전한 화학 지식을 활용해 정제된 영양소로 구성된 식단을 연구하여 영양소의 최소 필요 섭취량을 정의했다.

스위스 바젤대학교에서 연구한 러시아 출신 의대생 니콜라이 루닌은 영양학의 눈부신 발전을 이끌었다.[2] 루닌은 쥐가 전유를 먹어야만 생존할 수 있음을 발견했다. 먼저 그는 우유를 카세인(주요 우유 단백질), 유지방, 젖당(우유에 포함된 당류), 무기질로 분리했다. 그런 다음 분리한 물질들을 한데 섞어 쥐에게 먹였다. 쥐는 몇 주 만에 모두 죽었다. 우유의 주요 성분을 정제하는 과정에서 미량 존재하지만 쥐의 생존에 꼭 필요한 무언가를 잃었기 때문이다. 루닌은 1881년 논문에서 "우유와 같은 자연식품은 알려진 주요 성분 외에 생명에 필수적인 미지의 미량 물질을 분명 함유할 것이다"라고 결론지었다.

이는 획기적인 통찰이었다. 루닌은 자연식품에는 존재하지만 정제된 주요 성분에는 존재하지 않는 필수 영양소의 존재를 처음으로 인식했다. 비타민 발견에 대한 공로를 인정받아야 하는 사람을 단 한 명 꼽는다면, 그것은 루닌이다. 그는 의학 문헌에서 탄수화물, 단백질, 지방 이외의 영양소 부족으로 질병이 발생할 수 있다고 처음 언급했다. 오늘날 이러한 물질은 미량 영양소라 불리며 루닌은 이를 발견한 공로를 인정받을 자격이 있다.

루닌은 저명한 생리학자 구스타프 폰 분게Gustav von Bunge의 실험실에서 연구했으며, 폰 분게가 본인이 쓴 유명한 교과서에서 루닌의 연구를 언급했는데도 이를 주목한 사람은 거의 없었다. 30년이 지나도록 루닌이 우유를 각 영양소로 정제하는 동안 잃은 물질이 무엇인지 발견한 사람은 아무도 없었다.

다리와 복부가 부풀어 오르는

다음 획기적인 발전은 유럽의 대학 실험실이 아니라 인도네시아 전초기지에서 일어났다. 19세기에 들어서자 흰쌀이 주식인 지역, 이를테면 동남아시아, 인도, 일본, 필리핀에서 열대지방 각기병이 흔히 발생했다.[3] 현재 비타민 B 티아민 결핍으로 발생한다고 알려진 이 질병은 말초신경 퇴행을 일으켜 다리의 근력 약화, 근육 소모, 저림 등의 증상을 유발했다. 병이 진행되면 다리와 복부가 부풀어 오르고, 결국 환자는 심부전으로 사망했다. 19세기 후반까지 각기병은 남아시아에서 전염병에 맞먹는 사망 원인이었다.

쌀알은 세 개의 층, 구체적으로 말하면 소화가 잘 안 되는 겉껍질인 왕겨, 여러 세포층으로 구성된 얇은 은피 또는 다른 말로 미강, 그리고 하얀색 심백(배젖)으로 구성된다. 실질적인 씨앗에 해당하는 쌀눈은 심백의 아래쪽에 있다. 왕겨를 벗기고 미강과 심백을 남기면 현미가 된다. 현미에서 심백을 감싸는 외부층인 미강과 쌀눈을 벗기면 백미가 된다. 미강과 쌀눈은 티아민을 함유한다. 심백은 대부분 전분이다.

사람들은 대개 현미보다 백미를 선호했지만 절구와 절굿공이로 쌀 껍질을 벗겨내는 작업은 힘들었다. 따라서 18세기에는 백미가 사치였다. 19세기 초 증기로 작동하는 도정 장치가 발명되자 백미는 아시아 대부분의 국가에서 현미를 제치고 주식이 될 만큼 저렴해졌다. 영국 의학연구위원회가 발표했듯 각기병은 "쌀이 주식인 동양 국가들이 서양에서 건너온 도정 장치에 침략당했을 때" 널리 퍼졌다.[4]

당시에는 아무도 각기병을 이해하지 못했다. 1870년대에 루이 파스퇴르와 로베르트 코흐가 질병을 일으키는 세균을 발견한 뒤 세균 이론이 의학적 사고를 지배하면서, 연구자들은 불가사의한 질병을 유발한 세균을 전부 찾기 시작했다. 당대의 통념에 따르면 각기병은 몇몇 열대 국가에서 신경독을 생성하는 세균이나 기생충에 감염되면 걸리는 질병이었다.

이러한 통념이 잘못되었다는 첫 번째 증거는 일본 해군 군의관 다카기 가네히로가 발견했다.[5] 런던에서 의학 공부를 마치고 1880년 일본으로 돌아온 그는 흰 쌀밥에 생선을 조금 곁들여 먹는 하급선원만 각기병에 걸린다고 밝혔다. 다양한 음식을 섭취한 고급선원은 각기병에 걸리지 않았다.

다카기는 각기병이 전염병이라면 계급과 관계없이 함선에 탑승한 모든 선원에게 퍼졌으리라 예상하며 각기병은 전염병이 아니라고 판단했다. 그러면서 각기병은 불충분한 식단 탓이라고 추정했는데 다만 그는 병의 원인이 단백질 결핍이라고 생각했다.

다카기는 식단에서 무엇이 결핍되었는지 잘못 알고 있었다. 그럼에도 일본 제국 해군을 설득해 하급선원의 식단에 보리를 추가했고 이 간단한 식단 변화로 일본 해군에는 각기병이 사라졌다. 그러나 일본 의사 대부분은 변함없이 각기병은 감염병이라고 믿었다. 이는 인간이 증거를 앞에 두고도 사고방식을 바꾸지 않은 대표적 사례다. 일본 육군은 식단에 보리를 추가하기를 거부했고 그리하여 각기병이 병사 수천 명의 목숨을 앗아갔다.[6] 다카기는 작위를 받으며 '보리 남작'이라는 별명을 얻었다.

유럽 의사들에게는 다카기의 일화가 전해지지 않았다. 1886년 네덜란드는 기존 통념에 근거해 동남아시아 식민지에서 각기병을 일으키는 미생물을 찾는다는 목표로, 크리스티안 에이크만을 자바섬에 파견했다.[7] 에이크만은 그러한 임무를 수행하기에 제격이었다. 그는 미생물학의 창시자 로베르트 코흐와 함께 연구한 내과의이자 생리학자였다.

에이크만은 자바섬 바타비아(자카르타의 옛 명칭) 외곽의 군사병원에 딸린 열악한 실험실에서 연구했다. 처음에는 토끼로 실험하다가, 가격이 더욱 저렴하다는 이유로 실험 대상을 닭으로 바꾸었다. 그는 각기병 환자의 혈액을 닭에게 주입하면서 이를 통해 각기병의 원인 미생물이 전달되리라 예상했다. 대조군은 혈액을 주입하지 않은 상태로 두었다.

에이크만의 실험은 아무런 진전이 없다가, 1889년 환자 혈액 주입과 관계없이 모든 닭이 다리에 힘이 빠지더니 돌연 죽었다. 사체를 검안한 에이크만은 닭들이 각기병 환자와 마찬가지로 신경 퇴행을 겪었다는 것을 발견했다. 그는 보수적인 학자였기 때문에 닭이 각기병에 걸렸다고 가정하기가 꺼려졌고, 따라서 닭에 발병하는 신경염이라는 의미로 폴리네우리티스 갈리나룸^{polyneuritis} ^{gallinarum}이라고 병명을 붙였다. 한편 에이크만은 열대지방 각기병을 탐구할 실험 모델을 구축했다.

에이크만은 각기병이 전염병이라는 믿음을 고수하며 새로운 닭으로 다시 실험을 시작했다. 그러고는 공기 중에 떠다니는 유기체로 인해 첫 실험의 닭들이 죽었을 가능성을 조사했다. 몇 달 동안 아무런 변화가 없다가 한 번 더 놀라운 현상이 일어났다. 닭이 갑자기 병에 걸리더니 돌연 건강해진 것이다. 닭은 다리에 힘이 빠지는 증상이 사라지며 건강을 회복했다.

에이크만은 추가 조사를 통해 본래 실험실 닭에게는 가장 저렴한 쌀인 익히지 않은 통쌀을 먹였다는 것을 발견했다. 닭은 도정 장치로 작동하는 모래주머니가 몸속에 있어서 쌀 껍질을 벗길 수 있다. 그런데 닭을 돌보던 실험 보조원이 사육비를 절약하고 싶다는 이유로, 군사 병원에서 환자에게 지급하고 남은 백미를 요리사가 기부하도록 주선했다. 통쌀에서 백미로 식단이 변화하자 닭은 신경 퇴행을 겪었다. 그로부터 몇 달 후 새로 부임한 요리사는 "군용 쌀을 가져다 민간의 닭에게 먹이는 것을 허락하지 않았다."[8] 통쌀을 다시 먹기 시작하자 닭은 건강해졌다.

에이크만은 세균 이론을 포기하기 싫었기에 실험 데이터를 이론에 맞추려 했다. 그는 쌀알을 감염시킨 미생물에서 독소가 생성되며 미강이 항독소 물질을 함유한다고 가정했다. 질병이 미생물이나 독소 같은 활성 물질로 인해 발생한다는 생각을 여전히 고수했기 때문이다. 영양결핍 같은 요인은 그의 생각과 거리가 멀었다.

에이크만은 잘못된 가설을 세웠지만 실험은 정확하게 수행했다. 그는 백미로 구성된 식단이 신경 퇴행을 일으키며 미강을 식단에 추가하면 다시 건강해질 수 있음을 확인했다. 닭의 건강을 회복시킨 미강 속 물질이 물에 용해된다는 것 또한 밝혔다.

에이크만은 1896년까지 자바섬에서 일하다가 말라리아에 걸려 유럽으로 돌아온 뒤, 당대에 의과대학으로 유명했던 위트레흐트대학교에서 명예교수직을 맡았다. 그는 자바섬을 떠날 때까지도 세균 이론에 집착하며 각기병의 원인이 미생물이라고 믿었다.

생리학자 헤릿 흐레인스는 에이크만과 공동으로 연구한 적은 없었으나, 에이크만이 자바섬에서 하던 연구를 이어받고 열린 마음으로 문제에 접근했다. 흐레인스는 에이크만의 실험을 반복하여 같은 결과를 얻었다. 백미 이외에 젖당, 감자 전분으로 구성된 탄수화물 식단이 신경 퇴행을 초래한다는 것 또한 입증했다. 이러한 결과는 쌀이 미생물에 오염되었다는 가설이 참일 가능성을 낮추었다.

흐레인스는 각기병이 영양결핍증이라고 판단하고는 생명에 필수적이며 물에 녹는 영양소가 미강에 포함되어 있으나 도정 과정에서 제거되었다고 결론지었다. 그는 이 명백한 결론을 토대로 에이크만을 설득하여 1901년 논문을 발표했다.[9]

에이크만과 흐레인스는 고립된 병원에서 가장 기본적인 도구로 연구하여 니콜라이 루닌의 결론을 입증했다. 기본 영양소와 열량을 적정량 섭취할 때조차 미지의 물질이 결핍되면 치명적인 질병으로 이어질 수 있었다. 이들은 루닌의 새로운 질병 모델을 검증하여 영양학 연구 역사에 이정표를 세웠다.

에이크만은 1929년 노벨 생리의학상을 받았다. 건강이 악화되어 시상식 참석을 위해 스톡홀름을 방문할 수 없었던 그는 수상 연설을 대신해 장문의 편지를 보냈다.[10] 에이크만은 동료 흐레인스를 언급하지 않았는데, 흐레인스의 통찰이 없었다면 에이크만은 세균에 계속 매달리며 아무런 상도 받지 못했을 것이다.

급작스러운 사고 혁명

토머스 쿤Thomas Kuhn은 1962년 출간한 영향력 있는 저서《과학혁명의 구조The Structure of Scientific Revolutions》에서 과학은 본래 점진적으로 진보하지 않는다고 설명했다.[11] 그는 자연의 작동 방식을 설명하는 동시에 사람들에게 널리 받아들여진 모델을 패러다임이라는 단어로 언급했다. 패러다임에는 모델을 확장하고 검증하는 과정에 적용되는 이론과 실험 방법이 모두 포함되어 있다. 아이작 뉴턴Isaac Newton의 운동 법칙은 이러한 패러다임의 한 가지 사례로, 200년이 넘는 세월 동안 천문학자가 행성과 천체의 움직임을 관찰하고 설명하는 데 뉴턴의 운동 법칙이 도움을 주었다.

쿤은 과학이 순조롭게 발전하지 않는다고 지적했다. 그가 패러다임 전환이라고 일컫는 급작스러운 도약이 일어나면, 즉 문제를 보는 참신한 시각과 새로운 모델이 과학적 사고에 혁명을 일으키면, 지배적 패러다임이 이끄는 '정상 과학'의 시대는 막을 내린다.* 알베르트 아인슈타인Albert Einstein이 주창한 상대성 이론은 운동 법칙을 이해하는 패러다임의 전환이었다. 이 변화는 천문학자가 새로운 방법으로 천체 움직임을 분석하고, 새로운 질문을 던지고, 하늘을 관찰하는 새로운 방법을 설계하도록 이끌었다.

혁명이 일어나고 다음 혁명이 일어나기 전까지 '정상 과학'이 진행되는 동안, 과학자는 지배적 패러다임을 적용하며 실험을 수행해 오래된 문제와 관련된 부족한 지식을 채우고 새로운 문제를 탐구한다. 정상 과학이 막을 내리는 시점은 기존 패러다임이 설명하지 못하는 대상이 관찰되어 새로운 사고방식과 패러다임이 필요해지는 시기다.

에이크만과 흐레인스의 연구는 패러다임 전환을 대표하는 사례다. 에이크만은 자바섬에서 정상 과학을 연구했다. 그는 닭을 대

---

* 쿤의 저서는 과학사에 크게 기여하는 동시에 언어를 오염시켰다. 이제 거의 모든 과학 출판물은 사소한 것에도 패러다임 전환을 전망한다.

상으로 실험을 설계하고, 그 결과를 해석하기 위해 지배적인 패러다임인 세균 이론을 적용했다. 그리고 세균 이론으로는 설명할 수 없는 현상이 닭에게 일어날 때까지 그 이론을 적용했다. 결국 그는 자신의 관찰 결과와 흐레인스의 주장을 바탕으로, 각기병을 영양학적으로 설명하는 새로운 질병 모델을 강제로 받아들였다. 이 새로운 질병 모델은 획기적인 발전을 일으키며 다른 질병 또한 이해하게 해주는 길을 열었다. 첫 번째 질병은 괴혈병이었다.

유연한 사고방식을 가지고

1907년 노르웨이 해군 당국은 동인도제도에서 귀항하는 노르웨이 선원들을 괴롭힌 선상 각기병을 조사하기 위해, 과학자 악셀 홀스트와 테오도르 프뢸리크에게 연구를 의뢰했다. 이 질병은 열대지방 각기병과 같지 않았지만, 홀스트와 프뢸리크는 열대지방 각기병과 같다고 가정하고 연구를 시작했다. 두 과학자는 먼저 에이크만과 흐레인스의 발견을 검증했다.[12] 비둘기에게 도정한 곡물을 먹이자 에이크만이 닭에서 발견했던 말초신경 퇴행이 일어났다.

홀스트와 프뢸리크는 비둘기에게 신경 퇴행을 일으킨 것과 비슷한 곡물을 기니피그에게 먹이며 열대지방 각기병에 걸린 포유류 모델을 만들려고 시도했다. 두 과학자가 기니피그를 선택한 이유는 알려지지 않았으나 비타민 연구 역사에 길이 남을 행운이었다. 기니피그는 인간과 마찬가지로 비타민 C를 합성할 수 없다.

기니피그는 곡물로 구성된 식단을 섭취하자 치명적인 질병에 걸렸지만 각기병은 아니었다. 말초신경이 퇴행하지 않았다. 게다가 조류 각기병과 다르게, 기니피그는 백미를 먹든 현미를 먹든 아무런 차이가 없었다. 쌀이든, 보리든, 귀리든, 곡물로만 구성된 식단을 섭취하면 병에 걸렸다.

홀스트와 프뢸리크는 기니피그에게 괴혈병을 일으킨 최초의 과학자는 아니다. 미국 농무부에서 연구한 의사이자 세균학자인 시어벌드 스미스는 1895년 동물에게 귀리와 미강을 먹여 병을 유발했다.[13] 기니피그는 조직 깊숙한 곳에 출혈이 발생하면서 죽었다. 그런데 식단에 잔디, 토끼풀, 양배추를 보충하면 건강을 회복했다.

스미스는 무엇이 기니피그를 죽음에 이르게 하는지 몰랐다. 그는 주로 돼지를 감염시키는 미생물에 관심이 있었기 때문에 결과를 관찰한 뒤 후속 연구를 진행하지는 않았다. 스미스는 미생물학에서 걸출한 업적을 남겼다. 곤충이 전염병을 옮기는 현상을 발견하고 전 세계에서 인정받은 미국 최초 의사과학자가 되었다. 그러나 괴혈병의 원인을 발견할 기회를 잃었다.

홀스트와 프뢸리크는 기회를 놓치지 않았다. 이들은 기니피그를 치밀하게 관찰한 끝에, 1883년 토머스 발로가 유아 괴혈병 사망자에게서 확인한 것과 동일한 뼈 변형을 발견했다. 그런데 기니피그의 곡물 위주 식단에 레몬즙, 사과, 감자, 양배추 등을 보충하면 뼈 변형이 발생하지 않거나 건강 이상이 경미하게 나타났다.

홀스트와 프뢸리크는 기니피그가 괴혈병에 걸렸으며 괴혈병은 일부 필수 물질이 부족한 '균형 깨진 식단'을 섭취하면 발병하는 영양결핍 질환이라고 명확하게 결론지었다. 이들은 또한 30분 동안 압력솥에서 섭씨 120도 증기압으로 가열한 양배추는 대기압에서 끓는 물에 가열한 양배추보다 동물 건강에 좋지 않다는 점을 발견했다. 따라서 식품을 고온·고압에서 가열하면 항괴혈병 인자가 효능을 잃을 수 있다고 결론 내렸으며, 이러한 결론은 노르웨이 선원에게 보급한 통조림 식품과 가열 처리한 감귤류즙이 괴혈병 예방에 효과적이지 않은 이유를 설명했다.

1907년 홀스트와 프뢸리크는 마침내 괴혈병이 제한된 식단에서 오는 질병임을 밝혔다. 에이크만과 흐레인스가 이끈 패러다임 전환은 질병을 이해하는 과정에 큰 도움이 되었다. 홀스트와 프뢸리크의 연구 성과 덕분에 괴혈병을 둘러싼 혼란이 순식간에 종식되었다.

패러다임 전환이 일어날 때, 과거 사고방식을 기반으로 경력을 쌓은 연구자들은 새로운 모델에 저항한다. 찰스 다윈Charles Darwin이 주창한 진화론은 수많은 박물학자의 강한 저항에 부딪혔고, 단백질 프라이온이 유전 정보를 가지지 않는데도 감염을 일으킨다는 개념은 일부 분자생물학자들이 반대했다. 마찬가지로, 일부 연구자들은 홀스트와 프룈리크의 결론에 의문을 제기하며 실험 결과를 다른 식으로 해석하려 했다.[14]

쥐는 포도당을 재료로 비타민 C를 합성할 수 있으므로 기니피그처럼 곡물 위주 식단을 섭취해도 괴혈병에 걸리지 않는다. 이러한 관찰 결과는 괴혈병의 원인을 두고 혼란을 일으켰다. 몇몇 연구자는 포유동물마다 섭취해야 하는 필수 영양소가 근본적으로 다르다는 것을 믿지 않고 계속해서 다른 방식으로 관찰 결과를 해석하려 했다. 한편, 사고방식이 유연한 사람들은 새로운 패러다임을 탐구했다.

비타민이라는 말의 정치

1912년 영국 과학자 프레더릭 가울랜드 홉킨스는 근본적으로 루닌의 연구를 재현하는 논문을 발표했다. 그런데 루닌과 다르게 홉킨스는 동료 과학자에게 관심을 받았다.[15] 홉킨스는 영국 학계의 일원이었다. 케임브리지대학교 교수였고, 런던대학교와 가이즈병원에서 교육받았다. 당시에는 '생화학자'라는 용어가 존재하지 않았지만, 그는 사실상 최초의 생화학자 가운데 한 명이었다. 홉킨스는 세포의 에너지 생성 방식에 관심이 있었다. 이러한 관심을 바탕으로, 그는 어린 쥐의 성장에 식단이 미치는 영향을 연구하게 되었다.

홉킨스는 파리 포위전 때 아기에게 보급할 우유 대체품을 찾지 못했던 상황을 고려하며, 성장기 어린 쥐를 대상으로 연구했다. 홉킨스는 루닌처럼 화학적으로 정제된 영양소로 구성된 식단을 섭취한 어린 쥐가 2주 동안은 건강하다가 이후 점점 살이 빠지기 시작해 약 4주 뒤 죽는 현상을 관찰했다. 그런데 반 티스푼도 안 되는 우유를 하루에 한 번씩 식단에 보충하자 어린 쥐는 정상적으로 성체까지 성장해 살아남았다.

홉킨스는 루닌과 마찬가지로 어린 동물의 정상적인 성장과 생존에 필수적이지만 필요량은 미량인 물질이 우유에 들어 있다고 결론지었다. 1912년 그는 논문에서 그러한 필수 물질을 '일반적인 식단에 포함된 보조인자'라고 명명했고, 이후 '영양 보조인자'라고 바꿔 불렀다.

이 용어는 논쟁의 대상이 되었다. 홉킨스는 폴란드 출신 화학자 캐시미어 풍크와 라이벌 관계였다.[16] 홉킨스는 옥스브리지(옥스퍼드대학교와 케임브리지대학교를 가리키는 말 – 옮긴이) 엘리트였지만 풍크는 아웃사이더였다. 유대인인 풍크는 대학 교육을 받기 위해 폴란드를 떠나 스위스로 이주했다. 이후에는 소외감을 느끼고 자리를 옮겼는지 아니면 자리를 옮기다 보니 소외감을 느끼게 되었는지 모르겠으나, 계속해서 이곳저곳으로 떠돌았다.

풍크는 유기화학의 선구자인 에밀 피셔와 함께 베를린에서 연구하는 동안 영양학에 흥미를 갖게 되었다. 이때 풍크는 단백질의 영양학적 특성을 조사했으며, 이 연구는 훗날 다른 과학자들이 포유류 몸에서 합성되지 않아 반드시 섭취해야 하는 필수아미노산을 식별하도록 이끌었다.

1911년 런던 리스터연구소로 자리를 옮긴 뒤 풍크는 각기병을 연구했다. 에이크만과 흐레이스를 뒤이어, 그는 항각기병 물질을 규명한다는 목표를 세웠다. 그러한 목표를 달성하지는 못했지만, 풍크는 홉킨스의 기념비적인 논문이 발표된 1912년에 리뷰 논문을 썼다. 논문에서 풍크는 영양결핍 질환에 관한 이론을 제시했다.[17] 펠라그라, 구루병, 각기병, 괴혈병 같은 질병은 특정 식품에 미량 존재하는 물질이 체내에 부족하면 발병한다고 추론했다. 그리고 그러한 미량 물질을 지칭하기 위해 비타민vitamine이라는 용어를 고안했다.

풍크가 만든 신조어는 라틴어로 생명을 뜻하는 비타vita와 질소가 함유된 화합물을 뜻하는 아민amine의 합성어였다. 나중에 그는 항각기병 인자를 비타민 B로 명명했다. 풍크는 이 물질들이 모두 질소를 함유한다고 추정했다. 이러한 생각을 뒷받침하는 확고한 증거가 없었기 때문에 비타민이라는 용어는 영양학자들 사이에서 논란이 되었다. 비타민은 대중에게 빠르게 유행하며 1920년 무렵 흔히 쓰이는 용어가 되었고, 영양학자 잭 세실 드러먼드의 제안으로 비타민vitamine에서 e가 제외된 비타민vitamin이 되었다.[18]

프레더릭 가울랜드 홉킨스는 단어 마지막에 e가 있든 없든 비타민이라는 용어를 계속 문제 삼았고, 그가 고안한 용어 '영양 보조 인자'를 옹호했다. '비타민'이 승리한 이유는 쉽게 짐작이 간다. 용어 논쟁은 비타민 발견의 공로를 두고 벌어진 논쟁과 마찬가지였으나, 홉킨스와 풍크에게는 그럴 자격이 없었다. 비타민 발견의 공로가 누구에게 있는지 따진다면 그것은 두 과학자보다 수십 년 앞서 비타민을 연구한 루닌에게 있다. 그런데도 러시아 의대생은 케임브리지 교수처럼 존경받지 못했다.

어느 여성 과학자의 공로

제1차 세계대전이 발발하자 영양 연구가 더욱 절박해졌다. 각기병은 처참했던 갈리폴리 전투에서 영국군과 오스만튀르크군에게 막대한 피해를 줬다. 인도와 중동에 배치된 영국군은 극지방 탐험대가 괴혈병 예방에 실패했을 때와 동일한 라임즙을 가져간 탓에 라임즙의 효능을 보지 못하고 괴혈병에 걸렸다. 군대는 수송이 쉽고, 덥고 추운 기후를 모두 견디며, 전 세계에서 싸우는 연합군 병사에게 영양소를 공급할 식량이 필요했다.

영국에서 남성들은 군대에 입대하기 위해 직장을 떠났고 여성들은 과학계에서 리더 위치에 오르기 시작했다.[19] 해리엇 칙도 그러한 여성 중 한 명이었다.[20] 해리엇 칙은 1875년 런던에서 가업으로 레이스 사업을 하는 중산층 가문에서 태어났다. 그의 아버지는 보수적인 개신교 근본주의자였지만, 시대를 앞서서 여학생에게도 수학과 과학을 가르치는 고등학교에 딸을 입학시켰다. 해리엇 칙은 최우수 학생이었고 해리엇과 네 자매는 여성으로서 영국 대학교에 입학한 두 번째 세대에 속했다.

칙은 유니버시티칼리지런던에서 식물학을 공부하고, 대학 졸업 후 미생물학을 연구했다. 1904년에는 런던대학교에서 오염된 물속의 조류algae 연구로 이학박사 학위를 받았다. 이후 남성 교수진 두 명의 격렬한 반대에도 불구하고 칙은 제1차 세계대전 이전에 영국의 주요 과학 연구 기관이었던 런던 리스터예방의학연구소에서 일하게 되었다.

칙은 처음에 살균제와 관련된 단백질 화학을 연구했지만 미생물학에도 꾸준히 관심을 기울였다. 전쟁이 시작되자 거의 모든 남성 직원이 입대했다. 칙은 전쟁에 기여하기 위해 기존 연구를 접어둔 채 전장 감염을 진단하고 치료하는 항혈청 생산으로 업무를 전환했다. 리스터연구소 소장 찰스 마틴은 그리스 렘노스섬으로 건너가 군 병원에서 일했다. 갈리폴리에서 돌아온 병사들이 각기병을 앓는 모습을 본 마틴은 칙에게 항혈청 생산을 다른 사람에게 맡기고 연구소에서 영양학을 연구하라고 요청했다. 당시 미국에 머무르던 캐시미어 풍크가 칙에게 길을 열어주었다.

이는 해리엇 칙에게 인생의 전환점이었다. 새 임무를 맡아 열정적으로 수행한 끝에, 칙은 20세기에 가장 중요한 영양학 연구자가 되었다. 동료 마거릿 흄과 루스 K. 스켈턴과 함께 칙은 세심하게 동물실험을 진행하여 각기병과 괴혈병을 예방하는 다양한 식품의 효능을 정량화했다.[21] 다른 연구자들과 달리 세 과학자는 규정된 실험 절차와 정확하게 일치하도록 사람 손으로 동물에게 먹이를 주고 돌보았다.

세 과학자는 몇 가지 중요한 사항을 관찰했다. 첫째, 서인도제도산 라임으로 만든 라임즙의 항괴혈병 효과는 신선도와 상관없이 지중해산 레몬으로 만든 레몬즙의 4분의 1에 불과했다. 이들은 해군이 보관한 라임즙 샘플을 테스트하고 항괴혈병 효능이 없음을 발견했다. 또한, 항괴혈병 효과는 식품을 저장하고 시간이 흐를수록 점점 감소하며 식품을 강하게 가열해도 효과가 사라진다는 점을 밝혔다. 그뿐만 아니라 신선한 과일과 채소의 항괴혈병 효과를 정량화했다.

리스터연구소 소속 앨리스 헨더슨은 영국 해군에서 항괴혈병 제제 활용에 관한 역사적인 연구를 수행하여 해리엇 칙이 실험실에서 발견한 결과를 보완했다.[22] 전쟁이 끝나고 1919년 발표된 헨더슨의 논문에 따르면, 해군이 몰타산 레몬즙을 제공할 때는 영국 선원들 사이에서 괴혈병이 거의 사라졌다고 한다. 그러나 1860년대에 해군이 서인도제도산 라임즙으로 바꾸자, 극지방 탐험가와 중동에 배치된 병사들 사이에서 괴혈병이 발생했다. 칙과 흄의 연구 결과는 바스쿠 다가마의 선원들이 신선한 과일의 치료 효과를 인식하고 400년이 흐른 뒤에도 괴혈병이 지속된 이유를 보여준다.

제1차 세계대전 동안 과학에 종사한 여성 대부분은 전쟁이 끝나고 결혼한 뒤 직업을 포기했다. 이 시대에 영국 기혼 여성은 사실상 전문직에서 제외되었다. 해리엇 칙은 결혼하지 않고 리스터 연구소에서 연구하며 영양학 분야에서 탁월한 경력을 쌓았다.

칙이 남긴 가장 중요한 성과는 아이들의 뼈를 약화하고 변형시키는 질병인 구루병 연구로, 오늘날 구루병은 비타민 D 결핍으로 발병한다고 알려져 있다. 그는 1919년과 1920년에 리스터연구소 동료들과 함께 전쟁으로 황폐해진 빈으로 건너가 영양실조를 연구했다. 칙은 어린이 병원에서 일하면서, 아이들에게 대구 간유를 먹이거나 햇빛 또는 자외선램프 빛을 쐬게 하면 구루병이 예방된다는 것을 발견했다.[23] 1945년 은퇴할 때까지 그는 쉬지 않고 영양학을 연구했다. 은퇴 이후에는 리스터연구소 이사회에 남아 영양학회에서 활동했으며, 100세 생일을 2주 앞두고 학회에서 강연했다.

칙이 남긴 구루병 연구 성과는 공중 보건에 미친 영향 측면에서 에이크만의 연구 성과와 동등했다. 그런데 에이크만은 노벨상을 받았지만 해리엇 칙은 같은 분야 종사자를 제외하면 거의 인정받지 못했다. 소아과의사에게 해리엇 칙에 관해 질문하면 의사는 아마도 멍한 표정을 지을 것이다.

기존의 생각을 뒤집기까지

일부 과학자들은 영양결핍 가설이 불러온 패러다임 전환을 받아들일 수 없었다. 미국의 저명한 생리학자 엘머 V. 매콜럼도 그러한 과학자에 속했다. 그는 위스콘신대학교에서 연구하다가 나중에 존스홉킨스대학교에 신설된 화학위생학과에서 학과장을 맡았다.

매콜럼은 1913년 논문에서 어린 쥐의 성장에 필요한 지용성 인자 A를 발견했다고 보고했다.[24] 매콜럼과 그의 동료 W. 피츠는 괴혈병을 연구하는 동안 기니피그에는 괴혈병을 일으키고 쥐에는 괴혈병을 일으키지 못했는데, 이를 관찰하고도 동물 종마다 섭취해야 하는 필수 영양소에 현저한 차이가 있으리라고는 생각하지 않았다. 매콜럼과 피츠는 또한 홀스트와 프뢸리크가 괴혈병 예방에 성공한 식단인 귀리와 우유를 기니피그에게 먹였는데, 매콜럼과 피츠의 기니피그는 괴혈병에 걸렸다.[25]

매콜럼과 피츠는 괴혈병에 걸린 기니피그의 대장 속 대변 물질에 변화가 일어났음을 발견했다. 이에, 1918년 논문에서 그처럼 변화한 대변에 함유된 독소가 괴혈병을 일으키며, 감귤류즙이 괴혈병 예방에 효과가 있는 이유는 구연산(레몬이나 귤 등 신맛이 있는 과일에 존재하는 산성 물질 – 옮긴이)이 배변을 촉진하기 때문이라고 주장했다. 그러나 매콜럼은 칙과 흄이 치밀하게 수행한 연구 결과에서 자신의 실수를 깨닫고 주장을 철회했다.

비타민을 구분하는 알파벳

1913년 홉킨스와 풍크가 논문을 출판한 뒤, 위스콘신대학교의

E. V. 매콜럼과 마거리트 데이비스는 홉킨스 실험에서 언급된 어린 쥐의 성장을 돕는 우유 속 물질이 지용성으로 유지방에 함유되어 있다는 논문을 발표했다.[26] 필수 물질은 달걀노른자에서도 발견되었다. 지용성 물질이라는 점에서 수용성인 항각기병 물질과 구별되었다.

어린 동물이 성장하는 데 필요한 버터와 달걀노른자에는 지용성 물질이 있었고, 각기병 예방이 필요한 곡물의 미강(효모에서도 발견됨)에는 수용성 물질이 있었다. 이들은 처음에 각각 지용성 A와 수용성 B로 불렸고, 나중에 비타민 A와 비타민 B가 되었다. 두 물질은 또한 항괴혈병 물질이 아니었다.[27]

1919년 잭 세실 드러먼드는 괴혈병 원인을 최종 발표했다.[28] 드러먼드와 동료들은 쥐가 정제 단백질, 유지방, 소금, 그리고 효모 추출물로 보충한 탄수화물을 섭취하면서 성장할 수 있음을 발견했다. 드러먼드는 식단에 오렌지즙이 보충되면 좀 더 잘 자란다는 사실도 밝혔다. 이러한 발견과 괴혈병 간의 상관관계는 명확하게 드러나지 않았지만, 의심 많은 다른 연구자들에게 항괴혈병 인자인 '수용성 C'가 존재한다는 확신을 심어주었다. 400년이 넘는 세월 동안 불확실한 존재였던 괴혈병은 마침내 영양결핍 질환으로 널리 받아들여지게 되었다. 그리고 수용성 C는 비타민 C가 되었다.

이들 물질은 처음 생각했던 것보다 훨씬 복잡했다. 지용성 물질은 두 물질이 혼합된 상태로 밝혀졌다. 하나는 비타민 A라는 이름을 유지하고 다른 하나는 비타민 D가 되었는데, 이미 비타민 C

가 있었기 때문이다. 미강과 효모에 함유된 물질은 건강에 필요한 몇 가지 물질의 혼합물이었다. 이 혼합물을 구성하는 물질들은 모두 비타민 B라는 이름을 유지했지만, 그 이름에 숫자가 추가로 붙었다. 항각기병 물질은 비타민 B1으로 첫 번째 순위를 지켰다. 다른 비타민 B는 주로 피부 질환과 빈혈 등 다른 질병과 관련이 있었고, 2에서 12까지 번호가 매겨졌다. 몇몇 물질이 탈락한 결과 비타민 B에는 총 여덟 가지 물질이 있다. 이후 지용성 비타민 두 종류가 더 발견되었고, 비타민 E와 비타민 K로 명명되었다.

비타민 C는 알파벳 순서상 자기 자리를 지켰다.

영양학이라는 새로운 과학

20세기의 첫 30년 동안, 의학 연구자 대다수는 영양학이라는 새로운 과학에 관심을 집중했다. 〈생물화학 저널〉〈생화학 저널〉 등 주요 생화학 학술지에 게재된 논문의 상당수가 영양학을 다루었다. 영양학은 그때도 지금처럼 대중의 큰 관심거리였다. 제1차 세계대전 기간에 영양학은 국가 방어 측면에서 중요도가 상승했다. 따라서 비타민을 이해할수록 과학자들은 학문적으로 명성을 얻고 대중에게 인정받게 되었다. 이는 수많은 과학자가 자부심을 느끼게 했지만 이들이 늘 좋은 모습을 보였던 것은 아니다.

1906년, 케임브리지 교수 프레더릭 가울랜드 홉킨스는 왕립화학학회 연설에서 일상적인 행정 업무를 주로 언급했다. 연설이 끝날 무렵, 홉킨스는 화제를 바꾸어 구루병과 괴혈병은 식단이 "최소한의 질적 요인"을 충족하지 못해 발병한다고 예측했다.[29] 이 연설은 훗날 비타민 발견에 대한 공로를 두고 일어난 논란에서 중요하게 다뤄졌다. 홉킨스가 이 시점에 자신의 실험실에서 비타민에 눈을 돌리고 연구하기 시작했는지 불분명하다. 그는 1912년 논문으로 발표한 내용이 "1906년부터 1907년까지 도출한 결과"라고 주장했다. 풍크는 이 주장을 문제 삼으며, 1910년 크리스마스 휴가 기간에 대화를 나누기 전까지 홉킨스는 우유로 어떠한 실험도 하지 않았다고 설명했다. 풍크는 자신이 홉킨스에게 영양 실험에 대한 아이디어를 줬다고 넌지시 밝혔다.

홉킨스는 1912년 논문에서 쥐의 성장에 필수적이지만 아직 알려지지 않은 우유 속 물질을 '영양 보조인자'라고 명명했다. 그는 이러한 물질의 본질은 모른다고 인정하며 세 가지 가설을 제시했다. 첫째, 이 물질은 에너지를 소모하지 않지만 신체 조직을 수선하는 데 꼭 필요하다. 둘째, 이 물질은 생명에 필수적인 효소 등 다른 분자를 합성하는 과정에 필요하다, 셋째는 진실에 가장 가까운 가설로, 이 물질은 촉매 역할을 하거나 효소가 촉매로 작용할 때 필요하다.

같은 해에 캐시미어 풍크는 비타민vitamine이라는 용어를 만들었고, 이 용어는 나중에 e가 탈락해 비타민vitamin이 되었다. 이후 풍크와 홉킨스는 오랜 기간 논쟁을 벌였다. 헝가리계 유대인 아웃사이더가 영국 과학계 기득권층의 수호자와 맞붙었다. 아웃사이더는 명명법 싸움에서 이겼으나 전쟁에서 패배했다. 1929년 노벨 생리의학상은 홉킨스와 에이크만에게 돌아갔다.

에이크만은 열대지방 각기병을 비타민 결핍이 유발한 질병으로 처음 설명하며 패러다임 전환을 이끌었다는 점에서 노벨상을 받을 자격이 있었다. 그러나 홉킨스의 연구는 독창성이 떨어졌다. 그는 본질적으로 니콜라이 루닌의 연구를 재현했다. 다른 연구자들, 특히 미국의 매콜럼과 데이비스, 오즈본과 멘델도 홉킨스와 비슷한 시기에 유사한 연구를 진행했다.

캐시미어 풍크는 노벨상 후보에 올랐지만 수상하지는 못했다. 리뷰 논문에서 영양결핍증의 개념을 설명하긴 했으나, 그가 기존에 수행한 실험 연구는 중요도가 낮았으며 항각기병 인자를 정제하지 못했다. 홀스트와 프뢸리크도 노벨상을 받지 못했다. 홉킨스는 노벨상 수상 연설에서 적어도 루닌과 홀스트와 프뢸리크는 인정했다. 그런데 수상 연설의 대부분을 할애하여 풍크의 우선권 주장에 이의를 제기했다.

홉킨스는 생화학을 학문으로 정립하는 과정에 중요한 역할을 했다. 그리고 비타민 C 연구에 또 다른 형태로 크게 공헌했다. 자부심 강한 과학자 얼베르트 센트죄르지Albert Szent-Gyorgyi를 지도한 것이다.

6

비타민 사냥꾼

진리란 명예 따위는 상관 없이
실험을 해야만 손에 넣을 수 있는 도깨비불이다.
— 폴 더크라이프, 《미생물 사냥꾼》, 1926년

과학에서는 첫 번째 발견자가 되는 것이 무엇보다 중요하다. 두 번째로 발견하면 위대한 예술 작품을 베꼈을 때보다 겨우 조금 더 명예로워질 뿐이다. 20세기 초는 과학자가 경쟁에서 1위를 차지하면 빛나는 영예를 누릴 수 있었던 첫 번째 시기였다. 과학자와 대중에게 인기 있는 주제인 비타민은 공개적인 경쟁의 장이었다. 비타민을 정제하고 화학 특성을 규정하는 첫 번째 인물이 되면 학문적 명성과 대중의 인정을 동시에 얻었다. 이는 결론적으로 그러한 보상을 꿈꿀 만큼 커다란 야망과 자부심을 지닌 과학자들을 비타민 연구로 끌어들였다.

순수한 비타민을 찾아라

1920년대 과학계는 미량이지만 생명 활동에 꼭 필요한 물질이 결핍되면 괴혈병이 발생한다는 개념을 받아들였다. '비타민'은 그러한 영양소의 이름으로 널리 알려졌으며 비타민의 정의는 오직 생물학적 활성으로만 규정되었다. 비타민은 각기병과 괴혈병을 예방하는 물질이었다. 이들의 화학적 특성은 대강 이해되었고 분자 구조는 알려지지 않았다.

비타민 C는 괴혈병을 예방하는 감귤류즙과 다양한 과일 및 채소에 함유된 물질이었다. 수용성이고, 산성이며, 염기성 용액보다 산성 용액 속에서 더 안정적이었다. 가열하거나 공기에 노출시키면 괴혈병을 예방하는 효능이 사라졌다. 그런데 비타민이 정확하게 무엇인지, 어느 원자를 포함하는지, 그 원자들이 어떻게 배열되어 분자를 구성하는지, 어떠한 방식으로 대량 생산할 수 있는지 등은 수수께끼로 남아 있었다.

당대 저명한 과학자 실베스터 솔로몬 질바는 "앞으로 생화학자가 임무를 수행할 토양이 마련되었다"라고 말했다.[1] 생화학자가 제대로 임무를 수행하기 위해서는 순수한 비타민 C, 즉 비타민 C의 결정이 필요했다. 그러한 결정을 얻는 과정은 어려웠다. 일반적인 전략은 식물성 재료(예컨대 레몬즙)에서 출발해 점차 불순물을 제거하는 방식이었다. 과학자는 각 단계에서 비타민 C가 잔류하는지 확인하기 위해 남은 물질로 테스트했다. 레몬즙은 비타민 C의 가장 풍부한 공급원이긴 하지만 두 가지 단점이 있었다. 첫째, 레몬즙은 불순물인 당류를 비타민보다 훨씬 많이 함유한다. 비타민의 화학적 특성은 당류와 너무 비슷해서 분리하기 어렵다. 둘째, 비타민은 레몬즙 안에서 불안정하며 공기에 노출되면 급격히 효능을 잃었다.

실험 물질에서 비타민 C를 검출하는 유일한 방법은 동물, 그중에서도 가장 편리하게 기니피그를 대상으로 괴혈병을 예방하고 치료하는지 효능을 테스트하는 것이며, 이 방법은 생물검정이라고 불린다. 과학자는 기니피그에게 괴혈병을 유발하는 식단을 공급했는데 항각기병 물질인 비타민 B가 포함된 곡물에 버터 또는 유지방을 보충하여 비타민 A와 D가 첨가된 식단이었다. 연구자는 이 식단에 실험 물질을 추가해 괴혈병을 예방하거나 치료하는 효능이 있는지 관찰했다.

정량분석을 하려면 동물을 여러 그룹으로 나눈 다음 그룹마다 실험 물질을 제각기 다른 양으로 공급해야 했다. 기니피그가 괴혈병에 걸리는 데 3~4주가 걸리므로 생물검정은 결과를 얻기까지 시간이 소요되었다. 게다가 결과도 부정확하고 비용도 많이 들었지만, 실험 물질이 무엇인지 밝히는 화학분석법이 개발되기 전까지는 연구자가 선택할 대안이 없었다.

유럽과 미국에 설립된 두 연구소가 이 문제를 정면으로 공격했다. S. S. 질바는 1918년 런던 리스터연구소에서 비타민 C 연구를 시작했다.[2] 15년간 연구한 끝에 레몬즙에서 비타민 C를 정제할 뻔했지만 목표에 도달하지 못했다. 레몬즙에서 고형물을 거르고 구연산 침전을 제거하면 남은 용액에 비타민 C가 잔류했다. 저온 조건에서 용액 내 다양한 불순물을 순차적으로 침전시키며 그는 거의 순수한 비타민 C를 얻었다. 그러나 비타민 C가 불안정한 상태로 남아 있었던 탓에 순수한 화합물을 결정화할 수 없었다.

피츠버그대학교의 찰스 글렌 킹도 레몬즙으로 시작했다. 그는 마침내 목표를 달성했지만 공로를 인정받지 못했다. 이 이야기를 진행하려면 잠시 헝가리를 들러야 한다.

행운에 행운을 더하다가

비타민 C를 정제한 공로를 인정받은 인물은 생화학자 얼베르트 센트죄르지였다.[3] 그는 부다페스트 귀족 가문의 중산층 가정에서 태어났으며 본명은 얼베르트 임레 센트죄르지 폰 너지러폴트이다. 과학자로 일하던 초기에는 이름에 폰von을 붙여 귀족 출신임을 드러내고 '얼베르트 폰 센트죄르지'라고 서명했지만 얼마 지나지 않아 그러기를 포기했다. 그의 이름은 발음이 영어로 세인트 조지에 가까우며, 그는 헝가리식 이름에 익숙하지 않은 사람들에게 '세인트 조지'라고 불리는 선에서 만족했다.

센트죄르지는 파란만장한 삶을 살았는데 심지어 제2차 세계대전 기간에는 나치의 헝가리 점령을 막기 위해 비밀 요원으로 활동했다.

> 한편으로, 나의 내면은 따분하지는 않으나 꽤 단순하다. 나는 과학에 헌신하며 살았고, 내 유일하고도 진정한 야망은 탁월한 결과를 도출해 과학에 공헌하는 것이다. 그러나 나의 외적인 삶은 내면과 다르게 상당히 굴곡졌다.[4]

센트죄르지는 사적으로 평탄하지 않은 삶을 살았지만 과학자로서는 보기 드문 행운이 따르며 거듭 성과를 냈다.

센트죄르지는 당대 저명한 헝가리 의학자이자 삼촌이었던 미허이 렌호셰크의 해부학 연구소에서 과학자로 일하기 시작했다. 렌호셰크는 센트죄르지가 직장rectum 질환을 연구하기를 바랐다. 센트죄르지는 직장 질환에 큰 호기심은 없었지만, 부다페스트대학교에서 의학 학위를 받을 만큼 의학에 관심이 많았다. 대학교를 졸업하자마자 제1차 세계대전이 발발한 탓에 그는 곧바로 징집되어 전선에 투입되었다. 그러나 군인이 되고 싶지 않았던 센트죄르지는 군대에서 탈출하기 위해 자신의 팔에 총을 쐈다. 제1차 세계대전이 끝나고 체코슬로바키아가 헝가리를 침공한 1919년, 그는 아내와 딸을 데리고 유럽 전역의 도시를 오가며 임시 연구직을 전전했다.

센트죄르지는 마침내 네덜란드 흐로닝언에 설립된 연구소에서 화학자로 자리를 잡았다. 이곳에서 그는 동물과 식물에서 일어나는 산화 반응에 관심을 가졌다. "어떤 과일과 채소는 잘린 단면이 공기에 노출되면 갈색으로 변하지만, 어떤 것은 흐릿한 단면의 색이 유지되는 이유가 무엇일까?"라는 사소한 의문에서 출발했다. 단면의 색이 유지되는 과일과 채소를 조사한 끝에 센트죄르지는 이들 식물에서 산화 반응으로부터 과육을 보호하는 환원제를 발견했다. 당시에는 규명할 수 없었던 미지의 환원제, 즉 항산화제는 비타민 C였다. 센트죄르지는 그 물질이 호르몬이라는 완전히 잘못된 추측을 바탕으로 부신adrenal gland에서 똑같은 호르몬을 찾으려 했고, 결과적으로는 같은 물질을 다량 발견했다. 훗날 그는 "내가 새롭게 발견한 물질은 대부분 잘못된 추측에 근거했음을 인정해야 한다"라고 말했다. 여기에 한 가지 덧붙이자면 그것은 행운의 추측이었다.

흐로닝언 연구소의 책임자가 세상을 떠난 뒤 센트죄르지는 다시 한번 자리를 옮겼다. 저명한 생리학 교수 프레더릭 가울랜드 홉킨스의 도움을 받아 케임브리지대학교로 옮긴 센트죄르지는 연구원으로 일하며 홉킨스에게 지도받았다.

센트죄르지는 케임브리지에서 연구하는 동안 레몬과 양배추는 물론 오렌지에서도 소량의 환원 물질을 결정화하는 데 성공했다.

그 환원 물질은 성질이 당류와 비슷한 탄수화물이었다. 이 물질이 무엇인지 몰랐던 그는 〈생화학 저널〉에 논문을 투고하면서 당류의 이름 끝에 붙이는 '-ose'를 활용해 '이그노즈Ignose'라는 명칭을 제안했다(이그노즈의 'Ign-'는 영어 단어 '무지한ignorant'에서 유래했다 - 옮긴이). 센트죄르지의 유머 감각은 학술지 편집자에게 통하지 않았다. 편집자는 '갓노즈Godnose'라는 명칭도 거부했다. 센트죄르지와 편집자는 마침내 '헥수론산hexuronic acid'을 쓰기로 합의했으며, 이 명칭은 물질이 탄소 원자 여섯 개를 포함하고 산성이라는 점에서 유래했다.[5]

홉킨스는 정제한 물질 일부를 리스터연구소의 S. S. 질바에게 보냈다. 질바는 아무런 설명 없이 그 물질은 비타민 C가 아니라고 보고했다. 질바는 그러한 결론의 근거를 대지 않았지만 걸출한 전문가였던 그의 발언에 막중한 무게가 실렸다.

센트죄르지는 케임브리지에서 쉽게 구할 수 없는 부신에서만 다량의 헥수론산을 얻고 정제할 수 있었다. 그래서 미네소타에 설립된 메이요병원으로 자리를 옮기고 세인트폴의 도축장에서 부신을 구했다. 그는 헥수론산 결정을 25그램 얻은 다음 절반을 월터 N. 하스에게 보냈다. 영국 버밍엄대학교에서 탄수화물을 연구한 화학자인 하스는 결정의 화학구조를 규명하려 노력했다. 그러나 주어진 물질의 양이 부족한 까닭에 구조를 밝힐 수 없었다. 센트죄르지는 비타민 C 연구를 잠시 덮어두었으며, 이는 어쩌면 헥수론산이 비타민 C가 아니라는 질바의 주장에 단념했기 때문인지도 모른다.

1931년 센트죄르지는 헝가리 세게드대학교에서 의약화학과 학과장을 맡게 되었고, 남아 있던 헥수론산 1그램을 가지고 갔다. 그가 세게드에 도착하고 얼마 지나지 않아, 헝가리계 미국인 조지프 슈비르베이가 예고도 없이 센트죄르지의 실험실로 들어와 헥수론산이 비타민 C인지 밝히는 연구를 도왔다. 이때는 슈비르베이가 피츠버그대학교 영양학자이자 센트죄르지의 라이벌인 찰스 글렌 킹의 실험실에서 막 박사 학위를 받은 시기였다. 슈비르베이는 국제교육협회에서 연구비를 지원받고 헝가리에 왔다.

센트죄르지가 손에 넣은 행운 가운데 하나는 느닷없이 슈비르베이와 만났다는 것이다. 슈비르베이는 킹의 실험실에서 생물검정으로 비타민 C를 검출하는 경험을 쌓았다. 런던의 S. S. 질바처럼 킹도 레몬즙에서 비타민 C를 정제하려고 시도했다. 킹과 슈비르베이는 생물검정을 수행하여 얻은 초기 결과를 논문으로 발표했다.[6] 이때 얻은 경험을 바탕으로, 슈비르베이는 헥수론산이 항괴혈병 비타민인지 검증하기 위해 센트죄르지가 보유한 마지막 헥수론산 샘플을 사용했다.

슈비르베이는 기니피그를 네 그룹으로 나누었다. '양성 대조군'인 첫 번째 그룹은 납작 귀리, 미강, 버터, 소금, 소량의 분유로 구성되어 괴혈병을 일으키는 식단을 섭취했다. 이 그룹은 평균 26일 뒤에 모두 괴혈병으로 죽었다. 두 번째 그룹은 양성 대조군과 같은 괴혈병 식단을 공급받되 괴혈병을 예방한다고 알려진 레몬즙을 하루에 1밀리리터씩 추가로 섭취했다. 이들은 건강을 유지했다. 세 번째 그룹은 실험실 표준 식단을 섭취하여 마찬가지로 건강을 유지했다. 네 번째 그룹은 중요한 '실험군'으로, 괴혈병을 유발하는 식단과 함께 헥수론산 1밀리그램을 매일 추가로 섭취했다.

문제는 레몬즙뿐 아니라 헥수론산도 괴혈병을 예방하는가였다. 정답은 '그렇다'였다. 헥수론산은 비타민 C였다.

슈비르베이와 센트죄르지는 증거를 제시했다.[7]

- 레몬즙 1밀리리터에 함유된 헥수론산의 약 두 배에 해당하는 소량의 순수한 헥수론산은 레몬즙 또는 실험실 표준 식단만큼 괴혈병 예방에 효과적이다.
- 헥수론산은 다양한 식품에 포함되어 있으며, 그 함량은 비타민 C의 함량에 비례한다.
- 헥수론산의 화학적 특성은 비타민 C의 알려진 특성과 일치한다.
- 화학자 월터 하스는 센트죄르지가 정제한 헥수론산의 순도를 증명했다.

S. S. 질바는 결승선을 눈앞에 두고 패배했다는 사실에 실망하여 공개적으로 이의 제기했지만 결과는 바뀌지 않았다. 센트죄르지의 헥수론산은 비타민 C였다.[8]

이후 센트죄르지는 헥수론산이 정말 비타민 C인지 오랫동안 의심했으나 이를 검증하려고 시도한 적은 없었다고 밝혔다. 그는 화학 실험은 즐겼지만 동물 연구는 피했다. 또 비타민이 "이론적으로 흥미롭지 않다"라고 생각했다. "무엇을 먹어야 하는가는 과학자가 아닌 요리사의 주된 관심사"라며 무시하기도 했다.[9] 하지만 센트죄르지는 비타민 C 덕분에 과학계에서 명성을 얻었다.

발견을 향한 뜨거운 경쟁

센트죄르지와 슈비르베이는 헝가리에서 연구하는 동안 피츠버그의 찰스 글렌 킹과 같은 목표, 즉 헥수론산이 비타민 C임을 입증한다는 목표를 좇았다. 경쟁은 치열한 접전 끝에 마무리되었다.

킹은 헤스와 피시가 뉴욕에서 유아 괴혈병을 연구하여 남긴 저술을 읽고서 비타민에 관심을 갖게 된 생화학자였다. 또한 신중하고 유능한 과학자이자 비타민 C의 생물검정 전문가였다. 그는 레몬즙에서 헥수론산을 정제하는 동시에, 센트죄르지의 전 동료이자 메이요병원에서 연구하는 에드워드 C. 켄들을 통해 동물의 부신을 입수하여 헥수론산을 얻었을 것이다. 킹은 센트죄르지와 거의 같은 시점에 헥수론산이 비타민 C라는 사실을 알아냈다.

사실상 무승부와 다름없었던 까닭에 누가 먼저 비타민 C를 발견했는지를 두고 분쟁이 일어났다. 킹을 지지하는 미국인들과 센트죄르지를 지지하는 유럽인 동료들이 충돌했다. 피츠버그는 당대

실리콘밸리였고, 기존 사업을 가로막는 새로운 산업을 창출했다. 펜실베이니아 언덕에 조성된 블루칼라 도시(피츠버그는 미국의 대표적인 제조업 중심 도시이다 - 옮긴이)에서 성장한 신흥 부자들은 옥스브리지 기득권층에게 지지받는 헝가리 귀족에게 무시당한다고 느꼈다.

이들의 분쟁이 진행되는 과정을 시간순으로 정리하면 다음과 같다. 킹은 자신이 지도하던 슈비르베이에게 헥수론산이 비타민 C라고 잠정적으로 결론지었다는 내용으로 3월 중순에 편지를 썼으나, 논문 발표는 헥수론산 샘플의 순도를 확신한 이후로 미뤄두었다. 어쩌면 킹은 비타민 C가 화학적으로 헥수론산과 관련 없으며 양귀비에서 발견되는 나르코틴 유도체라는 다른 연구자의 주장을 확인하고 싶었는지도 모른다. 킹이 슈비르베이에게 편지를 보내기 직전인 3월 초, 슈비르베이는 헝가리에서 전 지도교수 킹에게 편지를 써서 본인과 센트죄르지가 헥수론산이 비타민 C임을 밝혔다고 알렸다. 두 편지는 대서양을 횡단하는 우편물 속에서 엇갈렸을 것이다.

슈비르베이의 편지는 킹이 비타민 C 발견 우선권을 확보하기 위해 미국 학술지 〈사이언스〉에 논문을 제출하도록 자극했다. 1932년 4월 1일자로 발표된 킹의 논문은 헥수론산과 비타민 C가 동일하다고 밝혔다. 사실상 킹이 논문을 최초로 발표했다. 그러나 〈사이언스〉에 게재된 그의 논문에는 실험에 관한 세부 사항이 실리지 않았다.[10] 킹은 한 달 뒤인 1932년 5월 9일, 실험에 관한 세부

사항을 포함한 완전한 원고를 〈생물화학 저널〉에 제출했다.[11]

센트죄르지는 킹의 편지를 보자마자 유럽의 〈사이언스〉에 해당하는 학술지 〈네이처〉에 논문을 서둘러 제출했다.[12] 이 논문은 1932년 4월 16일에 발표되었으며, 킹과 마찬가지로 헥수론산이 비타민 C라는 결론을 내렸을 뿐만 아니라 그러한 주장을 뒷받침하기 위해 슈비르베이의 기니피그 생물검정 결과를 포함했다. 즉 센트죄르지와 슈비르베이는 킹의 논문이 발표되고 한 달도 채 지나지 않아 헥수론산이 항괴혈병 인자라는 증거를 처음으로 분명히 발표했다. 적어도 유럽 과학계는 킹이 〈사이언스〉에 논문을 제출한 무렵에는 결론이 모호해 연구를 마무리하지 못했다고 추정하고, 센트죄르지를 최초 발견자로 인정했다.

킹은 위의 연대기에 이의를 제기했다. 그는 〈사이언스〉에 편지를 보내기 전에 사실상 실험을 마쳤다고 말했다. 킹이 빼앗겼다고 느끼는 심정은 이해가 간다. 그는 수년간 비타민 C를 정제하며 끈질기고 신중하게 연구했다. 그가 결승선에 2위로 들어왔다면, 고작 2주 늦었을 뿐이다. 킹에게 지도받던 슈비르베이는 갑자기 헝가리로 달아나 주요 경쟁자의 연구실에 합류했다. 센트죄르지는 비타민에 관심이 없다고 공언했을 뿐만 아니라 그 분야 전체를 폄하하며 킹의 상처에 소금을 뿌렸다.

킹이 피츠버그에서 연구에 전념하는 동안, 센트죄르지는 실력이 뛰어난 만큼 행운도 따른 덕택에 정답에 도달했다. 흔한 이야기다. 과학자는 운도 좋아야 하지만, 널리 인정받으려면 운을 이용할 판단력과 사고력, 추진력이 있어야 한다. 센트죄르지는 이를 전부 가진 인물이었다.

이후 인터뷰에서 슈비르베이는 헝가리로 건너간 동기나 사건이 일어난 정확한 순서를 언급하지 않았다. 몇몇 사람의 추측에 따르면, 슈비르베이는 헥수론산이 비타민 C라고 추정했으나 킹의 연구실에서 순수한 헥수론산를 얻을 수 없어 좌절했다. 그리하여 킹의 연구실을 떠나, 순수한 헥수론산을 보유한 센트죄르지에게 합류했다. 킹은 아마도 자신이 지도하던 학생에게 뒤통수를 맞았다고 생각했을 것이다.

이 논쟁은 사건과 관련된 모든 사람에게 지울 수 없는 상처를 남겼다. 센트죄르지는 미국 대중매체에서 성과 강탈자라고 언급된 이후 미국 대중을 상대로 편안하게 이야기하지 못했다. 킹은 악감정을 품을 채 여생을 살았고 슈비르베이는 남의 성과를 가로챘다고 의심받는 센트죄르지를 위해 해명하지 않았다.

파프리카에서 얻은 결정

센트죄르지와 킹은 헥수론산이 항괴혈병 물질인 비타민 C라는 것을 입증했지만, 비타민 C의 화학적 구조는 여전히 알지 못했다. 센트죄르지가 보유하고 있었던 소량의 헥수론산 샘플은 슈비르베이의 실험에 쓰이며 소진되었다. 센트죄르지는 헝가리로 이주한 뒤 부신을 다량 얻을 수 없었지만, 운 좋게도 센트죄르지가 거주한 세게드는 헝가리 파프리카 산업의 중심지였다(센트죄르지는 늘 운이 넘쳤다). 훗날 센트죄르지가 전한 이야기에 따르면(아마도 출처는 불분명할 것이다), 어느 날 저녁 그의 아내는 유난히 따분한 손님을 맞이하면서 신선한 파프리카를 대접했다.[13] 센트죄르지는 식탁 앞에 앉아 대화하거나 파프리카를 먹을 기분이 아니었다. 그는 파프리카를 들고 뒷문으로 빠져나와 연구실에서 헥수론산을 검출했다. 센트죄르지는 이러한 행동을 두고 "남편의 비겁함"이라 이름 붙였다.

이 이야기가 사실이든 아니든, 파프리카는 비타민 C를 풍부하게 함유한다고 증명되었다. 중요한 것은 다진 파프리카가 함유한 비타민 C가 감귤류즙이 함유한 비타민 C보다 훨씬 안정적이라는 점이다. 센트죄르지는 연구실을 파프리카 가공 작업에 활용하여, 공동 연구자인 화학자 월터 하스가 버밍엄에서 비타민 C의 분자 구조를 규명할 수 있도록 헥수론산을 결정화했다.[14] 동료의 제안에 따라 센트죄르지와 하스는 물질의 명칭을 헥수론산에서 항괴혈병 인자를 뜻하는 아스코르브산으로 변경했다.[15]

센트죄르지는 비타민 C를 발견한 공로로 1937년 노벨 생리의학상을, 하스는 같은 해에 노벨 화학상을 받았다.[16] 이를 계기로, 헥수론산이 비타민 C라고 처음 입증한 인물이 누구인지를 두고 논쟁이 재점화되었다. 특히 피츠버그 지역 언론은 학계가 잘못된 판단을 내렸다며 맹비난했다. 〈피츠버그 포스트가제트〉는 헥수론산이 비타민 C라고 최초로 증명한 사람이 센트죄르지가 아닌 킹이라는 증거를 갖고 있다고 주장하면서 슈비르베이를 범죄자로 만들었다. 〈피츠버그 포스트가제트〉 기사에 따르면, "킹 박사가 지도한 슈비르베이 박사는 킹의 연구실에서 얻은 지식을 바다 건너 센트죄르지 연구실로 가져갔고, 그 덕분에 센트죄르지는 비타민 C를 발견하여 1937년 노벨 생리의학상을 받게 되었다." 슈비르베이는 센트죄르지에게 기밀을 누설하지 않았다고 부인했다.

킹은 겉으로 관대한 태도를 보였다. 그는 센트죄르지가 비타민 C를 발견했을 뿐 아니라, 신진대사 연구에 경력을 바쳤다는 점에서 노벨상을 받을 자격이 있다고 언급했다. 그러나 이와 동시에 킹은 피츠버그에 설립된 멜런연구소 소속 영양학자가 〈사이언스〉에 투고한 논문을 인용했는데, 이 논문은 아스코르브산 발견의 우선권이 킹에게 있는 연대기를 제시했다.[17]

센트죄르지는 자신이 발견한 사항과 파프리카로 아스코르브산을 생산하는 방법에 특허를 출원하지 않았고, 이후 파프리카는 비타민을 대량 생산하는 공정에 원재료로 쓰이게 되었다. 그는 다른 과학자들, 그리고 겨울이면 비타민 결핍으로 고생하는 북위도 지역 아이들에게 아스코르브산을 공급했다. 그런데 센트죄르지는 아침 식사용 토스트에 발라먹는 스프레드를 비타민 C가 풍부한 파프리카로 생산하고 특허를 획득했다. 처음에는 스프레드에 '비타프릭Vita-prik'이라고 이름 붙였으나, 영어권 국가에서 이 스프레드가 잘 팔리지 않는 이유를 친구들에게 듣고 이름을 '프리타민

Pritamin'으로 바꾸었다(prik과 발음이 흡사한 영어 단어 freak은 괴물, 마약 중독자 등 부정적인 의미를 지닌다 – 옮긴이).

센트죄르지는 비타민의 이점을 널리 알리기 시작했다. 영양학 연구를 비하하던 그는 여러 건강 문제의 해결책으로 비타민 C를 내세우며 방향을 틀었다. 과학계에서 새롭게 명성을 얻은 덕분에 센트죄르지는 유럽 전역에서 연설하는 자리를 가졌고, 그도 인정했듯이 연설을 "비타민 C를 설파하는" 기회로 삼았다. 그리고 미래에 일어날 사건을 암시하듯, 동물실험 및 임상시험 데이터를 전혀 확보하지 않은 채 아기가 감기에 걸리거나 전염되지 않도록 예방하는 대책으로서 아스코르브산을 검증하는 임상시험을 지지했다.

센트죄르지는 비타민 C 연구를 성공적으로 마친 뒤 후속 연구를 진행하며, 다양한 음식에서 발견되는 항산화 물질, 즉 바이오플라보노이드bioflavonoids에 주목했다. 그는 바이오플라보노이드에 '비타민 P'라는 별칭을 붙이고, 감기를 치료하는 등 다양한 효능이 있다고 주장했다. 이러한 주장은 제대로 받아들여지지 않았고 센트죄르지는 결국 다른 분야로 관심을 돌렸다. 그리고 세포 대사와 근육 수축 메커니즘을 연구하여 성과를 거두었다. 이처럼 센트죄르지는 과학자로서 성공했으나 사생활에는 굴곡이 많았다. 그는 직장만큼 아내도 여러 번 바뀌었다.

찰스 글렌 킹은 컬럼비아대학교로 자리를 옮겨 생화학 분야에서 뛰어난 업적을 쌓았다. 조지프 슈비르베이는 피츠버그로 돌아와 미국 정부 연구소에서 독성학을 수년간 연구했다. 그는 언론에 보도된 내용을 포함해 비타민 C 연구와 관련된 기록을 상세하게 남겼지만, 피츠버그에서 세게드로 자리를 옮긴 동기는 설명하지 않았다.

✳

이 이야기는 과학 연구에 운이 미치는 영향을 보여주는 좋은 사례이다. 제1차 세계대전 이후 센트죄르지가 유럽 전역에서 연구소를 전전하지 않았다면, 슈비르베이가 세게드에 자리한 센트죄르지의 연구실에 합류하지 않았다면, 센트죄르지가 저녁에 따분한 손님을 피해 파프리카를 들고 연구실로 가지 않았다면, 그 파프리카가 비타민 C의 보고가 아니었다면, 센트죄르지는 경쟁에서 우승은커녕 완주조차 하지 못했을 것이다. 스포츠에서처럼 과학에서도 승리는 때때로 기술보다 운의 문제이다. 그러나 센트죄르지의 일화가 보여주듯 행운을 잡으려면 뛰어난 사고력이 뒷받침되어야 한다.

비타민 C의 화학적 특성이 규명되고 아스코르브산이 대량 생산되자, 과학자들은 당대 급속히 발전한 생화학 지식과 실험 설비를 연구에 적용해 비타민 C가 생리작용과 신진대사에서 어떤 역할을 하는지 이해하게 되었다. 이는 정상 과학으로, 과학적 시도에 내재한 영향력을 보여준다. 자연을 이해하는 수준이 획기적으로 진보해야만 패러다임 전환이 일어나는 것은 아니다. 이 시기에는 비타민 C 연구로 노벨상을 받은 과학자는 없었지만 대단한 발전이 이루어졌다.

7

과학으로 향하는 괴혈병

실험이 필요할 때 기회를 잡아야 하는 쪽은 늘 환자이다.
그리고 의사는 실험 없이 아무것도 알아낼 수 없다.
— 조지 버나드 쇼, 《의사의 딜레마》, 1906년

연구자들은 고의로 실험 참여자에게 괴혈병을 일으켰다. 이러한 실험의 목적은 통제된 조건에서 괴혈병을 연구하고, 참여자에게서 혈액과 소변을 채취하여 테스트하는 것이었다. 또 괴혈병을 예방하는 데 필요한 비타민 C의 하루 최소 섭취량을 결정한다는 목적도 있었다.

자신의 몸으로 실험하다

연구자들은 두 가지 목적을 달성하기 위해 자기 몸을 대상으로 실험했다. 이러한 실험은 윌리엄 스타크가 처음 시작했으며 그 결과는 불운했다.[1] 스타크 박사는 1740년 영국 버밍엄에서 태어나 글래스고와 에든버러에서 공부했다. 그리고 유명 외과의사이자 병리학자인 존 헌터와 연구하기 위해 런던으로 갔다. 스타크는 헌터의 친구이자 당시 영국에 거주하고 있던 벤저민 프랭클린을 만났다. 프랭클린은 수많은 문제에 관심이 있었고, 그중에 영양학도 있었다. 그는 수 주 동안 빵과 물만 먹은 적이 있으며 그 기간 내내 기분이 좋았다고 스타크에게 말했다. 그러면서 다른 음식을 꼭 섭취해야 하는지 궁금해했다.

이 대화를 계기로, 스타크는 자기 몸으로 실험하여 의문을 풀어야겠다고 마음먹었다. 9개월이 넘는 기간 동안 그는 다양한 제한 식단을 섭취했고 건강과 기분의 변화를 일기에 기록했다. 스타크는 1769년 6월 프랭클린이 언급한 빵과 물만 먹는 식단으로 시작했다. 10주간 식단을 지속해 8월 중순이 되자 잇몸이 부으며 괴혈병의 징후가 나타나기 시작했다. 그러나 일기에서 괴혈병에 걸렸다고 인정한 적은 없었다.

스타크는 벤저민 프랭클린의 친구인 유명 의사 존 프링글 경과 자주 만났다. 프링글은 괴혈병에 관한 글을 썼고 기회가 주어질 때면 괴혈병을 주제로 거침없이 이야기했으나, 직접 괴혈병을 경험했을 가능성은 적다. 프링글은 1772년부터 1778년까지 왕립학회 회장을 지냈으며 재임 기간에 회의 도중 잠드는 습관으로 주로 기억되었다.[2]

괴혈병의 첫 징후가 나타난 뒤 스타크는 버터, 치즈 같은 고지방 식품과 육류를 첨가하거나 빼는 등 식단을 다양화했으나 과일과 채소를 포함한 적은 없었다. 괴혈병 증상은 1770년 2월 23일 그가 29세의 나이로 사망할 때까지 지속되었다. 스타크는 영양실조였고 장염을 앓았을 수도 있기에 괴혈병으로 사망하지 않았을 가능성은 있지만, 분명 괴혈병에 걸린 상태로 목숨을 잃었다. 프링글 박사는 그에게 아무런 도움이 되지 않았던 것 같다. 윌리엄 스타크는 용기와 끈기가 있으며 과학에 헌신적인 인물로 존경받았지만 분별력 있는 인물로 인정받지는 못했다.

크랜던의 또 다른 실험

비타민 C를 비롯한 다양한 비타민이 확인된 뒤인 1930년대 후반, 괴혈병은 스타크 박사가 견뎌낸 자가 실험보다 더욱 통제된 조건에서 연구되었다. 영양학적으로 완벽한 식단에 비타민 C만 결핍시키고 나머지 비타민은 보충하면, 스타크의 사례를 비롯해 역사에서 종종 혼동을 일으켰던 다른 영양소 결핍은 배제하고 순수 비타민 C 결핍을 연구할 수 있다.

1939년 보스턴시립병원의 외과 레지던트 존 H. 크랜던은 스타크 사례를 알고도 단념하지 않았다. 크랜던은 기존의 자가 실험법을 따르며 우유와 과일, 채소가 부족한 식단을 선택했다. 그리고 비타민 C를 제외한 모든 알려진 비타민이 보충된 치즈와 크래커를 섭취했다.[3] 처음에 실험 참여자로 젊은이 세 명을 모집했지만, 본인이 겪고 싶지 않은 고통을 그 젊은이들에게 강요할 수 없다고 생각해 크랜던도 실험에 합류했다. 그러나 젊은이 세 명은 병원 근처 식당에서 몰래 식사하는 모습이 목격되어 실험을 중단했고, 크랜던이 유일한 실험 참여자가 되었다.

아스코르브산을 화학적으로 분석하는 방법이 개발된 덕분에 크랜던은 혈중 비타민 수치를 주기적으로 측정했다. 그의 혈장 내 아스코르브산 수치는 41일 후에 0으로 떨어지고, 백혈구 내 아스코르브산 수치는 82일 후에 0으로 떨어졌다. 백혈구 내 비타민 수치는 혈장 내 비타민 수치보다 신체 조직에 저장된 비타민의 양을 정확하게 나타낸다.

식단 제한을 시작한 지 4개월이 지난 시점에, 이와 동시에 백혈구 내 아스코르브산 수치가 0이 되고 한 달이 지난 시점에, 크랜던은 몸이 쇠약해지며 쉽게 피로를 느끼기 시작했다. 매일 반복되는 업무도 버틸 수 없었다. 외과 레지던트로서 임무를 수행하려 애썼지만, 오후가 되면 꾸벅꾸벅 졸았으며 너무 피곤할 때면 동료에게 자신의 환자를 대신 돌보아달라고 부탁했다. 동료 레지던트들에게 게으름뱅이라는 평판을 들었다.[4]

식단 제한을 시작한 지 134일이 된 시점에, 이와 동시에 백혈구 내 아스코르브산 수치가 0이 되고 거의 두 달이 지난 시점에, 크랜던은 괴혈병의 첫 신체 징후를 발견했다. 다리의 모낭 주변에 검은 반점이 생기고 머리카락이 갈라지거나 살을 파고들었다. 161일 후에는 그의 피부에 약간의 출혈, 정확하게 점상출혈이 발생했는데, 잠시 크랜던이 일어선 사이에 다리 아래쪽에서 처음 발생한 점상출혈이 점차 다리 위쪽으로 올라갔다. 식단을 제한하고 6개월이 지나자 점상출혈은 허벅지에 도달했다.

크랜던은 외과의사로서 상처 치료에 관심이 있었다. 오랜 세월 수많은 사람이 남긴 괴혈병에 관한 설명에서 공통적으로 발견되는 특징은 새로 생긴 상처가 치유되지 않고 오래된 상처가 벌어진다는 점이었다. 크랜던은 비타민 C 결핍 식단을 시작한 지 3개월 뒤 등에 상처가 생기고, 6개월 후에 다시 상처가 생겼다. 3개월 뒤에 생긴 상처는 혈중 아스코르브산 수치가 0이었는데도 정상적으로 치유되었다.

두 번째 상처는 상처가 생기고 열흘 뒤에 조직 검사를 실시했다. 피부는 정상적으로 치유되고 있었으나, 조직 깊숙한 지점이 치유되지 않았다. 어린 시절 받았던 맹장 수술 흉터도 벌어지기 시작했다. 크랜던은 조직 검사 직후 아스코르브산 1000밀리그램을 매일 복용하기 시작했다. 그로부터 10일 후에 조직 검사를 하자 상처는 정상적으로 아물고 있었다.

선원들의 경험과 다르게 크랜던의 잇몸은 실험이 끝날 때쯤 약간 무르긴 했지만 붓거나 피가 나지 않았다. 크랜던 박사는 아마도 17~18세기 선원보다 치아를 위생적으로 관리했을 것이다. 당시 선원들이 주기적으로 치실을 사용하지 않았다는 사실은 그리 놀랍지 않다. 크랜던은 몸무게가 12킬로그램 빠지긴 했지만 빈혈은 생기지 않았다. 면역 기능 저하의 징후나 증상도 나타나지 않았으며 실험실에서 하는 통상적인 테스트 결과에도 문제는 없었다. 아스코르브산을 처음 복용하고 24시간 만에 주관적으로 느끼는 피로가 완화되었고 피부 병변은 3주에 걸쳐 회복되었다.

양심적 병역 거부자의 실험

다른 후속 실험에서는 실험 참여자들을 면밀히 관찰했다. 제2차 세계대전 기간, 양심적 병역 거부자 35명이 영국 셰필드에 있는 소비연구소에서 4년간 거주했다. 이들이 수행한 다양한 임무 중에는 의학 실험에 참여하는 일도 있었다.[5] 전쟁 기간에 영국은 식량 부족을 겪었고, 영국 정부는 민간인과 군대에 식량을 공급하며 기준으로 삼을 영양소의 최소 필요 섭취량을 정의하려 했다. 소비연구소 거주자 가운데 20명이 괴혈병 예방에 필요한 비타민 C의 최소량을 결정하는 실험에 참여했다.

실험 참여자 20명은 실험 기간 내내 하루에 비타민 C가 1밀리그램 미만 함유된 식단을 섭취했다. 모든 참여자가 체내 비타민 저장량이 같은 상태로 실험을 시작하기 위해 실험 초기 6주 동안은 하루에 비타민 C를 70밀리그램씩 복용했다. 6주 뒤 이들은 세 그룹으로 나뉘었다. 참여자 세 명은 매일 비타민 C 영양제를 70밀리그램씩 추가로 섭취했고, 일곱 명은 매일 비타민 C 영양제를 10밀리그램씩 추가로 섭취했으며, 열 명은 비타민 C 영양제를 추가로 섭취하지 않았다. 상처 치유를 연구하기 위해 허벅지에 3센티미터씩 상처를 내고 다양한 시점에 조직 검사를 받았다.

비타민 C 영양제를 먹지 않은 참여자는 모두 4개월에서 6개월 뒤 괴혈병에 걸렸다. 괴혈병의 징후로는 피부 점상출혈, 잇몸 출혈, 무릎 부종 등이 있었다. 참여자들은 등과 관절, 팔다리가 아프다고 호소했다. 상처는 저절로 벌어져 피가 났다. 비타민 C 영양제를 받은 다른 두 그룹에서는 아무도 괴혈병에 걸리지 않았다. 하루에 비타민 C를 10밀리그램씩 섭취하면 괴혈병을 예방하기에 충분했다.

괴혈병에 걸린 두 참여자는 놀랍게도 가슴 통증과 호흡 곤란을 동반한 심전도 변화를 겪었다. 연구자들은 그러한 증상의 원인이 심장 근육 또는 심장과 심막(심장을 둘러싼 막) 사이에 발생한 출혈 때문이라고 생각했다. 두 참여자는 다량의 비타민 C를 섭취하고 건강을 회복했다. 이처럼 예상치 못한 치명적인 합병증을 일으켜 참여자의 목숨을 위태롭게 할 의도는 없었기에 연구자들은 깜짝 놀랐다. 어떤 참여자가 가슴 통증을 느끼자, 그 통증의 원인은 감염이었는데도 연구자가 해당 참여자에게 곧장 비타민 C를 지급했다. 연구자들은 더 많은 위험을 무릅쓰지 않게 되었다.

비타민 C를 하루에 10밀리그램, 70밀리그램씩 섭취한 두 그룹은 건강상 아무런 차이가 없었다. 괴혈병이 발병한 그룹의 일부 참여자는 하루에 비타민 C 10밀리그램씩 섭취하고, 비록 회복 속도가 느리긴 했지만 건강을 완전히 되찾았다. 연구자들은 매일 비타민 C를 10밀리그램씩 섭취하면 괴혈병이 예방되며 더 많은 양을 복용해도 뚜렷한 이점은 없다고 결론지었다. 그러나 오차 범위를 고려해, 의학연구위원회는 비타민 C의 하루 최소 필요 섭취량을 30밀리그램으로 권고했다(나중에 하루 최소 필요 섭취량은 40밀리그램으로 늘어났다).

환자와 죄수들의 실험

다른 실험에서도 유사한 현상이 발견되었으며, 어느 상세한 연구를 통해서는 아스코르브산의 대사 작용이 밝혀졌다. 1944년 미해군 내과의사 마이클 피조앤과 유진 로즈너는 각기 다른 이유로 병원에 입원했다가 자발적으로 비타민 C 연구에 참여한 남녀 여섯 명을 연구했다.[6]

참여자 여섯 명은 처음에 비타민 C를 다량 복용해 체내에 저장하고, 이후 비타민 C 부족 식단을 섭취했다. 비타민 C 수치는 혈장에서 2~4개월 뒤에, 백혈구에서 4~6개월 뒤에 검출되지 않는 수준으로 떨어졌다. 괴혈병은 5~6개월 후 발생했으며 잇몸에 문제가 생긴 환자는 한 명뿐이었다. 연구자들은 이 연구에서 도출된 간접 증거에 근거하여, 하루에 비타민 C를 20밀리그램 섭취하면 괴혈병이 예방되고 80~100밀리그램 섭취하면 체내 저장고가 완전히 채워진다고 추정했다.

아이오와 주립 교도소에서는 수감자를 대상으로 1966년부터 두 차례 추가 실험이 진행되었고, 수감자들은 감방 대신 병원의 신진대사 연구 병동에 갇히겠다며 자원했다.[7] 수감자 12명이 실험 대상에 이름을 올렸으며 그중 두 명은 더는 감금되고 싶지 않다고 하다가 기회를 틈타 탈출했다.

아이오와 교도소 실험 참여자 가운데 다섯 명은 행동 및 심리 검사를 받았다. 가장 주목할 만한 발견은 정신 기능과 운동 기능을 평가하는 여러 검사에서 장애가 없었다는 점이다. 체력 검사에서는 관절 통증을 겪는 참여자에게서만 다리 쪽에 문제가 발견되었다. 괴혈병이 발병하자, 참여자의 조심성과 주의력이 떨어졌다. 미네소타 다면적 인성 검사 결과에서는 '우울증, 내향성, 건강염려증, 히스테리' 징후가 드러났다. 이러한 문제들은 비타민 C 보충으로 전부 해결되었다.

괴혈병의 징후와 증상은 인간을 대상으로 진행한 모든 실험에서 비교적 일치했지만, 비타민 C 결핍 식단을 먹기 시작해 괴혈병이 최초로 발생하기까지 걸리는 시간은 무척 다양했다. 아이오와 실험에서는 체내에 저장된 비타민 C가 소진되는 시간이 참여자마다 다양하게 드러났다. 그러한 다양한 결과의 원인은 실험 참여자가 연구를 시작하기 전에 섭취했던 다양한 식단에 있다. 아이오와 수감자와 스타크 박사를 비롯하여 체내 비타민 저장량이 최저 수준인 사람들은 비타민 C 결핍 식단을 먹기 시작하고 불과 2~3개월 만에 괴혈병이 발병했다. 이와 대조적으로 셰필드 실험과 피조앤과 로즈너 실험의 참여자는 비타민 C 결핍 식단을 시작하기 전에 비타민 C를 충분히 섭취했고, 4~6개월간 건강을 유지하다가 괴혈병에 걸렸다.

셰필드 실험은 건강한 성인이 하루에 비타민 C 10밀리그램을 섭취하면 괴혈병을 예방하고 치료할 수 있음을 보여주었다. 비타민 C 10밀리그램은 신선한 오렌지즙 몇 테이블스푼, 조리한 작은 감자, 또는 익히지 않은 시금치 소량에 함유된 양이다. 이것만으로 건강을 최적의 상태로 장기간 유지할 수 있는가 하는 질문은 끊임없이 논란을 일으키고 있다.

이러한 연구는 초기 임상 연구를 수행한 린드와 다른 관찰자들이 설명했던 사항을 입증한다. 혈중 비타민 C 농도가 감지되지 않는 수준으로 떨어지고 몇 주 또는 몇 달이 지나서야 괴혈병이 발병한다는 것을 밝혔으며, 이는 측정한 혈중 농도가 괴혈병의 신뢰할 수 있는 지표가 아니라는 사실을 알린다. 연구는 또한 상처의 더딘 치유가 괴혈병의 주요 증상이긴 하지만 몇 주간 피부 병변이 일어난 이후에 그 증상이 나타난다는 것을 입증했다.

일부러 유발하는 병

괴혈병 인체 실험은 임상시험 기준이 오늘날보다 훨씬 느슨했던 시기에 이루어졌다. 당시 진행된 연구의 윤리성, 방법론적 엄격성, 통계 분석, 결과 보고 방식을 오늘날의 잣대로 평가하면 이느 연구 사례도 기준을 충족하지 못할 것이다. 현재를 기준으로 이전 세대를 판단해서는 안 된다. 그럼에도 당대 연구에서 얻은 지식이 실험 참여자가 겪었을 위험과 불편함을 정당화할 수 있는가는 여전히 풀리지 않은 의문으로 남았다.

괴혈병 인체 실험에서 연구자들은 정상적이고 건강한 젊은이에게 고통스럽고 몸을 쇠약하게 하며 생명에 치명적일 수 있는 질병을 일부러 유발했다. 이는 의료 행위의 기본 원칙, 즉 무엇보다 신체에 해를 입히지 말라는 원칙을 위배한다. 의사 두 명은 자기 몸을 대상으로 실험했고, 셰필드 연구는 추진된 동기가 전쟁 중 비상사태를 극복하기 위해서였다. 이러한 상황은 윤리 기준을 완화한다. 또 다른 완화 요인은 20세기 연구자들이 괴혈병 치료법을 손에 넣었다는 점이다. 실험 참여자가 위험한 증상을 보일 때 다량의 아스코르브산을 투여하면 며칠 내로 증상이 개선되었다.

코로나19 팬데믹은 이러한 임상시험 윤리를 논쟁거리로 만들었다.[8] 세계적인 위기에 직면했다는 이유로, 건강한 실험 참여자들이 백신과 치료법 개발의 속도를 올려 수천 명의 생명을 구하기 위해 일부러 바이러스에 노출되어야 할까? 백신을 접종하지 않은

우리가 모르는 달콤한

센티멘털 비즈니스

3부

9

라이너스 폴링의 열정

> 과학자는 객관성을 확보해야 할 때,
> 자신의 목적을 달성하려고 온갖 미사여구와 정치적 자원을 동원하여
> 연구 과정을 왜곡하는 경향이 있다.
> — 마이클 스트리븐스, 《지식 기계》, 2020년

　적어도 지금 시대에서 그 이름을 기억할 만한 옛 인물 가운데 비타민 C와 가장 밀접하게 관련된 사람은 라이너스 폴링이다. 폴링은 감기 예방법으로 비타민 C 메가도스를 대중화했다. 그는 뛰어난 과학자이자, 제2차 세계대전 이후 평화운동에 참여한 유명 인사였다. 노벨 화학상과 노벨 평화상을 모두 받은 유일한 인물이기도 하다. 그런데 폴링의 이름은 그러한 업적보다, 비타민 C를 만병통치약으로 홍보하는 그의 열정 덕분에 널리 알려졌다. 그는 비

타민 C가 감기뿐 아니라 암과 심장병을 예방하여 수명을 연장하리라 주장했다.

이 뛰어난 과학자이자 정치 운동가는 화학 연구의 최전선에서 물러난 지 수십 년 뒤에 왜 분자구조 연구가 아닌 영양학에 집중했을까? 그가 과학적 근거도 거의 없는 비타민 C 메가도스를 지지하는 광신자가 된 이유는 무엇일까? 이러한 질문의 답을 구하려면, 폴링의 성격과 그가 비타민 C에 이르게 된 기나긴 지적 여정을 이해해야 한다.

만병통치약 광신의 유래

라이너스 폴링은 1901년 오리건주 포틀랜드에서 중산층 가정의 맏아들로 태어났다.[1] 약사였던 아버지가 폴링이 아홉 살 때 세상을 떠난 뒤, 그는 정신이 불안정한 어머니와 자유분방한 여동생과 함께 경제적으로 어려운 가정에서 유년 시절을 보냈다. 어릴 적부터 과학을 좋아했던 그는 처음에 광물학, 나중에는 화학에 관심을 가졌다. 일찌감치 집에서 독립하고 싶었던 폴링은 16세에 고등학교를 중퇴하고 코르발리스의 오리건농업대학(현 오리건주립대학교)에 입학해 화학공학을 공부했다. 화학은 광업의 중요성이 인식되면서, 미국 서부 주로부터 강력한 재정적 지원을 받아 급성장하는 분야였다.

폴링은 어릴 때부터 지적 잠재력이 우수했다. 체육을 제외한 전 과목에서 뛰어난 학생이었다. 또 어려서부터 지적으로 오만했다. 대학교 화학 강좌에서 한 교수는 탁월한 대가 두 명이 동의하면, 즉 본인과 폴링이 문제의 답에 동의하면 그 답은 틀림없이 옳다고 말했다. 그러자 폴링은 "다른 한 명이 누구지?"라고 물었다. 다른 강좌에서 폴링은 "나는 정신적 피로감을 덜기 위해 가능하면 한 음절 단어를 사용하려 했다"라고 과제물에 적었다.

폴링은 패서디나에 새로 설립된 캘리포니아공과대학교 대학원에 진학하고, 이후 40년을 이 학교에서 보냈다. 당시 캘리포니아공과대학교는 막 설립된 참이었지만 미국에서 가장 저명한 화학자인 아서 아모스 노예스를 화학과 학과장으로 임용했다. 노예스는 폴링의 장래성을 엿보고 젊은 교수인 로스코 디킨슨의 실험실로 보내 엑스선 회절과 관련된 최신 기술을 배우게 했다. 노예스는 엑스선 회절이 물리화학 분야를 발전시킬 가장 중요한 기술이라고 확신했다.

엑스선 회절은 분자의 3차원 구조를 결정한다. 엑스선을 화합물의 결정에 쏘면 엑스선은 결정을 통과하는 동안 원자에 부딪히고 튕겨 나가면서 굴절하거나 회절한 끝에, 사진건판에 점·직선·곡선으로 이루어진 복잡한 패턴을 생성한다. 원칙적으로 그러한 패턴을 정밀하게 측정하고 수학적으로 올바르게 계산하면 결정구조에서 각 원자가 어디에 위치하는지 추론할 수 있다. 이는 그저 원칙적 이야기일 뿐이다. 패턴이 복잡하면, 특히 컴퓨터가 등장하기 이전 시대는 측정과 계산에 오랜 시간이 걸리는 탓에 수학적으로 규명하기 힘들어졌다.

폴링은 엑스선 기술을 순식간에 익히고, 본인 성격답게 지도교수인 디킨슨 박사를 공동 저자에서 누락한 채 신입 대학원생으로서 첫 번째 논문 초안을 썼다. 노예스는 폴링이 누락한 저자명을 수정했는지 확인했고 이후 논문은 제1저자 디킨슨, 제2저자 폴링의 이름으로 발표되었다.

폴링은 1925년 캘리포니아공과대학교에서 엑스선 회절을 활용해 여러 화학물질의 결정구조를 밝힌 연구로 박사 학위를 받았다. 그는 실험실에서 연구하는 동안 수학과 및 물리학과 수업도 들었다. 특히 원자물리학 분야에 혁명을 일으키고 있었던 양자론에 집중했다.

노예스에게서 든든히 지원받으며 학문에 몰두하던 폴링은 구겐하임 펠로우십(구겐하임 기념 재단이 탁월한 학자에게 수여하는 연구 보조금-옮긴이)을 받고 뮌헨의 이론물리학연구소로 건너가, 저명한 양자물리학자 아르놀트 조머펠트의 실험실에서 1년간 연구하게 되었다. 당대 국제적인 물리학자들은 조머펠트의 실험실에서 시간을 보냈다. 폴링은 유럽에 머무는 기회를 활용해 주요 원자물리학자의 실험실을 둘러보고, 원자물리학의 거장들에게 자신을 소개했다. 폴링이 인생을 살아가며 타인의 정신 앞에서 겸손함을 느낀 시기는 이때가 유일할 것이다.

어리지만 원숙한 과학자

폴링은 이론화학 조교수로 임명되어 패서디나로 돌아왔다. 그리고 화학 결합을 이해하는 과정에 새로운 물리학 도구를 적용하기 시작했다. 폴링의 연구 성과는 일련의 출판물로 발표되었으며, 특히 1931년 〈미국 화학회지〉에 발표된 획기적인 논문 〈화학 결합의 본질〉에서 최고조에 달했다.[2] 폴링은 이 논문으로 인정받아 교수로 임용된 지 4년 만에 정교수로 승진했다. 30세에 그는 미국 전역에서 학문적 명성을 얻었다. 그로부터 2년 뒤에는 미국 국립과학한림원에서 최연소 회원으로 선출되었다. 폴링의 전기를 집필한 작가에 따르면 "폴링은 1931년 이후 자신을 의심한 적이 거의 없었다." 폴링은 또한 "내가 결국 자기중심적 인간이 된 것은 당연한 일이다"라고 말했다.

폴링은 앞으로 연구할 분야의 기반을 마련하면서 원자 크기, 알려진 결정구조, 화학 결합 특성과 관련된 지식을 적용해 결정 내 원자 배열을 구체화하는 일련의 규칙을 개발했다. 개발한 규칙을 토대로, 그는 엑스선 회절 패턴을 확인하고 그 결정의 구조를 어떻게 계산할지 역설계할 수 있었다. 폴링은 회절 패턴을 보고 결정구조를 일일이 계산하기보다, 정답으로 생각되는 결정구조를 곧바로 도출한 다음 데이터를 대조하며 그것이 맞는지 확인했다. 이처럼 결정구조 모델을 만든 다음 생성될 회절 패턴을 계산하는 방식은 그 반대 방식보다 훨씬 쉬웠다. 계산된 회절 패턴이 사진건판의 패턴과 일치하면, 그는 기나긴 시간 동안 측정과 계산을 지루하게 수행하지 않고도 정답을 찾았다.

이러한 문제 해결 방식, 즉 정답을 먼저 확인하고 데이터를 대조하는 방식은 폴링이 향후 20년간 진행한 연구의 특징이다. 폴링은 분자구조를 최초로 알아내려 할 때 우선 모델을 제작했다. 그는 본인의 방대한 지식을 활용해 도표를 작성하고 종이로 모델을 제작한 다음 그것을 정렬하거나 비틀면서 어느 모델이 올바른지 확인했다. 자신이 만든 규칙과 직관에 근거해 정답일 가능성이 가장 큰 모델 구조를 확보한 뒤에 폴링은 엑스선 회절 패턴으로 눈을 돌리고 그 모델이 데이터에 맞는지 확인했다. 그는 이러한 전략을 발판으로 회절 패턴에서 분자구조를 체계적으로 도출하려 시도한 경쟁자보다 앞서나가게 되었다.

폴링은 몇 가지 자질 덕분에 과학자로서 성공할 수 있었다. 그는 누구보다 총명하며 뛰어난 기억력을 타고났다. 주요 과학적 문제에 도전하는 데 두려움도 없었다. 직관과 화학 이론 지식을 활용해 정답으로 도약한다는 그의 전략은 큰 도움이 되었다. 이러한 전략을 발판으로 폴링은 단백질 구성요소인 아미노산을 비롯해 수많은 무기 분자와 유기 분자의 구조를 밝혔다. 이처럼 성공을 거둔 뒤 그는 자신의 과학적 직관에 자신감을 가졌다. 그의 자신감은 당혹스러운 실수로 이어진 후에도 흔들리지 않았다.

동료들의 심사를 받다

폴링은 작은 분자의 구조를 성공적으로 규명한 뒤 단백질 연구로 방향을 틀었다. 단백질은 하나 이상의 아미노산 사슬로 구성된다. 포유류 단백질을 구성하는 아미노산에는 20가지가 있다. 각 아미노산은 공통 핵심 구조를 지니고 이 구조가 서로 연결되어 사슬을 형성한다. 그런데 아미노산의 성질은 그 핵심 구조에 연결된 측쇄에 따라 달라진다. 단백질은 참charm 팔찌(팔찌를 구성하는 고리마다 장식이 달린 팔찌 – 옮긴이)와 같다. 아미노산은 서로 연결되어 20가지 측쇄가 매달린 단백질 가닥을 형성한다. 각 단백질은 독특한 아미노산 서열을 지니며, 단백질을 생성하는 유전자가 아미노산의 배열 순서를 결정한다.

1930년대에는 단백질, 특히 세포내액에 떠 있는 단백질이 뚜렷한 구조를 지니는지에 대하여 알려지지 않았다. 결정화된 단백질을 대상으로 엑스선 회절 실험을 처음 진행한 결과, 해석할 수 없는 이미지가 도출되었다. 연구자들이 더 나은 단백질 샘플을 준비하면서 질서 정연한 구조를 나타내는 엑스선 회절 패턴이 도출되기 시작했다. 폴링은 모델을 고안하여 접근하는 전략과 순수 단백질의 엑스선 회절 패턴에서 드러나는 보편적 특징을 활용해 화학 구조 후보를 얻었다. 그는 단백질 구조를 유지하는 힘이 수소결합, 즉 측쇄 사이에 형성된 약한 결합에서 나온다는 것을 알아냈다. 수소결합 한 개의 인력은 약하지만 100개가 넘는 아미노산이 사슬로 연결되어 수소결합의 인력이 합쳐지면, 그 힘은 세포내액에 용해된 단백질의 구조를 유지하기에 충분했다.

폴링은 미국 국립과학한림원 회원이었으므로, 학술지 〈국립과학한림원 회보PNAS〉에 발표할 특권이 있었다. 이 시기 다른 과학 학술지와 다르게 〈PNAS〉는 사실상 동료 심사를 받지 않았다. 〈PNAS〉 편집자들은 아마도 국립과학한림원 회원에게는 대등한 동료가 없으며 회원의 연구 성과가 그들보다 열등한 과학자를 거쳐 검증될 필요는 없다고 느꼈을 것이다.

폴링은 그 특권을 이용해 화학구조 후보를 아홉 편짜리 시리즈 논문에 발표했고, 그중 일곱 편은 1951년 발행된 〈PNAS〉 37호에 연속으로 실렸다.[3] 그가 제안한 구조 가운데 알파 나선과 베타 병풍은 단백질 골격 구조의 핵심 특징으로, 단백질이 근본적으로 어떻게 접히는지 가르쳐준다. 폴링은 두 가지 우아한 모델로 과학자와 대중에게 찬사를 받았다. 잡지 〈라이프〉에는 폴링을 칭찬하는 기사와 함께, 알파 나선 모델 곁에서 폴링이 밝은 표정을 짓는 사진이 두 페이지에 걸쳐 실렸다.

폴링이 제안한 구조 중 두 가지는 옳다고 증명되었지만 시리즈 논문에 실린 나머지 구조는 틀렸다. 폴링의 모델 구축 전략은 그를 잘못된 길로 이끌기도 했다. 폴링은 추측한 내용을 근거 자료 없이 발표한 다음 옳은 추측에 대해서는 공로를 인정받고 틀린 추측은 무시하고 넘어가는 관행을 발전시켰다. 이 시기에 그는 틀린 추측에 대하여 불이익을 받지 않았는데 알파 나선과 베타 병풍이 큰 관심을 끄는 동안 틀린 추측은 간과되었기 때문이다.

폴링은 단백질 구조에 관심을 쏟으면서 특히 겸상적혈구질환(또는 겸상적혈구빈혈)의 원인이 단백질 분자에 있다고 가설을 세웠고, 이는 나중에 참인 가설로 증명되었다. 겸상적혈구빈혈은 말라리아가 유행하는 아프리카 지역에서 흔히 발견되는 유전 질환이다. 이는 오늘날 헤모글로빈 유전자의 돌연변이에서 유래한다고 알려져 있다. 겸상적혈구 유전자를 한 개 물려받은 사람은 말라리아에 대한 방어력이 있지만 이 유전자를 두 개 물려받은 사람은 비정상적인 적혈구를 지닌다. 혈중 산소 농도가 낮으면, 보통 원반 모양인 적혈구는 수축하여 낫 형태(겸상)로 찌그러진다. 그 결과 적혈구는 단단하고 끈적해진다. 이들은 한데 뭉쳐 모세혈관을 막고 뼈와 관절을 공격해 통증을 유발하며 뇌졸중과 심장마비를 일으킨다.

1949년 폴링과 동료들은 겸상적혈구의 결함이 헤모글로빈 단백질 이상, 즉 잘못된 아미노산의 삽입에서 유래했음을 밝혔다. 폴링은 이와 관련된 논문에 〈겸상적혈구빈혈: 분자병〉이라는 제목을 붙이고, 〈사이언스〉에 발표했다.[4] 그는 또한 잘못된 아미노산이 무수한 유전병의 바탕을 이룬다는 근본적 사실을 발견했다.

최고가 되려는 조급함에서

이때까지 폴링에게 도움을 줬던 직관적 모델 구축 전략은 이후 그에게 극단적인 실패를 안겼다. 폴링의 잘못된 추측은 다른 동료 과학자들에게 잊히지 않았다.

1953년 폴링은 〈PNAS〉에 논문을 발표하며, 데옥시리보핵산 deoxyribonucleic acid: DNA은 사슬 세 가닥이 나선형을 그리며 서로 꼬인 구조라고 제안했다.[5] 당시에는 유전자가 생성하는 물질이 DNA라고 밝혀져 있었다. DNA의 구조와 DNA에 유전 정보가 암호화되는 메커니즘은 모든 생물학의 기본이다. 세계에서 가장 유명한 과학자가 생물학에서 가장 중요한 문제의 해답을 제시한 논문이 발표되자 커다란 관심이 집중되었다. 만약 그 해답이 맞았다면 노벨상이 하나 더 준비되었을 것이다.

하지만 폴링의 답은 맞지 않았다. 폴링에게는 실망스럽게도, 그로부터 몇 주 뒤 무명의 신진 과학자 제임스 왓슨James Watson과 프랜시스 크릭Francis Crick은 로절린드 프랭클린Rosalind Franklin이 촬영한 엑스선 회절 사진을 근거로 구체화한 이중나선 구조를 발표했고, 이를 통해 유전 물질의 우아한 모습이 밝혀졌다. 폴링은 자신이 틀렸다는 것과 왓슨과 크릭의 이중나선이 옳다는 사실을 이내 깨달았다. 폴링은 공개적으로 창피당했다.

폴링은 1등이 되기 위해 서두르는 과정에서 근본적인 실수를 저질렀다. 첫째, 그는 핵산 화학에서 반드시 고려해야 하는 사항인 핵산의 친수성을 무시했다. 폴링의 삼중나선 구조는 DNA에 물 분자가 들어갈 공간을 확보하지 않았다. 둘째, 폴링의 구조는 유전 정보가 DNA 가닥 내에서 암호화되는 메커니즘을 제시하지 못했다.

가장 중요한 점은, 폴링이 DNA의 주요 특징을 설명하는 데 실패했다는 것이다. 단백질과 마찬가지로 각 DNA 가닥은 사슬 구조이지만 아미노산 20가지가 아닌 핵산 네 가지로 이루어졌다. 핵산네 가지는 아데노신, 구아노신, 티미딘, 사이토신이다. 이 무렵 각 DNA 가닥에서 아데노신 개수는 항상 티미딘 개수와 같고, 구아노신 개수는 사이토신 개수와 같다는 것이 발견되었다. 삼중나선 구조는 이러한 놀라운 특징을 설명하지 못했다.

왓슨과 크릭의 이중나선은 DNA 분자가 지닌 특성에 전부 부합했다. 폴링이 아닌 두 사람이 스톡홀름에 초대되어 노벨상을 받을 것이었다.

폴링은 자신의 직관에 따르면 삼중나선이 올바른 구조였기에, 분자 모델과 생각을 왜곡하여 데이터에 억지로 짜 맞추었다. 이번에는 폴링의 접근 방식이 그를 잘못된 길로 이끌었다. 그의 백과사전적 화학 지식과 화학구조에 대한 직관이 실패를 불러왔다. 몇몇 사람은 이 위대한 학자가 영민함을 잃었다고 생각하기 시작했다.

스타 과학자의 새로운 화두

폴링은 삼중나선의 실패로 잘못을 깨닫고, 겸상적혈구 연구 이후 독자적인 과학 분야는 거의 연구하지 않았다. 그 대신 공중위생과 연관된 광범위한 문제로 관심을 돌렸다. 1950년대에는 대기 핵폭탄 실험에서 발생하는 방사능 낙진의 위험성을 전 세계에 알리는 일에 시간 대부분을 바쳤다. 당시 캘리포니아공과대학교 교수였던 폴링은 실험실 운영과 행정 업무를 등한시한 채 출장을 다니며 연설과 인터뷰를 하고, 카리스마와 강의 실력을 발휘하여 원자가 항상 인류의 친구인 것은 아니라고 대중을 설득했다. 폴링은 전도사로서 필요한 기술을 연마하며 그 경험을 즐겼다. 그는 여전히 스타였다. 1962년 폴링은 두 번째 노벨상을 받았으며, 생리의학상이 아닌 평화상이었다.

그러나 폴링은 기초과학에서 완전히 등을 돌리지는 않았다. 겸상적혈구질환에 관심이 있었고, 이를 계기로 치명적인 희소병인 페닐케톤뇨증을 다룬 글을 읽게 되었다. 돌연변이 유전자를 두 개 물려받은 아이들은 아미노산인 페닐알라닌을 대사하는 효소가 부족하다. 이 효소가 없으면 페닐케톤이라는 화합물이 혈액에 축적되고 소변에 고농도로 농축되어 배설되므로 페닐케톤뇨증PKU이라는 이름이 붙었다. 이 병에 걸리면 심각한 지적장애를 앓고 조기에 사망한다. 치료법은 페닐알라닌을 포함하는 단백질 섭취를 제한하여, 대사되지 않는 아미노산이 신체에 주는 부담을 낮추는 것이다.

제한 식단은 맛이 없지만 페닐케톤 수치를 조절하여 대사 이상이 불러오는 최악의 결과를 개선한다.

폴링은 1960년대 초에 PKU 관련 글을 읽고 다른 정신질환, 아마도 모든 정신질환이 PKU와 유사한 대사 경로 결함에서 유래한다고 추측하며 이들 질환이 식단 제한으로 치료될 수 있다고 추정했다. 폴링과 동료들은 그의 추측을 근거로 연구 보조금을 받아 정신질환자의 소변에 이상 물질이 있는지 검사했다. 3년간 연구했지만 유용한 성과는 얻지 못했다.

폴링은 단념하지 않았다. 그는 조현병이 비타민 B인 나이아신을 다량 복용하면 치료된다는 주장을 접했는데, 이는 캐나다 정신의학자 아브람 호퍼의 견해로 근거가 부족했다. 호퍼와 그의 동료 험프리 오즈먼드는 그들의 치료법을 '메가비타민 요법'이라고 불렀다. 폴링은 호퍼의 이론을 확장하며 '분자교정 정신의학'이라는 용어를 고안했다. 이 용어에는 '정신병은 대개 유전적 체질과 식단에 기인한 비정상적 반응 속도와, 필수 물질의 비정상적 분자 농도가 유발한다'는 의미가 담겼다.

폴링은 메가비타민 요법을 받으며 식단 관리를 병행하면 화학적 균형이 회복되어 정신질환이 낫는다고 추정했다. 1968년 그는 〈사이언스〉에 자신의 이론을 리뷰 논문으로 발표했다.[6] 이 논문에는 원본 데이터가 없고 오로지 추측뿐이었다. 논문은 정신질환을 이해하기 위한 새로운 패러다임과 식이요법으로 질환을 치료할 가능성을 제시했다. 당시에는 정신질환이 거의 밝혀지지 않았으므로 폴링의 추측은 합리적이었다. 이를 계기로 폴링은 영양학으로 관심을 돌리며 새로운 길에 들어섰다.

베스트셀러가 만든 신화

롱아일랜드 출신 생화학자 어윈 스톤은 1966년 뉴욕에서 폴링의 강연을 흥미롭게 들었다. 스톤은 당시 캘리포니아 헌팅턴비치에 설립된 비인가 통신교육 학교였으며 현재는 사라진 돈스바흐 대학에서 박사 학위를 취득한 뒤 자신을 '스톤 박사'라고 칭했다. 스톤은 주로 양조 산업계에서 일했지만, 오랜 기간 비타민 C에 관심이 있었다.

스톤이 생각하기에 괴혈병은 PKU와 마찬가지로 유전병이었다. 그러나 PKU와 다르게 괴혈병을 유발하는 돌연변이는 진화에서 오래전에 발생해 희귀하지 않으며 따라서 모든 유인원과 인간은 비타민 C를 합성할 수 없었다. 그러므로 결핍된 영양소는 반드시 식단에 보충해야 했다. 스톤이 계산한 결과, 설치류처럼 비타민 C를 스스로 합성할 수 있는 동물은 몸무게가 아주 가볍다는 점을 고려할 때 인간보다 비타민 C를 훨씬 더 많이 섭취하고 있었다. 스톤은 추론했다. 설치류가 적절한 양의 비티민 C를 합성하도록 진화했다면 인간이 섭취해야 하는 비타민 C 최적량은 괴혈병 예방에 필요한 최소량보다 훨씬 많다.

스톤은 폴링의 강연을 듣고 나서 매일 다량의 아스코르브산을 섭취하면 어떤 이점이 있는지 홍보하는 편지를 그에게 썼다. 하루에 아스코르브산 3그램씩 복용한 경험을 바탕으로 스톤은 비타민을 다량 섭취하면 감기에 걸리는 빈도와 감기를 앓는 기간이 줄어든다고 주장했다. 그러면서 폴링에게 자신의 방식을 따르면 앞으로 50년은 더 살 수 있다고 장담했다. 폴링은 처음에 의심했지만 식이요법으로 질병을 예방하고 치료한다는 스톤의 견해가 폴링의 생각과 일치했다. 그래서 폴링 또한 아스코르브산을 3그램씩 매일 복용하기 시작했다. 얼마 지나지 않아 그는 감기에 잘 걸리지 않으며 걸리더라도 증세가 심하지 않다고 확신하게 되었다. 이후 폴링은 정신질환을 설명하는 자신의 장대한 이론을 홍보하면서 2년간 메가비타민 요법을 지속했다.

1970년대까지 폴링은 분자교정 정신의학에 거의 관심이 없었다. 이 분야는 실험적 근거가 거의 없었고, 신경과학은 다른 방향으로 나아가고 있었다. 그런데 화학 결합의 양자적 본질에 관한 폴링의 공식은 더욱 간편한 모델로 대체되었다. 그가 제시한 DNA 구조는 틀렸다고 판명되었다. 폴링은 지난 20년 세월 대부분을 전 세계 여행과 강연으로 보내면서 자신의 실험실이 위축되도록 내버려 두었다. 그는 이제 화학의 최전선에 있지 않았지만 폴링의 자아는 중요한 과학자로 남고 싶어 했다. 그런 까닭에 폴링은 본인이 공중 보건에 막대한 영향을 미칠 수 있으리라 확신하며, 비타민 C 요법을 옹호하기로 했다.

폴링은 자신의 가설을 검증한 후 동료 심사를 거치는 학술지에 검증 결과를 발표하지 않고, 1970년 《비타민 C와 감기Vitamin C and the Common Cold》라는 책을 출판했다. 이 책은 베스트셀러가 되었다. 책에서 폴링은 비타민 C를 다량 섭취하면 감기의 발병 횟수가 줄고 중증도가 낮아진다고 주장했다.[7]

폴링이 인용한 1차 자료는 1961년 스위스 바젤에서 활동한 학교 의사 G. 리첼G. Ritzel이 발표한 연구 결과에서 나왔다.[8] 리첼은 5일간, 7일간 진행된 두 스키 캠프에서 15~17세 소년 279명을 연구했다. 소년들을 두 그룹으로 나누고, 한 그룹에는 매일 아스코르브산 1그램이 함유된 알약을, 다른 그룹에는 위약을 지급했다. 리첼 박사는 이 연구가 무작위 배정(임상시험에서 실험 참여자가 받게 될 치료법을 무작위로 배정하는 방법 – 옮긴이)으로 진행되었다고 명시하지는 않았으나, 소년들과 캠프 의사 모두 치료 과제를 알지 못하는 이중맹검법으로 진행되었다고 밝혔다. 알약은 각 캠프에 참가한 소년 100여 명에게 "감독하에" 투여되었다. 리첼 박사는 "실험 참여자가 알약을 교환할 기회는 없었다"라고 잘라 말했다. 그는 10대 소년의 예측 불가능함을 거의 고려하지 않았던 것 같다.

소년들은 매일 증상을 보고했다. 주요 발견은 비타민 C 투여 그룹에서 감기 증상을 보고한 소년의 수는 위약 투여 그룹과 비교하면 대략 절빈에 불과하다는 점이었다. 폴링은 비타민 C가 감기 예방에 효과가 있다는 증거로 그 결과를 받아들였다. 하지만 이 연구는 증상을 주관적으로 보고하고, 일부 소년이 알약의 맛을 보면서 맹검이 해제되는 등 몇몇 한계가 있었다. 그중에서도 가장 중대한 한계는 스키 캠프에서 바이러스성 질환에 걸리거나 차갑고 건조한 공기를 호흡하면 감기 증상이 발생할 수 있다는 것이었다. 열이 오른 소년은 비타민 C 그룹이 위약 그룹보다 단 한 명 적었으며(여덟 명 대 아홉 명), 이는 인후염과 콧물의 원인이 혼합되어 있음을 암시했다.

폴링은 책을 출판한 뒤 전도 기술을 활용했다. 잡지 〈마드무아젤〉, 타블로이드 신문 등 사실상 자신에게 귀를 기울이는 거의 모든 매체와 인터뷰했다. 라이너스 폴링이 대중매체에 본인의 아이디어를 알리자 아스코르브산의 판매량이 큰 폭으로 상승했고, 제약 회사는 그 수요를 맞추기 어려워졌다.

폴링이 저서를 출간하고(책 내용은 나중에 〈PNAS〉[9]에 발표됨) 대중매체에 등장한 덕분에 이후 5년간 위약 대조 임상시험이 다섯 차례 진행되었다. 이들 연구는 아스코르브산을 매일 섭취하거나 섭취하지 않는 건강한 사람들이 감기에 얼마나 자주 걸리는지, 그 질환의 지속 기간과 중증도는 어떠한지 검증했다.[10]

비타민 C 임상시험은 진행하기 어려웠다. 보통 사람들은 1년에 감기를 한두 번만 앓으므로 실험군 사이에 차이점이 잘 드러나지 않으리라 예상된 까닭에 이 연구에는 실험 참여자 수가 많아야 했다. 결과 측정, 즉 증상 보고는 주관적이다. 편향을 피하려면 임상시험은 이중맹검법으로 진행되어야 한다. 다시 말해, 실험을 진행하는 연구자와 실험 참여자는 자신이 어느 그룹에 속하는지 알

수 없어야 한다. 그러려면 아스코르브산과 위약은 외형과 맛이 같아야 한다. 각 그룹에 아스코르브산과 위약은 무작위로 배정되어야 하며 연구자는 감기 증상과 기간을 명확하게 밝혀야 한다.

실험 참여자로 총 3,000여 명이 등록했다. 실험 방법에는 차이가 있었지만 모두 위약 통제를 통한 이중맹검법으로 진행되었다. 실험 참여자들은 모두 건강한 자원봉사자였고, 이들이 보고한 주관적 증상이 실험 결과의 주요 척도로 활용되었다. 두 연구는 캐나다 토론토에 사는 일반인을 대상으로, 한 연구는 미국 국립보건원에서 근무하는 직원을 대상으로, 다른 두 연구는 기숙학교 학생을 대상으로 실험 참여자를 모집했다. 아스코르브산은 감기 증상 유무와 관계없이, 매일 1~3그램씩 지속적으로 참여자에게 지급되었다(기숙학교에서 진행된 한 연구에서는 매일 200그램 또는 500그램씩 지급함). 일부 실험에서는 감기 증상이 나타나면 고용량 아스코르브산을 추가 투여했다.

이러한 연구는 아스코르브산을 복용해도 감기를 예방하거나 중중도를 낮추는 데 거의 또는 전혀 효과가 없다는 사실을 일관적으로 밝혔다. 1975년 어느 연구 검토자는 연구에서 무작위로 추출되었던 데이터를 전부 합친 다음 대조한 결과, 아스코르브산 섭취로 얻는 최대 이익은 1년간 한 사람이 걸리는 감기를 10분의 1만큼 예방하고, 감기 지속 시간을 평균적으로 하루의 10분의 1만큼 줄이는 것이라고 추정했다.[11] 이러한 이익 산출 결과는 건강한 사람이 매일 다량의 비타민 C를 섭취해도 공중 보건에 일어나는 변화는 미미할 것임을 암시했다.

질병 치료, 즉 감기 증상이 발생한 경우 쓰이는 고용량 아스코르브산에 관해서도 연구가 수행되었다. 이 연구에서 나온 결과는 전부 부정적이었다. 연구 참여자에게 아스코르브산을 하루 3그램씩 투여하고 감기 바이러스를 인위적으로 접종하여 아스코르브산 사전 섭취의 효과가 어떤지 평가한 연구도 두 건 있었다. 두 연구에서 아스코르브산은 감기에 걸릴 확률을 전혀 낮추지 못했지만 증상의 중증도는 다소 낮추었다.

의료 당국은 이러한 연구 결과를 근거로 폴링의 주장에 회의적인 태도를 보였다. 데이터가 아닌 추측에 기반을 두고 주장한 폴링은 비타민 C에는 임상시험에서 실제 관찰된 결과보다 훨씬 큰 효과가 있으리라 예측했다. 권위 있는 의학 학술지, 이를테면 〈미국 의사협회 저널〉 〈미국 의학 저널〉 〈미국 공중보건 저널〉 〈의학 서한〉 등이 연구를 검토하여 기사를 발표했다.[12] 이들은 비타민 C가 감기를 예방하거나 증상을 개선하는 효과가 너무 미약하므로, 매일 다량의 비타민 C를 복용하는 불편함과 아직 밝혀지지 않은 장기 효과를 정당화할 수 없음을 발견했다. 따라서 폴링의 주장과 데이터 분석에 매우 비판적인 입장을 취했다.

폴링은 대중을 상대로 방사능 낙진을 알릴 때 많은 논란을 일으켰고, 그래서 한 번 더 논란의 중심에 서기를 두려워하지 않았다. 그는 비판적인 기사를 의료 기관이 꾸민 음모의 증거로 받아들였다. 그러면서 개업의와 제약 회사들이 이익 감소를 우려하여, 바이러스 감염을 치료하는 효과적인 방법을 개발하고 싶어 하지 않는다고 비난했다. 의사는 병원 방문 환자에 수입을 의존했고 제약 회사는 코막힘 완화제와 기침약을 비롯한 다양한 증상 치료제를 판매해 이익을 얻었다. 폴링은 모든 개업의가 탐욕을 채우기 위해 비타민 C 요법에 반대하는 것은 아니라고 인정했다. 몇몇 개업의는 너무 바빠서 스스로 비타민 C 효과를 발견하기 힘든 데다, 분과 전문의들의 권고를 받아들여 선입견에 매몰된 탓에 폴링이 이끄는 패러다임 전환을 받아들이기 어려웠다.

폴링은 단념하기는커녕 자신의 의견을 확대했다. 1976년에 출간한 저서를 개정하면서, 비타민 C가 일반적인 감기보다 훨씬 심각한 질병인 독감influenza을 예방할 수 있다는 주장을 덧붙였다. 개정판 제목은 《비타민 C와 감기, 그리고 독감Vitamin C, the Common Cold, and the Flu》이었다.[13] 폴링은 또한 비타민 C를 최적량 섭취하면 선진국 주요 사망 원인인 암과 심혈관 질병을 예방하여 평균 수명이 12~18년 더 늘어나리라 주장했다.

폴링은 대담하게도 다음과 같이 주장했다. "아스코르브산이 사실상 수많은 질병의 발병률과 사망률을 현저히 낮춘다는 근거가 있으므로, 본질적으로 아스코르브산은 모든 질병을 통제하는 효능이 있다는 결론에 도달하게 된다." 이러한 아스코르브산의 효과가 일반 대중 사이에서도 실현되면 공중 보건은 획기적으로 향상할 것이었으며, 폴링에게는 세 번째 노벨상을 받을 자격이 주어질 것이었다. 그러나 그는 과학적 근거가 아닌 추측과 사실무근의 분자교정의학에 기댔다.

폴링은 증거가 없다는 이유로, 자신의 비타민 C 이론과 암 이론을 권위 있는 의학 학술지에 발표하면서 어려움을 겪었다. 〈PNAS〉조차도 그의 논문을 거부하기 시작했다. 미국 국립보건원은 예비 자료 부족을 이유로 폴링이 신청한 연구 보조금을 지급하지 않았다. 폴링은 이 같은 외부 기관의 거절이 본인 주장에 반대하는 음모 세력을 입증한다고 여겼다.

다수의 관심을 받겠다는 욕망

무슨 이유로 이 탁월한 과학자는 과학적 근거를 무시하면서 효과가 거의 또는 전혀 없는 비타민 요법을 설파하고, 비타민 효능을 잔뜩 부풀려서 주장했을까? 가장 중요한 이유는 폴링의 자아였다. 그는 노벨상을 두 번 받고 다양한 특전, 이를테면 여행과 지원금, 그의 업적을 기리는 만찬, 감탄하는 청중, 대중매체 노출 등 모든 혜택을 누렸다. 폴링은 한낱 원로 정치인처럼 움직이고 싶지 않았다. 지속적으로 사건에 참여하여 관심의 중심에 서고 싶었다.

소속 기관과의 갈등도 원인이었다. 1961년, 폴링은 정치적 활동과 행정 업무 소홀을 이유로 41년간 몸담은 캘리포니아공과대학교를 떠났다. 1965년에 샌타바버라 민주주의제도연구센터로 갔다가 1965년 캘리포니아대학교 샌디에이고로 옮기고, 1969년에는 다시 스탠퍼드대학교로 이동했다. 이들 가운데 나이 들어 더는 생산적이지 않은 과학자에게 재정 지원과 그의 입맛에 맞는 실험 시설을 기꺼이 제공하려는 기관은 없었다.

폴링은 결국 1973년 스탠퍼드대학교를 떠나 팰로앨토에 자신의 연구소를 설립했다. 처음에는 이름을 분자교정의학연구소로 지었다가, 나중에 라이너스폴링 과학의학연구소로 바꾸었다. 폴링의 연구소는 정부에서 연구 보조금을 받을 수 없었다. 민간 재단이 지원하는 소액의 보조금과 대중이 직접 모금한 후원금에 의존해야 했는데, 이는 직원 몇 명을 고용할 수 있는 금액에 지나지 않았다. 폴링이 만약 생산적인 과학자로 재기한다면 안정된 자금을 확보하여 그가 꿈꾸던 연구 시설을 지을 수 있을 것이었다.

폴링이 열정적으로 활동하게 이끈 원동력은 그의 사고방식, 즉 반세기 동안 그에게 도움이 되었던 연구 전략에 내재해 있었다. 폴링은 먼저 자신의 이론을 발전시킨 다음 데이터와 대조했다. 데이터로 그가 틀렸음이 증명되지 않는 한, 폴링은 자신의 이론을 사실로 받아들였다. 삼중나선 사례에서는 증거가 폴링의 이론이 틀렸다고 곧바로 입증했다. 그러나 분자교정의학 사례에서는 폴링의 이론을 뒷받침할 소중한 증거도 거의 없었고, 폴링이 완전히 틀렸다고 입증하는 증거도 충분치 않았다. 따라서 폴링에게 분자교정의학은 진실이었다.

폴링은 자신의 주장을 뒷받침하지 않는 연구는 묵살했다. 임상시험은 절대적 확신을 갖고 특정 약이 쓸모없다는 것을 증명할 수 없으며, 폴링은 그에 대해 언제나 이의를 제기할 수 있었다. 연구에서 비타민 C 메가도스가 암 치료에 도움이 되지 않는다고 증명되자, 폴링은 실험 참여자들이 사전에 면역 체계를 약화하는 방사선 치료와 화학 요법을 받아 비타민 C의 면역 촉진 효과를 얻지 못했다며 반박했다.[14] 연구자들이 방사선 치료와 화학 요법을 받은 적 없는 실험 참여자를 대상으로 반복 실험했는데도 임상에서 유의미한 효과가 나타나지 않자, 폴링은 암이 진행될 때 아스코르브산 치료가 중단되었다면서 실험 결과에 이의를 제기했다.[15] 그는 아스코르브산 치료 중단이 '반등 효과'를 일으켜 종양의 급성장으로 이어졌다고 추정했다. 이를 검증하려면 연구자들은 임상시험의 윤리 원칙과 허용된 의료 관행을 위반하면서, 암이 진행되는 상황에 이미 입증된 효과적인 치료를 중단하고 아스코르브산 치료를 지속해야 했다.

이 결론 없는 논쟁은 영원히 계속될 수도 있었다. 임상시험은 모든 질문에 곧장 답할 수 없다. 실험 계획안을 일부 변경하면, 이를테면 아스코르브산 투여량을 조절하거나, 먹는 약 대신 정맥주사로 투여하거나, 환자 또는 기타 여러 상황에 맞게 다양한 기준을 선택하면 긍정적인 결과가 도출될 가능성이 항상 있었다. 그러나 종양학 의사에게는 이미 데이터가 충분했고 결론은 나왔다. 비타민 C가 암 치료에 조금이나마 도움이 된다고 해도, 폴링의 분자교정이론에 근거해 이미 입증된 효과적인 치료를 보류하는 것을 정당화하기에는 비타민 C 치료 효과가 충분하지 않았다.

폴링에게 분자교정의학은 철저하게 반증되기 전까지 진실이었고, 임상 연구는 논리적으로 완벽하게 반박하기가 불가능하므로, 폴링은 반박 증거가 축적되었는데도 분자교정의학을 진실로 여겼다. 폴링은 왓슨과 크릭의 모델을 보자마자 DNA를 삼중나선이라고 주장한 자신의 실수를 인정했다. 이 경우에는 경쟁 모델이 분명 우월했으나 분자교정의학에는 명백하고 우세한 경쟁 질병 이론이 없으므로, 부패 이론을 고수한 린드와 마찬가지로 폴링은 자신의 이론을 고수했다.

비타민 C 과학은 폴링과 함께 완벽한 원을 그리며 고대 그리스와 중세 시대 사고방식으로 되돌아갔다. 당시 체액 이론은 우세한 질병 이론이 부재한 상황에서 의학을 지배했다. 분자교정의학이 설명하는 화학적 불균형은 체액 불균형 개념과 크게 다르지 않았다. 분자 의학이 초기 단계에 머무르고, 뇌와 면역 체계의 작동 방식이 밝혀지기 시작한 참이었던 50년 전에 의학을 지배한 이론은 없었다.

＊

폴링은 여전히 자기 신념에 충실했다. 그의 아내는 위암 진단을 받고 수술은 받았지만, 방사선 치료와 화학 요법은 거부했다. 그 대신 고용량 아스코르브산을 섭취하며 식이요법을 실천했다. 폴링의 아내는 5년간 생존했다. 라이너스 폴링도 1991년 직장암과 전립선암을 진단받고 똑같이 행동했다. 그는 1994년 사망했다.

결과적으로 폴링은 비타민 C를 전도하여 엄청난 유산을 남겼다. 다만 그가 남기고 싶었던 유산은 아니었다.

10

비타민, 비즈니스, 정치

> 과학과 정치를 섞으면 정치가 된다.
> — 존 M. 배리, 〈뉴욕 타임스〉, 2020년

상품이 되어버린 비타민

라이너스 폴링은 그가 바라던 새로운 의학 분야를 발견하지 못했다. 분자교정의학은 중요한 모델이 되지 못했다. 그런데 산업이 발견되도록 도왔다. 그는 노벨상을 수상한 과학자로서 신뢰감과 명성이 높았고, 이는 비타민 산업에 큰 힘이 되었다. 비티민 C 판매량은 1970년《비타민 C와 감기》출간 이후 1년간 세 배 증가했다. 책 출간 후 5년이 지나지 않아, 미국인 약 5,000만 명이 비타민

C 영양제를 복용하고 있었다. 판매량이 폭발적으로 증가한 것은 비타민 C뿐만이 아니었다. 전체 비타민과 영양제 산업은 기하급수적 성장기에 접어들었으며 이는 오늘날까지 지속되고 있다.[1]

공장은 대개 중국에 있고 아스코르브산을 연간 15만 톤 생산하며, 금액으로 환산하면 약 1조 원이 넘는다. 이 가운데 3분의 1은 비타민 영양제로 판매되고, 나머지는 식품 가공과 보존, 물 정화에 쓰인다. 2016년부터 코로나19가 세계적으로 대유행한 2020년 사이에는 비타민 D가 가장 많이 팔렸으나, 이 시기를 제외하면 비타민 C는 비타민과 무기질 영양제 시장에서 가장 많이 팔리는 단일 제품이었다. 비타민 C의 효과에 의문을 제기하는 과학적 연구 결과가 점점 더 늘어나는데도, 비타민 C 제제는 약국 진열대에 계속해서 비축되고 이들의 판매량은 굳건히 유지되고 있다.

폴링이 비타민 복용을 유행시킨 것은 아니다. 1912년 캐시미어 풍크가 비타민이라는 용어를 고안한 이후 비타민은 대중의 관심을 받았다. 1930년대에 아스코르브산을 발견한 얼베르트 센트죄르지는 비타민 C를 홍보한 다음, 대중이 다른 과학적 관심사로 눈을 돌리기 전에 비타프릭 스프레드를 판매했다. 영양학과 생화학을 공부한 아델 데이비스는 1950~1960년대에 베스트셀러 작가이자 대중매체에 등장하는 유명 인사가 되었으며, 장수와 무한한 활력의 비결로 비타민과 '건강식품'을 내세웠다.

어떻게 정의하느냐에 따라 다르지만, 미국 비타민과 영양제 시장의 총 규모는 연간 200억~400억 달러이며, 매년 3~5퍼센트씩

꾸준히 성장하고 있다. 미국 성인의 절반 이상은 비타민이나 영양제를 적어도 한 개 섭취하고, 3분의 1 이상은 어떤 형태로든 비타민 C를 섭취한다.[2] 영양제를 복용할 확률이 가장 높은 인구 집단은 나이가 많고, 부유하고, 교육 수준이 높고, 백인이며, 여성이다. 65세 이상 인구 중에서 3분의 2가 넘는 사람들이 영양제를 복용하고, 이 연령대는 영양제 복용량이 증가하고 있다.[3]

미국에서 비타민 C 영양제를 복용하지 않는 사람이 식사로 섭취하는 비타민 C의 양은 하루 평균 약 100밀리그램이다. 이는 체내 비타민 C 저장량을 유지하기에 충분하며 괴혈병 예방에 필요한 양보다 적어도 10배 더 많다. 하지만 비타민 판매자들은 소비자 수백만 명에게 비타민 C를 추가 섭취하지 않으면 결핍이 발생한다고 주장한다.

영양제 산업의 딜레마

비타민과 영양제 산업은 다양한 이유로 급속하게 성장했다. 그 이유를 꼽자면 경제적 풍요로움, 건강과 삶의 질에 대한 불안감 팽배, 생활체육의 발전 등이 있다. 동시에 기존 의학은 과학기술이 주도하고 인간성을 상실하며 불신을 낳았다. 1906년 조지 버나드 쇼는《의사의 딜레마》에서 그러한 정서를 포착하고 다음과 같이 썼다. "모든 전문직 종사자들은 일반인을 상대로 음모를 꾸민다."

기존 의학은 유방조영술이나 대장내시경처럼 불편한 방식으로 환자를 검진하지만, 영양제 산업은 환자 몸을 쑤시거나, 찌르거나, 검사하지 않고 즉시 건강하게 해주리라 약속한다. 제약사에게 막대한 이익을 안겨주는 값비싼 처방약도 대중이 의료계에 반감을 품도록 부채질했다.

영양제 산업은 그러한 불신을 이용하여 특히 인쇄 광고와 텔레비전과 인터넷으로 제품을 효과적으로 홍보했다. 유명 인사들은 명성과 아름다운 외모를 이용하면 비타민과 영양제를 판매해 이익을 얻을 수 있다는 것을 배웠다. 영화배우들은 그들이 홍보하는 영양제를 복용하면 완벽한 몸과 넘치는 활력을 얻고 섹스를 즐기며 장수할 수 있다고 약속했다.

〈들어가며〉에서 언급한 내 친구이자 마라톤 선수인 빌은 수많은 소비자를 대표한다. 그는 비타민 C 영양제가 도움이 되는지, 몸에 비타민이 잔류하더라도 건강에 괜찮은지 알지 못한 채 복용했다. 영양제는 그리 비싸지 않고 빌은 그 영양제가 건강을 해치리라 생각하지 않지만, 사실상 식품이 함유한 모든 물질은 똑같은 논리로 설명된다. 예를 들어, 생강으로 만든 영양제를 먹으면 어떨까? 생강은 아시아에서 전통적으로 쓰이는 약의 원료이며, 몇몇 사람들은 생강이 관절염 통증을 완화한다고 믿는다. 장기간 매일 먹어도 생강이 안전한가는 알려지지 않았지만, 천연 물질이므로 아마 안전할 것이다. 그런데 독미나리hemlock(고대부터 독약에 자주 쓰인 식물 – 옮긴이) 또한 자연에서 나는 식물이라는 점은 기억할 가치가 있다.

영양제가 안전하다는 논리는 그 산업을 떠받친다. 영양제 산업은 제품이 유익하거나 안전하다는 증거를 제시하지 않고, 광범위하고 근거 없는 주장을 펼치며 영양제를 판매한다. 예컨대 '면역체계 강화', '에너지 생성', '운동 능력 향상', '간 건강 증진' 등을 주장한다. 영양제 성분은 자연에서 유래했으니 안전하다고 치부된다. 유명 인사가 개인적으로 이야기한 추천사가 때로는 과학적 데이터를 대신한다. 항상 소비자는 값싸고 부작용이 생기거나 위험하지 않으며 질병을 예방하고 치료할 수 있는 완벽한 약을 찾는다. 비타민과 영양제 산업은 그러한 의약품이 존재하리라는 기대를 품게 한다.

영양제 복용량이 증가하게 된 핵심 요인은 업계가 정부 규제를 교묘하게 피했기 때문이다. 비타민 A, D, B6(피리독신) 등 일부 비타민은 고용량으로 복용하면 급성 중독을 일으킨다. 비타민 A와 D 중독 사례에 대응하여, 1972년 미국 식품의약국Food and Drug Administration: FDA은 단일 비타민을 하루 권장 섭취량 기준으로 150퍼센트 이상 함유하는 제품은 약물로 규제한다는 새로운 규정을 두려고 했다. 규정이 마련되어도 소비자는 여전히 원하는 만큼 비타민을 다량 섭취할 수 있지만, 비타민 판매자는 매출에 위협이 되리라 생각했다.

비타민 판매자는 풍부한 자금을 바탕으로 로비와 홍보 활동을 추진하는 국민건강연맹이 대변하며, 이들은 FDA 규정을 무력화하는 법안을 통과시키기 위해 캠페인을 치열하게 진행했다. 캠페인 주제는 의사를 향한 불신과 선택의 자유였다. 이들은 집회를 열고 "연방정부가 비타민을 빼앗지 못하게 하라", "미국인은 건강에 대해 스스로 결정할 권리가 있다"라고 외쳤다. 텔레비전 광고에서는 FDA 규정이 비타민 복용을 범죄로 규정하리라 암시했다.

로비 활동은 성공했다. 위스콘신주 상원의원 윌리엄 프록스마이어가 FDA의 비타민 복용 제한을 금지하는 법안을 발의했고, 의회는 1972년에 해당 법안을 통과시켰다. 인간은 한 번에 비타민 C 몇 밀리그램을 섭취하도록 진화했고 고용량 비타민 C의 안정성에 관한 데이터는 제한적이지만, 아스코르브산 1그램을 함유한 알약은 쉽게 구할 수 있다. 아스코르브산 분말 1회 복용량이 담긴 한 팩은 최대 2그램까지 함유한다.

이러한 입법 승리는 앞으로 일어날 일을 암시하는 것에 불과했다. 영양제 산업이 거둔 가장 커다란 입법 승리는 역설적으로 두 가지 재난에서 유래했다.

첫 번째 재난은 L-트립토판이라는 필수아미노산과 관련 있다. 비타민 C처럼, 인간은 다른 영양소를 재료로 트립토판을 합성할 수 없으며 음식에서 섭취해야 한다. 아미노산은 신체에서 두 가지 주요 역할을 한다. 단백질을 만들고, 수면·통증·기분 조절 등 다양한 뇌 활동에 관여하는 신경전달물질인 세로토닌의 전구물질(화합물 합성에 필요한 재료 물질 – 옮긴이)로 작용한다. 따라서 트립토판을 추가 섭취하면, 뇌가 세로토닌을 더 많이 합성해 기분이 좋아지고 질 좋은 수면을 취할 수 있으리라 기대했다. 1980년대 후반 트립토판은 인기 있는 수면제로 자리매김했다. 사람들은 음식에 함유된 아미노산을 섭취하므로 고용량도 안전하다고 추정했다.

그런데 1989년 L-트립토판 호산구성 근육통 증후군이라는 새로운 질병이 유행했다. 이 질병은 트립토판 영양제를 복용한 사람에게만 발생하며 근육통, 호산구증가증(백혈구의 한 종류인 순환 호산구의 수가 현저히 증가하는 질환), 말초신경 퇴행 등이 특징이다. 트립토판을 복용한 사람 약 1,500명이 이 병을 앓았고, 적어도 36명이 사망했으며, 나머지 수많은 사람은 신경 손상으로 휠체어에 의지하게 되었다.

연구자들은 L-트립토판 EMS가 중국의 한 공장에서 생산된 트립토판을 복용한 사람에게서 거의 독점적으로 발생했음을 발견했다. 그 공장이 생산한 트립토판은 당시 알려지지 않은 물질로 오염되어 있었다. 이 오염 물질은 오늘날 지질과 결합한 트립토판에서 형성된 화합물이라고 알려져 있다. 해당 중국 공장은 세균에서 트립토판을, 트립토판이 붙은 세균의 세포벽에서 지질을 추출했다. FDA가 트립토판을 시장에서 퇴출하자 새로운 환자는 거의 발생하지 않았다.

두 번째 치명적인 재난은 에페드라라고도 알려진 중국 약초 마황麻黃과 관련 있다. 식물 마황은 흥분제인 에페드린을 비롯한 에페드린 알칼로이드라고 불리는 흥분성 물질 여섯 가지를 함유한다. 합성 에페드린은 코막힘 완화제로 판매되었으나, 심장 두근거

림과 불안감을 유발하여 시장에서 퇴출되었다. 합성 에페드린은 활성을 낮춘 약물인 슈도에페드린으로 대체되었고, 이 성분을 함유한 감기약은 지금도 판매되고 있다.

FDA는 남용 가능성 때문에 순수한 에페드린과 카페인을 함께 섭취하지 못하도록 했지만, 주 활성 성분이 에페드린인 마황은 약초인 까닭에 변함없이 합법적으로 사용되었다. 마황과 카페인이 혼합된 복합 제제는 체중 감량제나 운동 능력 강화제로 판매되었다. 암페타민이 중독과 남용 우려로 인기를 잃은 뒤, 에페드린 복합제가 인기를 얻었다.

마황은 중국에서 수백 년 동안 코막힘 완화제 등 다양한 용도로 쓰였는데, 이 약초가 어떻게 안전하지 않을 수 있을까? 소비자들은 약초에서 추출한 에페드린이 화학적으로 합성한 약물보다 안전하리라 추측했다. 그러나 마황의 심각하고 때로는 치명적인 부작용을 알리는 보고가 텍사스에서 시작된 뒤 보건 기관에 물밀 듯 밀려들었다. 부작용에는 부정맥, 심장마비, 뇌졸중, 발작, 돌연사 등이 있었다. 결과적으로, 사망자 164명을 비롯한 부작용 1만 9,000여 건이 마황과 관련 있었다.

이 같은 공중 보건 재난은 FDA가 영양제 판매 및 정보 표시에 대한 규제 법안을 입법하고, 특히 영양제 판매 업체에게 신제품을 마케팅하기 전 안전성 증거를 제시하도록 요구하는 계기가 되었다. 영양제 업계는 이번에도 FDA의 도전을 받아들였다. 전국영양식품협회는 치열한 로비와 홍보 활동을 전개하는 수단이었다. 이들의 주장은 "미국인은 건강에 대해 스스로 결정할 권리가 있다", "의사는 영양소를 전혀 모르므로 신뢰할 수 없다", "대형 제약사는 이익 감소를 우려해 영양제 판매를 원치 않는다", "영양제는 자연에서 유래했으므로 틀림없이 안전하다" 등 프록스마이어의 법안을 통과시키는 과정에 뒷받침되었던 주장과 일치했다.

1994년 의회에서 법안이 통과되고, 빌 클린턴 대통령이 '식이보충제 건강·교육법'에 서명했다. 유타주 상원의원 오린 해치는 이 법안을 지지했다. 우연이든 아니든, 유타주는 영양제 산업의 중심지이며 해치와 그의 가족은 해당 산업과 금전적 관계를 맺고 있었다.

미국 보조건강식품 교육법안은 FDA 규제에 대응하여, 약물과 기존 식품을 제외한 세 번째 범주에 해당하는 제품인 식이보충제를 신설했다. 이 법은 식이보충제를 "비타민, 미네랄, 약초 등 다양한 식물, 아미노산을 함유하며, 식단 보충을 목적으로 섭취하는 제품"으로 정의했다. 이 법안은 트립토판과 마황이 초래한 재난을 무시한 채, 비타민을 포함한 영양제를 FDA 규제에서 거의 면제했다.

이 법안이 통과된 이후 법적 소송이 뒤따른 끝에, FDA는 마황 판매를 금지하려는 활동을 중단했다. 2003년 볼티모어 오리올스 소속 23세 투수 스티브 베클러는 과체중인 상태로 스프링캠프에 참가해 마황을 복용하며 체중을 조절하고 있었다. 갑자기 그는 고된 훈련 뒤 열사병으로 사망했고, 검시관은 사망 원인으로 마황을 지목했다. 대중매체가 이 사건에 주목한 덕분에 FDA는 마침내 마황 판매를 금지했다. 마황은 FDA가 전면 금지한 유일한 보충제로 남았다.

합성 에페드린은 여전히 인기 있었으나, 시판 감기약보다 수익이 훨씬 높은 불법 약물인 메스암페타민의 원료로 쓰였다. 이후 트립토판도 재출시되었으나 L-트립토판 EMS 추가 사례는 거의 발생하지 않았다.

2006년에는 '식이보충제 및 비처방 의약품 소비자 보호법'으로 규제가 소폭 강화되었다. 이 법안에 따르면, 식이보충제 판매자는 FDA에 심각한 부작용을 보고해야 한다. 또 영양제 포장에는 아침식사용 시리얼이나 기타 가공식품과 동일하게 영양 정보가 포함되어야 한다.

아무도 책임지지 않는다

이 같은 의회의 행동 탓에, 비타민과 영양제에 대한 유일한 규제 감독은 사후, 즉 다수의 피해자가 발생하여 FDA가 공중 보건에 '중대하거나 불합리한 위험'을 증명할 수 있을 때 진행된다. 다시 말해 FDA가 시장에서 제품을 퇴출시킨 다음, 유리한 고지에 있는 영양제 산업계를 상대로 법정 분쟁을 일으키게 될 만큼 충분히 많은 사람이 특정 제품으로 피해를 보아야만 한다. 현재 정책은 FDA 웹사이트에 요약되어 있다.[4]

FDA는 식이보충제 제품이 시판되기 전에 안전성과 효과를 검토할 권한이 없다.

식이보충제의 생산자와 판매자는 '시판 전'에 제품이 안전한지 확인할 책임이 있다.

식이보충제에 '새로운' 성분이 함유된 경우, 생산자는 시판하기 전 해당 성분에 관하여 FDA에 통보해야 한다. 이러한 통보는 FDA만이 검토하며(승인이 아님), 목적은 효능 아닌 안전 검토이다.

생산자는 우수한 방식으로 식이보충제를 생산해야 하고, 식이보충제에 오염물질이나 불순물이 포함되어 있는지 확인해야 하며, 현행 우수 의약품 제조 및 품질 관리 기준current Good Manufacturing Practice: cGMP 및 표시 규정에 따라 정확하게 라벨을 부착한다.

식이보충제와 관련된 심각한 문제가 발생하면 생산자는 이를 부작용으로 간주하고 FDA에 보고해야 한다. FDA는 제품이 안전하지 않다고 판명되거나, 제품에 대한 주장이 거짓이거나 오해의 소지가 있는 경우 해당 식이보충제를 시장에서 퇴출할 수 있다.

핵심 조항은 "식이보충제 제조자와 판매자는 제품이 안전한지 확인할 책임이 있다"라는 것이다. FDA는 책임지지 않는다. 소비자는 제품을 제조하고 판매하는 업체를 믿어야 한다. 시장에서 제품을 퇴출시키려면, FDA는 제품이 불량(안전하지 않음)인지, 라벨에 거짓 정보가 표시되거나 오해의 소지가 있는지를 먼저 밝혀야 한다. 그러나 허위 표시는 정의가 매우 좁으며, 특정 질병에 관하여 주장하지 않는 한 근거 없이 광범위한 효능을 주장해도 괜찮다.

비타민 C의 경우 판매자가 배포하는 판촉물에는 대개 포괄적인 주장이 담긴다. 일부 사례를 제외하면 아스코르브산이 감기를 포함한 질병을 예방하거나 치료한다는 주장은 들어가지 않는다. 전형적인 광고문은 다음과 같다.

> 건강상 놀라운 이점: 비타민 C(아스코르브산)는 면역세포의 건강과 기능에 중요한 역할을 한다. 면역계 건강과 콜라겐 생성을 촉진하고, 강력한 항산화 작용을 하고, 뇌가 건강하게 기능하며 인지하도록 돕고, 심혈관 및 심장 건강을 지속하고, 혈액순환을 촉진하고, 기분을 개선하고, 골밀도를 유지하고, 근육통을 완화하며, 칼슘과 철분 흡수율을 높이는 데 도움을 준다.

일부 판촉물에는 해당 광고 문구가 FDA의 심의를 받지 않았다는 고지가 구체적으로 표시되어 있다.

비타민과 영양제는 규제 목적상 식품으로 취급되기에 광고문은 약의 투여량이 아닌 식품의 1인분을 언급한다. 어느 판매자는 자사 제품이 중국산 성분을 함유하지 않는다고 분명히 밝히고, 또 어느 판매자는 자사 제품의 아스코르브산을 화학적으로 합성하지 않고 식물에서 정제했다고 말한다. 때로는 제품을 비유전자변형식품non-GMO으로 표현하거나 채식주의자에게 적합하다고 설명한다.

미국 보조건강식품 교육법안이 이끌어낸 중요한 결과는 실질적인 목적을 위해 비타민, 미네랄 및 기타 보충제를 대상으로 안전성과 효능을 철저히 연구하지 않는다는 것이다. 의사 처방전이 필요한 약의 경우에는 제품을 판매하기 전에 FDA 승인을 받아야 한다는 요건이 있으므로, 제약사는 자금을 조달해 관련 연구를 수행해야만 한다. 하지만 비타민에는 그러한 요건이 없다.

이 문제를 부분적으로 해결하기 위해, 1991년 의회는 영양제와 다른 형태의 '대체 의학'을 연구하는 목적으로 미국 국립보건원 내에 '비통상의학 연구실'(현재는 국립보완·통합보건센터라고 부름)을 설립했다. 안타깝게도 이 조직은 큰 변화를 일으키지 못했다. 자금이 부족했고 근거가 빈약한 과학 연구에 한정된 자금을 자주 낭비했다.

우리는 비타민과 영양제의 장기 복용 안전성에 관한 정보를 거의 제공받지 못한다. 제품 포장에는 소비자가 부작용, 다른 말로 이상 반응을 보고할 수 있도록 FDA 연락처 정보가 기재되어야 하며, 판매자는 주의해야 하는 심각한 부작용을 보고해야 한다. 이러한 시스템에는 두 가지 문제가 있다. 첫째, 과소 보고이다. FDA는 영양제가 일으키는 부작용의 1퍼센트만 알려져 있다고 추정하며, 보고된 사례는 대부분 정보가 충분하지 않아 도움이 되지 않는다. 둘째, 비타민을 복용하는 동안 부작용이 발생했다고 해서 비타민이 그 부작용을 일으켰음을 증명하지는 않는다. 비타민 C를 복용하는 중에 발진이 생겼다면 비타민 C가 원인일 가능성은 적다 해도 비타민 알약에 순수한 비타민 이외의 성분도 들어 있으므로 원인에서 배제할 수 없다.

부작용 보고를 전부 철저히 조사하는 일은 비현실적이기에 FDA는 '심각한 부작용', 이를테면 입원하거나 치료가 필요하거나 장애 또는 사망을 초래한 사례에 집중하고, 부작용 보고에서 비정상적으로 빈번하게 발생한 발진 등 사례의 패턴을 조사한다. 이는 불완전한 시스템이지만 비타민과 영양제 판매자들이 통제된 임상시험을 수행하지 않는다는 점에서 FDA가 할 수 있는 최선의 방법이다.

2008년부터 2011년까지, 비타민과 영양제와 관련된 부작용은 FDA에 6,307건 보고되었다. 대다수(71퍼센트)는 업계가 의무적으로 보고해야 하는 심각한 부작용이었고, FDA는 나머지 보고 중 64퍼센트도 심각하다고 판단했다. 중증 부작용의 결과로 입원(29퍼센트), 생명에 위협적인 상태에 빠지거나 사망(10퍼센트) 등이 있었다.[5] 이는 보고된 모든 부작용이 영양제로 인해 발생했음을 증명하지는 않지만, 문제의 중대성을 보여준다. 2007년부터 2015년까지 응급실 기록을 조사한 결과 연간 응급실 방문자 가운데 약 2만 3,000명이 영양제 부작용과 관련이 있다고 추정된다.[6]

소비자는 참고할 안전성 데이터도 부족한 데다, 제품이 라벨에 명시된 성분을 함유하고 오염되거나 변질되지 않았으며 우수 의약품 제조 및 품질 관리 기준에 맞춰 생산되었다는 제조업체의 말에 의존하고 있다. 비타민으로 표시된 알약을 복용하는 소비자는 그 알약이 무엇을 함유하는지, 어디서 왔는지 알 수 없다. 2007년부터 2016년까지 FDA는 제품 774종이 처방 약물과 혼합된 영양제 형태로 판매되었으며, 구입 목적은 주로 체중 감량이나 성 기능 또는 운동 능력 향상이라는 것을 발견했다.[7] 비타민 C 영양제의 경우, 원료 아스코르브산은 대개 중국 공장에서 조달되며 이들 공장은 독립된 감독 기관으로부터 거의 자유롭다. 처방전이 필요한 제네릭 의약품(특허가 만료된 신약의 공개된 기술을 활용하여 주성분, 효능 등이 동일하도록 만든 의약품 – 옮긴이)을 생산하는 아시아 공장이 철저히 감독되지 않는다는 정보가 최근 밝혀졌으며, 영양제 제조사는 제대로 조사되지 않았다.[8]

요컨대 비타민과 영양제 산업은 헬스케어 산업의 무법천지다. 순수한 약물이 불안전성 때문에 금지되어도, 같은 화합물이 약초로 만든 영양제에 함유되었다면 완벽한 합법일 수 있다. 제품의 효능과 안전성을 평가할 책임은 구매자에게 있다. 판매자는 자사 제품에 관한 가장 기본적인 영양 정보만 있으면 다른 모든 정보는 제공하지 않아도 괜찮다. 영양제 성분이 대개 규제 감독이 거의 없는 중국과 인도 공장에서 생산되므로 소비자는 스스로 위험을 감당해야 한다.

유감스럽게도 이는 라이너스 폴링이 남긴 유산이다. 우리는 폴링의 이름을 들으면 화학 연구와 핵실험 금지 조약을 성취한 그의 빛나는 업적이 아닌, 비타민 C 메가도스를 떠올린다. 두 개의 노벨상은 거의 잊혔다. 오직《비타민 C와 감기》만 기억된다. 화학과 학생들은 폴링의 탁월한 논문 〈화학 결합의 본질〉을 더는 읽지 않지만, 많은 이가 콧물이 흐르거나 인후염의 첫 징후가 나타나면 비타민 C 알약을 먹기 시작한다.[9]

비타민과 영양제 산업 이야기는 과학적 지식과 진보를 동일시하는 사람들에게 경종을 울린다. 18세기 후반 제임스 린드의 성과를 무시한 영국 해군 지도자들은 대부분 무지와 모순, 시대착오적 사고방식의 희생양이었다. 20세기에 제정된 미국 보조건강식품 교육법안은 과학적 증거를 의도적으로 외면하는 정책이었다. 이 정책은 자유주의 기득권층의 주요 인사, 이를테면 윌리엄 프록스마이어, 휴버트 험프리, 조지 맥거번 등이 지지했다. 빌 클린턴 대통령은 해당 법안에 서명했다. 도널드 트럼프 대통령이 취임하기 20년 전에 법안이 제정된 것이다. 트럼프와 그의 협력자들은 국가 정책에 어리석음을 일부러 집어넣은 최초의 인물이 아니었다. 미국 보조건강식품 교육법안은 미국 정치에 존재하는 몇 안 되는 초당적 협력의 흔적이다.

11

비타민 역사가 가리키는 것

과학 자체의 본질에는 인류가 받아들이기 어려운 무언가가 있는 것 같다.

— 마이클 스트리븐스,《지식 기계》, 2020년

강한 편견과 밝은 눈

비타민 C 역사에서 가장 중요한 메시지는 현실에 대한 선입견, 토머스 쿤의 용어로 패러다임이 우리의 사고를 구속하여 증거를 객관적으로 해석하지 못하도록 방해한다는 것이다. 우리는 새로운 정보가 등장하면 잔뜩 구부리고 비틀어서라도 그 정보를 심성 모형(사람들이 자신과 타인, 사물과 환경에 대해 갖는 모형 – 옮긴이)에 억지로 맞추려 한다. 맞지 않는 정보는 종종 무시한다. 새로운 모형을 발명하거나 받아들이기 전에 막대한 노력을 쏟아부으며 유서 깊은 모형을 지킨다. 이 과정에서 우리는 코앞에 존재하는 대상을 이해하지 못할 수도 있다.

괴혈병을 이해하는 데 400년이나 늦어진 사례가 대표적이다. 1936년 영국 의학연구위원회 영양부는 비타민 발견에 오랜 시간이 걸린 이유를 설명했다. "질병에서 비롯한 증거는 식품 성분과 그 기능에 대한 개념으로 빠르게 이어졌지만, 사고에 비정상적인 편견이 있었다. 영양결핍 질환이라는 개념이 뿌리내리기 어려웠다."[1]

의사와 정부 관료는 돌이켜 생각하면 분명한 사실, 즉 괴혈병이 필수 영양소 결핍으로 발생하며 특정 음식으로 치유된다는 점을 "비정상적인 편견" 탓에 알아차리지 못했다. 이들은 질병이 세균, 미아즈마, 독소 등 외부 물질이 일으킨다는 믿음에서 벗어날 수 없었다. 바스쿠 다가마의 경험을 열린 마음으로 보았다면 수백만 명의 생명을 구할 수 있었을 것이다. 크리스티안 에이크만은 세균 이론에서 벗어나, 각기병의 원인이 영양결핍에 있다는 사실을 받아들이는 데 10년이 소요되었다. 게다가 라이너스 폴링은 자신이 틀렸다는 증거에 줄곧 직면했는데도 비타민 C 메가도스에 집착했다.

하지만 탁월한 사색가는 정신적 제약에서 벗어나 편견을 버리고 과학적 증거를 검토할 수 있다. 길버트 블레인이 그러한 인물이었다. 나는 블레인이 괴혈병 이야기의 주인공일 뿐만 아니라, 비타민 C에 얽힌 모든 이야기의 주인공이라고 주장하고 싶다. 블레인은 이론을 무시하고 데이터만 보았다. 다른 사람들, 특히 니콜라이 루닌과 헤릿 흐레인스 또한 기존 패러다임에서 벗어나 영양학에 접근하는 새로운 방식을 개척했다.

비타민 C 역사를 관통하는 한 가지 맥락은 수많은 사색가가 우연히 발생한 사건을 계기로 중요한 성과를 거두었다는 점이다. 예기치 못한 사건이 발생하면, 처음에 인간은 본능적으로 그러한 사건을 실수로 치부하고 잘 다져진 생각의 길을 계속 따라간다. 그런데 어떤 사람은 자세를 고쳐 앉고 그 사건을 근본적인 단서로 여기며 주목한다. 블레인은 전쟁의 흐름에 따라 질병 양상이 어떻게 변화하는지 연구했다. 흐레인스는 전임 연구자가 연구한 닭의 식단에 변화가 있었으며, 그 의도하지 않은 변화가 중요하다는 점을 발견했다. 센트죄르지는 공교롭게 파프리카가 비타민 C의 풍부한 공급원임을 발견하자마자, 다량의 파프리카를 갈기 시작했다.

무엇이 이러한 혁신가에게 당대 지배적인 지식에서 벗어나 눈앞의 증거에 매달리는 능력을 부여했을까? 과학사에서 그들과 같은 혁신가, 이를테면 찰스 다윈, 알베르트 아인슈타인, 리처드 파인먼Richard Feynman은 자기 분야에서 한 발 내딛는 것에 그치지 않고 높이 도약하며 과학을 발전시킨 거인이다. 천재와 그렇지 않은 사람을 구분하는 요소가 무엇인지는 아무도 모른다. 높은 지능만은 아니다. 과학을 연구하는 우수한 사람은 많이 있지만 이해에 큰 도약을 이루는 사람은 소수에 불과하다.

보기 드문 천재를 제외한 우리는 모두 편견에 시달린다. 우리의 뇌는 인식하고 확신하는 데 개념적 틀이 필요하다. 여기에 맞지 않는 것은 폐기된다. 그로 인한 한계는 과학은 물론 정치, 대인관계, 경제학에서도 분명하게 드러난다.

오늘날 우리가 품은 편견 가운데 무엇이 지금으로부터 한 세기 뒤의 관찰자를 당황하게 만들지 궁금할 따름이다. 그러한 편견이 많다고는 확신할 수 있다. 어쩌면 조현병이나 자폐증 같은 정신질환의 열쇠가 바로 우리 코앞에 놓여 있지만, 지배적인 과학 패러다임이 우리 눈을 가린 탓에 보이지 않는지도 모른다. 길버트 블레인 같은 사람들이 정신적 가림막을 걷어내고 데이터를 냉정하게 볼 수 있도록 이끈 요소가 무엇인지 알아낸다면 우리도 높이 도약하며 진보할 것이다.

과학을 받아들이는 법

또 다른 교훈은 과학이 답을 밝히더라도 우리가 답을 받아들이지 않을 수 있다는 점이다. 과학자는 진실을 밝히는 여정에 일생을 바치는데, 진실이 미신과 비이성적 추측으로부터 우리를 자유롭게 해준다고 믿기 때문이다. 하지만 현실은 그와 다르다. 사람들과 전 지구 국가는 과학적 증거에 주목하기를 거부한다. 건강에 좋지 않은 음식을 끊지 못하고, 차 안에서 안전띠를 매지 않고, 호흡기 바이러스가 유행하는 시기에 마스크를 쓰지 않을 이유를 찾는 사람이 얼마나 많은가?

백신과 유전자 변형 식품의 안전성을 뒷받침하는 과학적 증거가 제시되어도 사람들은 마음을 바꾸지 않는다.[2] 이보다 더 나쁜 상황은, 백신의 안전성을 알리는 데이터가 제공되어도 백신 반대론자 부모가 자녀에게 백신을 접종할 확률은 낮아진다는 점이다.[3] 기후 변화를 향한 태도는 과학보다 정치적 신념과 밀접한 관련이 있다. 수많은 영양제 복용자는 영양제가 비효율적이라는 과학적 증거를 무시한다고 스스로 인정한다.[4]

이것은 인간의 본성이다. 인간은 행동이나 신념을 쉽게 바꾸지 않는다. 심리학 연구가 폭넓게 이루어졌음에도 사람들이 좀 더 이성적으로 행동하도록 설득하는 전략은 나오지 않았다.

이 실망스러운 교훈은 과학이 개인이나 국가의 행동에 그리 중요하지 않다는 사실을 입증한다. 진실이 반드시 우리를 자유롭게 하는 것은 아니다. 사람들은 과학보다 정치, 종교, 습관에 더 얽매인다. 소비자는 흔한 질병을 치료하고 노화를 막기 위해 비타민 메가도스를 실천하면서 돈도 낭비하고 건강도 해친다.

게다가 의회는 비타민과 영양제를 다루는 정부 정책에서 과학을 배제하는 법안을 통과시켰다. 과학은 이따금 불편한 진실을 제시한다. 과학이 이익과 소중한 믿음을 위협할 때 우리는 과학을 무시한다. 이러한 우리의 무지는 법으로 제정될 것이다.

빠르게 치고나가는 의과학

그럼에도 의학의 역사에는 희망찬 교훈이 있다. 몇 년, 심지어 몇 세기가 걸릴지라도 의학은 한계를 극복한다. 암, HIV 등 만성 질환과의 투쟁이 보여주었듯 과학적 발견은 좌절할 만큼 느리게 진행된다. 하지만 일단 이해의 장벽을 넘어서면 그러한 발견은 엄청난 변화를 일으킨다.

20세기 전환기에 비타민 결핍증은 여전히 흔했다. 괴혈병은 예전처럼 폭넓게 발생하지 않았으나, 제1차 세계대전기에 군인들을 끊임없이 괴롭혔다. 각기병은 아시아 풍토병으로 남아 있었다. 구루병은 북미와 유럽에서 도시 빈민 아이들의 성장을 방해하고 뼈를 변형시켰다. 20세기 전반기에 영양학은 수백만 명을 사망하게 하거나 불구로 만든 질병을 퇴치했다.

펠라그라 이야기에서는 비타민 C 역사에 내재한 여러 요점이 되풀이된다. 펠라그라는 발진, 설사, 정신적 변화를 일으키는 잠재적으로 치명적인 질병이다. 이 질병은 20세기 전환기 이후 미국 남부에서 널리 퍼지며 수백만 명에게 발병했다. 이 시기 미국 중서부 공장에서 기계로 제분한 옥수숫가루가 현지에서 손으로 제분한 옥수숫가루를 대체했다. 제분기는 옥수수 알갱이에서 씨눈을 제거했다. 씨눈에 포함된 효소와 지질이 제거되면서 옥수수의 저장성이 개선되고 배송도 더욱 쉬워졌지만, 나이아신(비타민 B3)도 대부분 제거되었다. 옥수수빵, 돼지비계, 비스킷, 그레이비, 당밀을 먹는 사람들, 즉 대부분 가난하며 보호 시설 생활에 익숙해진 사람들에게 다른 나이아신 공급원은 없었다. 펠라그라 유행이 뒤따랐다. 모든 병원이 펠라그라 환자를 전문적으로 치료했다.

각기병 이야기에서 그랬듯 처음에 의사들은 펠라그라에 전염성이 있다고 생각했다. 그러한 생각을 반박하고 영양학적 원인을 뒷받침하는 증거가 빠르게 증가했지만 펠라그라가 영양실조의 한 형태라는 주장에 정치적인 이유로 격렬히 반대하는 사람들이 있었다. 남부 사람들은 펠라그라가 영양실조의 일종이라는 주장을 모욕으로 여겼다. 정치인 등은 과학적 증거를 무시한 채 펠라그라가 전염병이라는 허구에 매달렸다. 결과적으로, 위험에 노출된 사람들의 식단을 바꾸려는 행동은 전혀 이루어지지 않았고 1910년부터 1940년 사이에 펠라그라는 미국에서 10만 명의 목숨을 앗아갔다.[5] 마침내 1950년대에 그러한 증거를 더는 무시할 수 없게 되고 밀가루와 옥수숫가루에 비타민 B 강화를 요구하는 법이 통과되었다. 이처럼 오랜 시간이 걸렸다는 점은 터무니없지만 일단 과학적 증거가 받아들여지자 펠라그라는 미국에서 사라졌다.

괴혈병은 발병 원인이 밝혀지고 합성 아스코르브산이 등장하자 선진국에서 사라졌다. 아스코르브산은 생산 비용이 낮다. 유아용 조제분유와 아침 식사용 시리얼에 첨가되고 청량음료에 방부제로 자주 쓰인다. 교통과 농업 관행이 개선되자 1년 내내 세계 곳곳에서 과일과 녹색 채소를 먹을 수 있게 되었다. 그 덕분에 사람들은 괴혈병 예방에 필요한 하루 몇 밀리그램보다 훨씬 더 많이 아스코르브산을 섭취한다. 우유에 비타민 D, 밀가루에 비타민 B를 강화하자 구루병과 각기병 또한 사라졌다. 하수구를 건설하고 깨끗한 물을 이용하게 되고 예방 접종을 광범위하게 시행하면서 더 많은 생명을 구했을 것이다.

사람들은 본인의 생각과 행동의 변화에 격렬히 저항하기도 하지만 결국 대부분은 진실을 받아들인다. 이런 중요한 의미에서 500년에 걸친 비타민 C 이야기는 행복한 결말을 맞이한다.

12

당황한 독자를 위한 지침

> 비타민은 영양학적으로 중대한 기능을 수행한다는 것과
> 미량만 존재해도 그러한 기능을 적절히 수행한다는 것
> 사이의 불균형이 특징이다.
>
> — 의학연구위원회 특별보고서, 1932년

결론은 무엇일까? 비타민 C 영양제를 먹어야 하는 사람은 있을까? 그렇다면 얼마나 자주 복용해야 할까?

미국과 서유럽 평균 식단은 하루에 비타민 C 약 100밀리그램을 제공한다.[1] 괴혈병 예방에는 그보다 훨씬 적은 양, 즉 성인 기준으로 하루에 10밀리그램을 넘지 않게 섭취해도 충분하다. 비타민 C는 과일과 채소에만 함유된 것이 아니라 다양한 음식과 음료에 방부제로 첨가되므로, 하루에 10밀리그램 이하로 섭취하기가

더 힘들다. 결과적으로 괴혈병은 선진국에서 거의 사라졌다. 심각한 영양실조 환자, 예를 들어 열량을 대부분 술에서 섭취하는 극단적인 알코올의존자 같은 경우만 괴혈병에 걸린다. 모유에 비타민 C가 적당량 함유되고 이제 유아용 조제분유에도 비타민이 첨가된 까닭에 유아 괴혈병, 다른 말로 발로병도 사라졌다.

그런데 내 친구 메리와 빌을 비롯한 수많은 사람은 괴혈병 예방에 필요한 양보다 훨씬 더 많이 비타민 C를 섭취하면 건강에 좋다고 믿는다. 이러한 믿음을 지지하는 주된 근거는 항산화 영양제가 감염에 대한 저항력을 향상하거나 심장과 폐 질환, 암, 백내장, 망막 질환인 황반변성 등 만성질환의 진행을 늦추는 데 도움이 되리라는 기대감이다. 이러한 만성질환을 예방하는 비타민 C 고유의 능력은 제대로 검증된 적 없지만, 일부는 비타민 C를 포함한 복합 항산화제로 임상시험이 진행되었다. 이러한 임상시험은 수행하기 어렵고 비용이 많이 든다. 한 번의 시험에서 한두 가지 복용량만을 테스트할 수 있으며 실험 참여자의 비타민 섭취를 통제하기 어렵다. 비타민 C의 최적 섭취량이 도출되지 않았다는 사실은 그리 놀랄 일이 아니다.

결정적인 데이터를 입수할 수 없고 그러한 데이터가 가까운 미래에 도출되지 않으리라는 점을 고려하면 비타민 C 영양제를 섭취하는 행동은 타당한가? 타당하다면 얼마나 많은 양을 어떠한 일정에 맞추어 먹어야 할까? 첫 번째 질문은 답하기 간단하지 않다. 두 번째 질문이 더 쉽다.

우리 몸의 비타민 메커니즘

인간의 장은 음식에서 비타민 C를 흡수하도록 진화했다. 장 내벽에는 효율적인 흡수를 위해 장을 가로질러 혈액으로 비타민 C를 전달하는 수송 메커니즘이 있다.[2] 그런데 한 끼 식사는 비타민 C를 최대 수십 밀리그램 제공하지만, 수송 메커니즘은 비타민 C를 미량만 운반할 수 있다. 과학 용어로 말하면 이는 포화 상태로, 비타민 C를 혈액으로 운반할 수 있는 최대량이 있다는 것을 의미한다. 공장에서 아스코르브산을 생산하기 시작한 1930년대 이전에 인간의 장은 한 번에 비타민 C 수백 또는 수천 밀리그램을 접한 적이 없다. 따라서 고용량 비타민 C를 처리하도록 메커니즘이 진화할 기회는 없었다.

장 수송 메커니즘이 포화되면, 즉 과부하 상태가 되면 흡수되지 않은 비타민 C는 장에 남는다. 일부는 수송 메커니즘을 우회해 장 내벽에서 혈류로 확산할 수 있지만 확산은 효율이 낮다. 혈액으로 전달되지 않은 비타민 C는 흡수되지 않은 채 장을 통과한다. 얼마나 많은 비타민 C를 섭취할지 결정하려면, 우리는 수송 메커니즘이 얼마나 많은 비타민 C를 운반할 수 있으며 남은 비타민 C는 어떻게 처리되는지 알아야 한다.

이러한 질문에 답을 찾는 약리학의 한 분야가 약물동태학으로, 약물의 흡수와 대사와 배설을 연구한다. 약물동태학에서 얻은 정보를 활용하면 최적의 투여량과 투여 일정을 정할 수 있다. 같은 접근법은 비타민에도 적용된다. 미국 국립보건원의 마크 레빈과 동료들은 비타민 C를 대상으로 약물동태학 연구를 수행해 1995년과 2001년에 발표했다.[3] 이와 같은 연구는 미국이 발표하는 하루 권장 섭취량의 기초 자료가 된다.[4]

레빈과 동료들은 19세에서 27세 사이 건강한 남성 지원자 일곱 명과 여성 지원자 15명을 대상으로 연구했다. 이들은 최대 9개월 동안 병원의 신진대사 연구 병동에 거주하면서 하루에 아스코르브산 5밀리그램만 함유한 기초 식단을 섭취했다. 일부 선행 연구와 다르게 이들은 비타민 C가 결핍되지 않았는데, 하루에 두 번씩 다양한 용량으로 아스코르브산을 추가 복용했기 때문이다. 비타민의 운명을 밝히기 위해 실험 참여자의 혈액과 소변에서 아스코르브산 함량을 측정했다.

연구 결과 200밀리그램을 단일 투여하면 혈액으로 완전히 흡수되었으나 더욱 높은 용량을 투여하면 부분적으로만 흡수되었으며, 투여량 1,250밀리그램 중에서는 절반 미만이 흡수되었다. 혈액으로 흡수되지 않은 비타민은 장을 통과해 결국 배설된다.

비타민은 혈액으로 흡수되면 또 다른 수송 메커니즘을 거쳐 혈액에서 세포로 전달된다. 백혈구 내 비타민의 양은 체내에 저장된 비타민의 총량을 측정하는 좋은 척도다. 백혈구 내 비타민 저장량은 하루에 비타민을 100밀리그램씩 복용하면 최대치에 도달한다. 일단 모든 신체 기관 내 저장고가 채워지면 비타민은 더는 세포로 흡수될 수 없으며 혈액 속 과도한 비타민은 소변으로 배출된다.

연구자는 방사성 동위원소로 표지된 아스코르브산을 추적 연구하면 동물이나 사람이 섭취한 비타민의 운명을 밝힐 수 있다. 이연구에 쓰이는 방사능의 양은 일반적으로 흉부 엑스선 촬영 시 노출되는 양보다 적지만, 그런 미량의 방사능을 감지하는 민감한 측정법이 있다. 추적 연구 결과, 하루에 비타민 C 약 100밀리그램을 섭취하면 체내 비타민 C 최대 저장량에 도달한다고 입증되었다.[5]

미국 평균 식단은 하루에 비타민 C를 100밀리그램 공급하므로, 사람의 세포 저장고를 계속해서 가득 채운다. 안타깝게도, 내 친구 메리와 빌은 매일 식단에서 비타민 C를 100밀리그램 넘게 섭취하며 비타민 C 보충제를 전부 화장실에 배설하고 있다. 비타민 C 추가 섭취가 유익하다고 믿는 사람은 인체에 남아 있을 필요 없는 비타민 C가 어떠한 효과를 보인다고, 이를테면 장내에서 또는 혈액을 거쳐 소변으로 배출되는 과정에서 효능을 발휘한다고 가정한다.

메가도스의 효능을 뒷받침하는 확실한 증거는 없지만, 비타민 C가 체내에 남지 않고 단시간 장과 혈관을 통과하며 효과를 발휘할 메커니즘은 있다. 혈장 내 비타민 C 농도가 급격히 상승하면 비타민 C는 저장되지 않더라도 세포로 확산하여 일시적으로 효과를 낼 수 있다. 고용량의 비타민 C가 흡수되지 않은 채 장내에서 효능을 발휘할 수도 있다. 특히 면역 기능과 관련하여 인간 대장에 살면서 인체에 영향을 미치는 세균 개체군인 마이크로바이옴microbiome에 오늘날 많은 관심이 집중되고 있다. 비타민 C가 대장을 통과하면서 아직 밝혀지지 않은 방법으로 마이크로바이옴을 변화시킬 수 있다.

이처럼 추측에 근거한 효과가 실제 발생하더라도 반드시 유익한 것은 아니다. 이는 건강에 해로울 수도 있다. 어느 쪽으로도 확실한 증거가 없으므로, 비타민 메가도스는 낙관적으로 가정해도 긍정적 효과와 부정적 효과가 일어날 가능성이 거의 같다.

그렇다면 하루에 얼마나 먹을까

레빈이 수집한 자료에 따르면, 여러 나라의 영양 자문기관은 비타민과 무기질의 하루 권장 섭취량, 즉 건강은 유지시키면서 부작용은 일으키지 않는 섭취량을 평가했다. 권고 사항은 다소 자의적이며 국가마다 다르다. 건강 유지에 필요한 최적의 비타민 C 섭취량을 입증하는 결정적 연구가 없으므로, 보건 당국은 몇 가지 가설을 바탕으로 권고 사항을 발표한다.

정부가 참여하여 영양과 관련된 권고 사항을 수립한 것은 20세기 초 '총 필수 영양소'를 정량화하면서 시작되었다. 건강을 유지하려면 다양한 식단, 특히 다양한 단백질을 섭취해야 한다는 이해에서도 비롯되었다. 비타민 발견은 비타민 결핍증을 예방하는 데 필요한 최소 섭취량 연구로 이어졌다. 영국 국립연구위원회는 1920년 영양학적 권고 사항을 수립하기 시작했다. 제2차 세계대전기에는 영국 정부가 영양 권고 사항에 더욱 강하게 개입했다. 연구 자금을 투입하여 도출한 영양소 최소 필요 섭취량을 군인과 민간인 모두에게 권고하여 식량 부족을 극복하려고 했기 때문이다. 제2차 세계대전 이후 정부 보건 기관은 영양학 분야에서 더욱더 적극적으로 활동했다.

미국 국립보건원 식이보충제 연구실은 비타민과 다른 영양소의 '하루 평균 권장 섭취량'을 제시한다. 하루 평균 비타민 C 권장 섭취량의 근거는 2000년 국립의학한림원이 발행한 보고서이다.[6] 이 보고서는 레빈의 연구, 그리고 항산화제가 몸에 좋으므로 체내 저장고에 채워야 한다는 가정에 근거를 둔다. 이러한 가정이 옳다는 것을 입증하는 건강 결과 데이터는 없다.[7] 과학적인 세부 사항과 주요 문헌에 관심이 있는 독자는 국립한림원출판부(www.nap. edu.)에서 해당 보고서를 내려받을 수 있다.

미국 국립보건원이 권장하는 하루 비타민 C 섭취량은 나이와 생리학적 상태에 따라 다양하다. 예컨대 신생아는 하루에 40밀리그램, 성인 여성은 75밀리그램, 성인 남성은 90밀리그램이다. 산화 반응으로 인한 스트레스를 많이 받는 사람들, 이를테면 임산부와 수유 중인 여성은 하루 최대 120밀리그램을 섭취하고, 흡연자는 35밀리그램을 추가 섭취하면 좋다. 미국은 식단만 따져도 하루 평균 비타민 C 섭취량이 100밀리그램에 달하기 때문에(캐나다는 이보다 조금 적다), 이러한 지침에서는 성인 대부분에게 비타민 C를 추가 섭취하지 말라고 권고한다. 미국 농무부와 국립암연구소의 조언에 따라 신선한 과일과 채소를 하루에 다섯 접시씩 먹는다면, 비타민 C 약 200밀리그램을 매일 섭취할 것이다.

영국 국민보건서비스는 항산화제를 많이 섭취할수록 건강에 반드시 좋다고는 가정하지 않으며, 권고 사항을 미국 국립보건원보다 간결하게 제시한다. "19세부터 64세까지 성인은 하루에 비타민 40밀리그램을 섭취해야 한다. 필요한 모든 비타민 C는 매일 식단에서 얻을 수 있어야 한다."[8] 이러한 권고 사항은 건강에 심각한 문제를 일으킬 가능성이 큰 괴혈병을 예방하려면 섭취해야 하는 양을 기준으로 삼는다. 미국과 영국의 권고 사항은 최대 세 배까지 차이 난다. 영국 외 유럽 보건 기관은 미국처럼 비타민 C를 매일 약 100밀리그램 섭취하도록 권고한다.

항산화제에 관한 진실

역학 조사에 따르면 과일과 채소 섭취량이 높은 것과 암 발생률이 낮은 것 사이에는 상관관계가 있고, 실험실 연구 결과에 따르면 산화 반응으로 인한 스트레스는 더 많은 세포를 암으로 변화시킬 수 있다고 한다. 그러한 결과 항산화제 영양제가 1990년대에 유행했다. 비타민 C와 E, 셀레늄, 그리고 당근에 함유된 주황색 색소인 카로티노이드가 인기 있는 항산화제이다.

내 친구 빌도 그러한 유행에 편승했다. 빌은 마라톤을 뛸 때마다 비타민 C 알약을 복용하면서 격렬한 훈련으로 스트레스 받는 근육을 유지하는 데 비타민 C의 항산화 특성이 도움이 되기를 바랐다. 그는 비타민 영양제가 건강에 도움은 되도 해는 끼치지 않는다며 '위험한 가정'을 하는 소비자 유형을 대표하는데, 만약 그러한 가정이 틀렸다면 빌은 돈 낭비를 주저하지 않는 사람이 된다. 빌은 비타민을 확신 없이 복용하다가 결국 그만두었다.

과일·채소 섭취와 암 발병률 사이의 단순한 역학적 상관관계는 항산화제 섭취가 건강에 유익하다는 주장의 결정적 근거가 될 수 없다. 과일과 채소는 건강에 좋은 다른 수많은 성분을 함유한다. 과일과 채소를 많이 먹으면 포화지방 등 건강을 해칠 수 있는 성분을 함유한 다른 식품을 덜 먹게 된다. 또 과일과 채소가 풍부한 식단을 섭취하는 사람은 그렇지 않은 사람과 다른 사회경제적 집단에 속할 가능성이 있다. 이들은 직업상 유해 물질에 노출될 확률이 낮고 알코올이나 약물을 남용할 확률도 낮으며 의료 서비스에 수월하게 접근할 수 있다.

연구자들은 더욱 확실한 증거를 얻기 위해, 항산화제가 암과 심장병 발병률을 감소시키리라 기대하면서 그에 관한 통제된 연구를 시작했다. 결과는 실망스러웠다. 개별 실험에서 항산화제는 뚜렷한 효능을 보이지 않았다.

한 가지 의문에 관한 유사 연구가 여러 개 존재하는 경우 연구자들은 메타분석을 수행하여 데이터를 최대한 활용한다. 모든 연구 데이터는 마치 하나의 방대한 실험인 듯이 결합되고 결합된 데이터는 통계적으로 분석된다. 때로는 개별 연구에서 감지하기에 아주 작은 변화가 결합된 데이터에 드러나며 이러한 방식을 통해 개별 연구들이 어느 정도 일치하는지 확인할 수 있다. 메타분석 결과는 반드시 신중하게 받아들여야 한다. 개별 연구는 지리적 위치, 환자 모집단, 연구 방법이 항상 다르며, 그러한 요소가 때로는 감지하기 힘들지만 아주 중요하게 작용하기 때문이다. 개별 연구의 데이터 세트는 사용할 수 없는 경우가 많고 그럴수록 결론의 강도는 크게 약해진다.

항산화제 연구의 메타분석에서는 다양한 항산화제 혼합물이 암, 심장 질환, 백내장 발생률을 낮춘다는 결과가 나오지 않았다. 이보다 나쁜 소식은 항산화 영양제를 복용하는 집단에서 사망률이 약간 증가할 수도 있다는 점이다.[9] 따라서 후속 연구에서 항산화제 혼합물의 효능이 밝혀지지 않는 한, 인간은 신체의 자체 메커니즘에 의존해 항산화제를 이용한다고 여겨진다. 실망스럽게도 항산화 영양제 섭취는 득보다 실이 더 클 가능성이 있다.

특히 실망스러운 점은 항산화제가 위장관 암을 예방하지 못한다는 결과이다.[10] 항산화제가 장에서 혈액으로 흡수되어 체순환하는 대신 위장관을 따라 통과하는 동안 위와 장 내벽의 세포에 작용할 수 있으므로 위장관에서 유익한 효과를 발휘하기를 기대하는 사람도 있을 것이다. 그러나 무작위배정 임상시험에서 항산화 영양제의 효능은 발견되지 않았다. 실제로 한 분석 결과에서는 비타민 C를 하루에 100밀리그램 섭취하는 것과 가장 낮은 위암 발생률 사이에 관련이 있는 듯 보였으며, 이는 합리적으로 균형 잡힌 식사보다 더 나은 선택지는 없음을 암시한다.[11]

또 다른 문제는 고농도 아스코르브산이 항산화제가 아닌 산화 촉진제가 될 수 있다는 점이다. 고용량 아스코르브산을 정맥주사로 투여하지 않고 먹기만 한다면, 아스코르브산은 흡수와 배설을 조절하는 메커니즘 덕분에 혈액에서 산화 촉진제로 작용할 만큼 농도가 상승하지 않는다. 그러나 제한 없이 삼킬 수 있다는 점에서, 위장관 내 아스코르브산 농도는 조절 메커니즘이 없다. 비타민 C를 과량 복용했을 때 혈액으로 흡수되지 않고 장을 통과하는 비타민 C는 산소와 싸우지 않을 것이다. 그 대신 세포 손상을 도울 것이다.

감기를 둘러싼 말들

비타민 C 영양제가 감기를 예방하는지, 또는 감기에 걸린 기간을 단축하는지에 관한 내용은 문헌에 끊임없이 등장한다. 약국에서는 면역 체계를 자극한다고 약속하거나 암시하는 다양한 비타민 C 혼합 제제를 판매하는데 이들 제품은 구체적으로 감기와 독감에 효과가 있다고 주장하지 않는다. 통제된 연구에서는 비타민 C 영양제 복용이 건강한 일반인의 감기 발생을 줄이지 않는다고 일관성 있게 증명되었다. 그런데 증상 완화에는 효능이 약간 있다.

매일 비타민 C 영양제를 섭취하면 평균적으로 성인은 최대 8퍼센트, 어린이는 최대 14퍼센트까지 감기 증상의 지속 기간이 줄어들며, 감기 증상이 시작되었을 때 영양제 복용을 시작하는 것이 아니라 매일 영양제를 먹어야만 지속 기간이 줄어든다.[12]

연구는 또한 비타민 C가 특수한 환경에서 감기 증상을 완화하는 데 도움이 된다는 것을 밝혔다. 남아프리카공화국의 울트라 마라톤(정규 마라톤보다 긴 거리를 달리는 초장거리 경주 – 옮긴이) 선수, 극지에서 복무하는 신병, 알프스 스키 캠프에 참가한 아이, 그리고 우수한 수영 선수 등이 참여한 임상시험에서는 하루에 비타민 C를 600~2,000밀리그램 추가 복용한 집단이 위약을 복용한 집단보다 감기 증상의 중증도가 낮았다.[13] 이번 임상시험 참여자는 다른 임상시험 참여자와 마찬가지로 증상이 발생했을 때 비타민 C 복용을 시작하는 것이 아니라 매일 복용했으며, 그 효과는 미미했다. 그런 미약한 효과를 얻기 위해 알려지지 않은 장기 결과를 감수하고 하루에 두 번씩 알약을 먹을 가치가 있는지는 개인이 판단할 일이다.

바이러스 감염이 원인인 감기 연구에는 한 가지 한계가 있다. 바이러스에서 나온 직접적 증거보다 실험 참여자의 증상 보고에 의존한다는 점이다. 그런데 바이러스 감염이 아닌 다른 이유로도 인후염, 기침, 콧물 증상은 발생할 수 있다. 흥미롭게도 비타민 C가 감기 증상에 도움이 되는 것처럼 보이는 상황이 있는데, 건조한 공기를 들이마시거나 염소 처리된 물로 씻어서 코, 인두, 목구멍,

후두 등이 자극을 받은 경우다.

그러한 실험은 아마도 감기가 아니라 목의 자극을 연구하고 있었을 것이다. 삼킨 알약이 목구멍을 통과하는 동안 국부적으로 효능을 발휘할 만큼 비타민을 충분히 방출할 것 같지 않지만, 누군가는 비타민 C 복용 뒤 혈장 내 수치가 일시적으로 급상승하면 목을 진정시키는 효과를 내리라 추정할 것이다. 이러한 추측은 비타민 C 영양제가 감기 발병률을 낮추지는 않지만 감기 증상은 적당히 완화하는 이유도 설명한다. 이는 순수한 추측이다. 과학은 체계적으로 수집된 증거에 바탕을 두지만 유사 과학은 추측을 먹고 산다.

내 친구 메리는 체계적인 증거를 외면한다. 그리고 비타민 C가 감기 예방에 도움이 된다고 확신한다. 메리는 어떠한 경험을 했을까? 그는 1년에 여러 번 감기 증상이 나타날 때마다 비타민 C 알약을 복용한다. 뉴잉글랜드에서 사는 메리는 차갑고 건조한 겨울 공기 속에서 감기 증상을 자주 느낀다. 그런데 1년에 한두 번 감기에 걸리므로 비타민 C를 섭취하면 대부분 효능을 발휘한다고 추측한다.

평균적으로 북미인은 비타민을 추가 복용하지 않고도 1년에 한두 번 감기에 걸린다. 메리는 비타민 C를 먹든 안 먹든 같은 빈도로 감기에 걸릴 것이며, 비타민 C를 먹지 않으면 어떠한 일이 일어나는지 검증하지도 않았다. 메리의 추론은 확증편향으로 알려진 인간 사고의 보편적 특징을 드러내는 사례이다. 비타민 C를 복용하고 감기에 걸리지 않을 때마다 비타민 C에 대한 믿음은 강화된다. 비타민 C를 추가 복용했는데도 감기에 걸릴 때는 그러한 사실을 무시한다. 우리는 모두 똑같은 정신적 지름길을 택하도록, 즉 기존 신념을 뒷받침하는 증거에 주목하고 그 반대인 증거는 무시하도록 타고났다.

확증편향은 메리가 과학적 데이터보다 개인 경험을 신뢰하도록 이끈다. 따라서 메리는 감기 증상이 시작될 때 복용한 비타민 C는 효과를 보이지 않는다는 여러 통제된 실험 결과를 묵살한다. 섭취한 모든 비타민 C 영양제가 화장실에서 몸 밖으로 배출된다는 것 또한 깨닫지 못한다. 메리는 폴링과 마찬가지로 비타민 C 신봉자이다. 그리고 우리 모두와 마찬가지로 비이성적이다. 어쨌거나 메리는 비타민 C를 다섯 번 복용했을 때 네 번은 감기에 걸리지 않았다.

비타민 C가 암과 심장병에 효과가 있는지 연구한 결과도 마찬가지로 실망스러웠다. 이들 연구는 비타민 C에 뚜렷한 효능이 없음을 밝히며, 비타민 C가 놀라운 약이라고 알리는 라이너스 폴링의 주장을 무너뜨렸다. 자세한 내용에 관심이 있는 독자는 비타민 C와 감염, 암, 심혈관 질환을 상세히 설명한 리뷰 논문을 참고하라.[14]

누군가에겐 위험한 비타민C

비타민 C를 과도하게 섭취할 수 있을까? 인체는 비타민 C를 체내에 저장할 때 흡수를 제한하는 동시에 빠르게 배설하므로 비타민 C가 유발하는 급성 전신 독성을 막을 수 있다. 그러나 비타민은 전신 흡수와 관계없이 장내에 영향을 미칠 수 있다. 미국 국립보건원은 "비타민 C를 너무 많이 섭취하면 설사, 메스꺼움, 위경련이 일어날 수 있다. 인체에 철분을 과도하게 저장하는 혈색소증 환자가 비타민 C를 다량 복용하면 병세가 악화되고 신체 조직이 손상될 수 있다"라고 전한다. 국립보건원은 1~3세 어린이는 하루에 400밀리그램, 성인은 하루에 2,000밀리그램 등 안전을 위해 권장하는 비타민 C 하루 최대 섭취량을 다양하게 나열한다. 그런데 모든 사람이 하루 2,000밀리그램 복용으로 위장관 증상이 나타나는 것은 아니며 그런 증상이 나타나더라도 섭취량을 줄이면 증상은 금세 사라진다.

또 다른 문제는 비타민 C 메가도스가 신장결석 발생률을 올릴 가능성이 있다는 점이다.[15] 일부 연구에서 비타민 C 메가도스는 신장결석의 두 가지 일반적인 구성 성분인 요산과 옥살산의 소변 배출을 증가시켰다. 실제로 비타민 C 영양제는 신장 질환자를 제외하면 신장결석 발생률을 크게 올리지 않는다. 비타민 C 부작용으로 특히 위험할 수 있는 집단은 비교적 흔한 유전 질환인 포도당-6-인산포도당 탈수소효소 결핍증 환자로, 특히 아프리카 또는 아시아 혈통인 사람들 사이에서 흔하다. 그런데 비타민 C 독성 효과가 보고된 사례는 고용량 정맥주사를 맞았을 때, 즉 비타민 C가 산화 촉진제로 변환될 수 있을 때뿐이었다.[16]

건강한 일반인은 비타민 C를 극단적으로 많이 복용해도 대개 최소 3개월까지는 안전하다고 여겨진다. 주의할 점은, 적절한 연구가 이루어지지 않은 까닭에 오랜 기간 비타민 C 메가도스를 지속했을 때의 장기 영향은 알 수 없다는 것이다.

일단 과일과 채소를 먹자

결론은 무엇일까? 지금까지 이 책의 논의에 의하면, 과일과 녹색 채소가 부족한 식단을 섭취하는 사람이나 흡연자, 임산부가 비타민 C를 하루에 50밀리그램 정도로 적당량 추가 섭취하는 경우를 제외하면 비타민 C 보충제 복용을 지지하기 어렵다는 결론을 내릴 수 있다. 항산화제가 유익하다고 믿는 사람일지라도, 비타민 C를 한 번에 200밀리그램 넘게 섭취하는 행동은 합리적이지 않다. 비타민 C는 하루에 100밀리그램 넘게 알약이나 음식 형태로 섭취하면 하수구로 흘러 들어가 비타민 C를 먹을 필요 없는 쥐에게 도달할 것이다. 쥐는 스스로 비타민 C를 합성한다.

알려진 바에 따르면, 비타민 C 영양제는 적어도 단기적으로는 하루에 수 그램까지 먹어도 안전하다. 한 가지 우려되는 사항은 비타민 C가 제대로 연구되지 않았음에도, 항산화 영양제를 만성 복용하면 건강을 해친다는 연구 결과가 있다는 점이다. 만성 신장 질환 환자(투석 치료를 받는 사람은 제외), 혈색소증 환자는 비타민 C를 섭취하면 안 된다.

나는 증거에 기반한 의학을 지지한다. 그러한 의학에서는 건강한 사람이 약물, 비타민, 영양제 등의 섭취를 정당화하려면 통제된 연구를 통해 주요 건강 결과상 명백한 이점이 있음을 입증해야 한다고 강조한다. 주요 건강 결과란 기분이 좋아지고 신체 기능이 개선되며 더 오래 사는 것을 뜻한다. 이점이 없다면 남은 것은 두 가지 가능성뿐이다. 섭취한 물질이 건강을 해치거나 그렇지 않으면 아무런 영향을 미치지 않으며 돈 낭비가 되는 것이다. 때로는, 특히 생명을 위협하는 질병에 직면했을 때는 입증되지 않은 치료법을 시도할 수밖에 없다. 그러나 선택의 여지가 있는 상황이라면 나는 그러한 치료법에 효과가 있다는 명백한 증거를 요구하라고 조언한다. 비타민 C 영양제에 있어서는 그런 증거가 존재하지 않는다.

어머니가 말씀하신 대로 행동하자. 녹색 채소와 신선한 과일이 포함된 다양한 식단을 섭취하는 것이다. 어떠한 이유에서든 그것이 불가능하다면 비타민 C를 하루에 50밀리그램씩 적당량 섭취하자. 이보다 비타민 C를 더 많이 복용하는 행동은 건강에 도움이 된다는 증거도 없이 분명 여러분의 주머니만 가볍게 할 것이다.

비타민 C의 엄선된 식품 공급원

식품, 1회 섭취량	1회 섭취량당 비타민 C(밀리그램)[1]
익히지 않은 빨간색 파프리카, ½컵	95
오렌지즙, ¾컵	93
오렌지, 중간 크기 1개	70
자몽즙, ¾컵	70
키위, 중간 크기 1개	64
익히지 않은 녹색 파프리카, ½컵	60
익힌 브로콜리, ½컵	51
얇게 썬 신선한 딸기, ½컵	49
익힌 방울양배추, ½컵	48
자몽, 중간 크기 ½개	39
익히지 않은 브로콜리, ½컵	39
토마토즙, ¾컵	33
캔털루프 멜론, ½컵	29
익힌 양배추, ½컵	28
익히지 않은 콜리플라워, ½컵	26
구운 감자, 중간 크기 1개	17
익히지 않은 토마토, 중간 크기 1개	17
익힌 시금치, ½컵	9
익힌 녹색 완두콩(냉동식품), ½컵	8

들어가며

1 Global News Wire estimates the size of the market for ascorbic acid ("Global Ascorbic Acid Market Poised to Surge from USD 820.4 Million in 2015 to USD 1083.8 Million by 2021," August 24, 2016, https://globe newswire.com/news-release/2016/08/24/866422/0/en/Global-Ascorbic-Acid-Market-Poised-to-Surge-from-USD-820-4-Million-in-2015-to-USD-1083-8-Million-by-2021-MarketResearchStore-Com.html).

1장

1 Quoted in William Byron, *Cervantes: A Biography* (Garden City, NY: Doubleday, 1978), 115.

2 The history of Portuguese exploration and the events leading up to and surrounding the voyage of da Gama are from Roger Crowley, *Conquerers: How Portugal Forged the First Global Empire* (New York: Random House, 2015).

3 All quotations and descriptions of the voyage of Vasco da Gama are from Ernest George Ravenstein, ed., *A Journal of the First Voyage of Vasco de Gama 1497–1499* (1898; repr., London: Hakluyt Society, 2017).

4   Ravenstein, *A Journal of the First Voyage of Vasco da Gama*, 26.

5   Kenneth J. Carpenter, *The History of Scurvy and Vitamin C* (Cambridge: Cambridge University Press, 1986), 1.

6   Stephen R. Bown, *Scurvy: How a Surgeon, a Mariner, and a Gentleman Solved the Greatest Medical Mystery of the Age of Sail* (New York: Thomas Dunne, 2003), 18.

7   Richard Hawkins, *The Observations of Sir Richard Hawkins, Knight, in His Voyage into the South Sea in the Year 1593* (London: Hakluyt Society, 1847; San Francisco: Elibron Classics, 2005).

8   Hawkins, *The Observations of Sir Richard Hawkins*, 82.

9   William Dalrymple, *The Anarchy* (New York: Bloomsbury, 2019), 5.

10   Sir Clements R. Markham, ed., *The Voyages of Sir James Lancaster, KT., to the East Indies* (Miami: Hard Press, 2014).

11   Markham, *The Voyages of Sir James Lancaster*, 62.

12   Carpenter, *The History of Scurvy*, 21.

13   C. Lloyd and J. L. S. Coulter, *Medicine and the Navy, 1200–1900* (Edinburgh: E. and S. Livingstone, 1961).

14   Robert Hitchinson, *The Spanish Armada* (New York: Thomas Dunne, 2014), 203–4.

15   Carpenter, *The History of Scurvy*, 7–10.

2장

1   Stephen R. Bown, *Scurvy: How a Surgeon, a Mariner, and a Gentleman Solved the Greatest Medical Mystery of the Age of Sail* (New York: Thomas Dunne, 2003), 68.

2   The account of Anson's voyage is from the journal published under his name: George Anson, *A Voyage around the World*, ed. Richard R. Walters (London: Paean, 2011). Also see Bown, *Scurvy*, 47–69.

3   Arthur Herman, *How the Scots Invented the Modern World* (New York: Crown, 2001).

4   Louis H. Roddis, *James Lind: Founder of Nautical Medicine* (New York: Henry Schuman, 1950); Ralph Stockman, "James Lind and Scurvy," *Edinburgh Medical Journal* 33 (1926): 329–50.

5   James Lind, *A Treatise on the Scurvy*, 3rd ed. (London, 1772; repr., Birmingham, AL:

Classics in Medicine Library, 1980), 150.

6   Quoted by Bown, *Scurvy*, 82.

7   Lind, *A Treatise on the Scurvy*, 243.

8   Lind, *A Treatise on the Scurvy*, 522.

3장

1   Francis E. Cuppage, *James Cook and the Conquest of Scurvy* (Westport, CT: Greenwood Press, 1994).

2   Stephen R. Bown, *Scurvy: How a Surgeon, a Mariner, and a Gentleman Solved the Greatest Medical Mystery of the Age of Sail* (New York: Thomas Dunne, 2003), 166.

3   J. C. Beaglehole, *The Life of Captain James Cook* (Stanford, CA: Stanford University Press, 1974).

4   J. Cook, "The Methods Taken for Preserving the Health of the Crew of His Majesty's Ship the *Resolution* during Her Late Voyage around the World," *Philosophical Transactions of the Royal Society London* 66 (1776): 402–6; B. J. Stubbs, "Captain Cook's Beer: The Antiscorbutic Use of Malt and Beer in Late 18th Century Sea Voyages," *Asia Pacific Journal of Clinical Nutrition* 13 (2003): 129–37.

5   R. D. Leach, "Sir Gilbert Blane, Bart, MD FRS (1749–1832)," *Annals of the Royal College of Surgeons of England* 62 (1980): 232–39; J. G. Penn-Barwell, "Sir Gilbert Blane FRS: The Man and His Legacy," *Journal of the Royal Naval Medical Service* 102 (2016): 61–66; M. Wharton, "Sir Gilbert Blane Bt (1749–1834)," *Annals of the Royal College of Surgeons of England* 66 (1984): 375–76.

6   Gilbert Blane, *Observations on the Diseases of Seamen*, 2nd ed. (London: Joseph Cooper, 1789), 92, Kindle.

7   Blane, *Observations of the Diseases of Seamen*, 2,567.

8   Blane, *Observations on the Diseases of Seamen*.

9   Blane, *Observations of the Diseases of Seamen*, 611.

10 Blane, *Observations of the Diseases of Seamen*, 625.

11 Blane, *Observations of the Diseases of Seamen*, 1,750.

12 Blane, *Observations of the Diseases of Seamen*, 1,750.

13 Steven Johnson, *The Ghost Map* (New York: Riverhead, 2007).

14 Leach, "Sir Gilbert Blane."

15 James Dugan, *The Great Mutiny* (New York: G. P. Putnam's Sons, 1965), 56.

16 Dugan, *The Great Mutiny*.

17 Dugan, *The Great Mutiny*, 103.

4장

1   Christopher Lloyd, "The Introduction of Lemon Juice as a Cure for Scurvy," *Bulletin of the History of Medicine* 35 (1961): 123–32; J. H. Baron, "Sailors' Scurvy before and after James Lind—A Reassessment," *Nutrition Reviews* 67 (2009) 315–32; M. Harrison, "Scurvy on Sea and Land: Political Economy and Natural History, c. 1780–c. 1850," *Journal for Maritime Research* 15 (2013): 7–25.

2   H. Chick, "The Discovery of Vitamins," *Progress in Food and Nutrition Science* 1 (1975): 1–20.

3   G. C. Cook, "Scurvy in the British Mercantile Marine in the 19th Century, and the Contribution of the Seamen's Hospital Society," *Postgraduate Medical Journal* 80 (2017): 224–29.

4   Cook, "Scurvy in the British Mercantile Marine."

5   David I. Harvie, *Limeys: The True Story of One Man's War against Ignorance, the Establishment and the Deadly Scurvy* (Stroud, UK: Sutton Publishing, 2002), 215–24.

6   Kenneth J. Carpenter, *The History of Scurvy and Vitamin C* (Cambridge: Cambridge University Press, 1986), 98–132.

7   Chick, "The Discovery of Vitamins."

8   R. Christison, "On Scurvy. Account of Scurvy as It Has Lately Appeared in Edinburgh, and of an Epidemic of It among Railway Labourers in the Surrounding County," *Monthly Journal of Medical Science* 13, no. 74 (1847): 1–22.

9   M. Harrison, "Scurvy on Sea and Land: Political Economy and Natural History, c. 1780–c. 1850," *Journal for Maritime Research* 15 (2013): 7–25.

10 W. Baly, "On the Prevention of Scurvy in Prisoners, Pauper Lunatic Asylums, Etc.," *London Medical Gazette* 1 (1843): 699–703.

11 Cecil Woodham-Smith, *The Great Hunger: Ireland 1845–1849* (New York: E. P. Dutton, 1980).

12 P. P. Boyle and C. O. Grada, "Fertility Trends, Excess Mortality and the Great Irish Famine," *Demography* 23, no. 4 (1986): 543–62.

13 C. Ritchie, "Contributions to the Pathology and Treatment of the Scorbutus, Which Is at Present Prevalent in Various Parts of Scotland," *Monthly Journal of Medical Science* 12, no. 13 (1847): 38–49.

14 Carpenter, *The History of Scurvy*, 123–26.

15 R. K. Aspin, "The Papers of Sir Thomas Barlow, BT, KVCO, FRS, PRCP (1845–1945)," *Medical History* 37 (1993): 333–40.

16 T. Barlow, "On Cases Described as 'Acute Rickets' Which Are Probably a Combination of Scurvy and Rickets, the Scurvy Being an Essential, and the Rickets a Variable, Element," *Medical and Chirurgical Transactions* 66 (1883): 159–220.

17 T. Barlow, "The Bradshaw Lecture on Infantile Scurvy and Its Relation to Rickets," *British Medical Journal* 2, no. 1767 (1894): 1029–34.

18 A. F. Hess and M. Fish, "Infantile Scurvy: The Blood, the Blood-Vessels and the Diet," *American Journal of Diseases of Children* 8 (1914): 385–405.

19 Carpenter, *The History of Scurvy*, 134.

20 Stephen R. Bown, *Scurvy: How a Surgeon, a Mariner, and a Gentleman Solved the Greatest Medical Mystery of the Age of Sail* (New York: Thomas Dunne, 2003), 82–83.

21 A. H. Smith, "A Historical Inquiry into the Efficacy of Lime-Juice for the Prevention and Cure of Scurvy," *Journal of the Royal Army Medical Corps* 32 (1919): 93–116, 188–208; L. G. Wilson, "The Clinical Definition of Scurvy and the Discovery of Vitamin C," *Journal of the History of Medicine and Allied Science* 30 (1975): 40–60.

22 Carpenter, *The History of Scurvy*, 145.

23 E. A. Wilson, "The Medical Aspect of the Discovery's Voyage to the Antarctic," *British Medical Journal* 2, no. 2323 (1905): 77–80.

24 Edward A. Wilson, *Diary of the "Discovery" Expedition* (London: Blanford Press, 1966), 287.

25 Wilson, "The Medical Aspect of the Discovery's Voyage to the Antarctic."

26 Roland Huntford, *The Last Place on Earth* (New York: Modern Library, 1999).

27 Wilson, "The Clinical Definition of Scurvy and the Discovery of Vitamin C."

5장

1 Elmer V. McCollum, *A History of Nutrition* (Boston: Houghton Mifflin, 1957), 75–81.

2 F. G. Hopkins, "The Earlier History of Vitamin Research," Nobel lecture, December 11, 1929, www.nobelprize.org/prizes/medicine/1929/hopkins/lecture/; R. D. Semba, "The Discovery of the Vitamins," *International Journal for Vitamin and Nutrition Research* 82 (2012): 310–15.

3 Kenneth J. Carpenter, *Beriberi, White Rice and Vitamin B* (Berkeley: University of California Press, 2000), 10–14; K. C. Carter, "The Germ Theory, Beriberi, and the Deficiency Theory of Disease," *Medical History and Bioethics* 21 (1977): 119–36; Semba, "The Discovery of the Vitamins."

4 Medical Research Committee Special Report No. 20, *Report on the Present State of Knowledge Concerning Accessory Food Factors (Vitamines)* (London: His Majesty's Stationery Office, 1919).

5 Carpenter, *Beriberi*, 10–14.

6 A. Bay, "Mori Ōgai Mori and the Beriberi Dispute," *East Asian Science, Technology and Society: An International Journal* 5 (2011): 573–779.

7 Carpenter, *Beriberi*, 35–46.

8 C. Eijkman, "Antineuitic Vitamin and Beriberi," Nobel lecture, 1929, www.nobelprize.org/prizes/medicine/1929/eijkman/lecture/.

9 G. Grijns, "Over Polyneuritis Gallinarum," *Geneeskundig Tijdschrift voor Nererlandsch-Indië* 41 (1901): 3–110. Published in English in G. Grijns, *Researches on Vitamins 1900–1911* (Gorinchem: J. Noorduyn en Zoon N.V., 1935), 1–108.

10 Eijkman "Antineuitic Vitamin and Beriberi."

11 Thomas Kuhn, *The Structure of Scientific Revolutions*, 2nd ed. (Chicago: University of Chicago Press, 1970).

12 A. Holst, "Experimental Studies Relating to 'Ship Beri-Beri' and Scurvy," *J*

Hygiene 7 (1907): 619–33. A. Holst, and T. Frølich "Experimental Studies Relating to Ship Beri-Beri and Scurvy: II. On the Etiology of Scurvy." *Journal of Hygiene* 7 (1907): 634–71.

13 Elmer V. McCollum, *A History of Nutrition* (Boston: Houghton Mifflin, 1957), 201–28.

14 E. V. McCollum and W. Pitz, "The 'Vitamine' Hypothesis and Deficiency Diseases," *Journal of Biological Chemistry* 31 (1917): 229–53.

15 F. G. Hopkins, "Feeding Experiments Illustrating the Importance of Accessory Factors in Normal Dietaries," *Journal of Physiological Sciences* 44 (1912): 425–60.

16 A. Maltz, "Casimer Funk, Nonconformist Nomenclature, and Networks Surrounding the Discovery of Vitamins," *Journal of Nutrition* 143 (2013): 1013–20; A. Piro, G. Tagarelli, P. Lagonia, A. Tagarelli, and A. Quattrone, "Casimer Funk: His Discovery of the Vitamins and Their Deficiency Disorders," *Annals of Nutrition and Metabolism* 57 (2010): 85–88.

17 C. Funk, "On the Chemical Nature of the Substance Which Cures Polyneuritis in Birds Induced by a Diet of Polished Rice," *Journal of Physiology* 43 (1911): 395–400.

18 J. C. Drummond, "Note on the Role of the Anti-Scorbutic Factor in Nutrition," *Biochemical Journal* 13 (1919): 77–80.

19 Patricia Fara, *A Lab of One's Own: Science and Suffrage in the First World War* (Oxford: Oxford University Press, 2018).

20 Lynn Brindan, Alison Brading, and Tilli Taney, eds., *Women Physiologists: An Anniversary Celebration of their Contributions to British Physiology* (London: Portland Press, 1993).

21 H. Chick, E. M. Hume, R. F. Skelton, and A. Henderson Smith, "The Relative Content of Antiscorbutic Principle in Limes and Lemons," *Lancet* (November 30, 1918): 735–38.

22 A. Henderson Smith, "A Historical Inquiry into the Efficacy of Lime-Juice for the Prevention and Cure of Scurvy," *Journal of the Royal Army Medical Corps* (1919): 188–208.

23 H. Chick, E. J. Dalyell, M. Hume, H. M. M. Mackay, and A. Henderson Smith, "The Etiology of Rickets in Infants," *Lancet* 2 (1922): 7–11.

24 E. V. McCollum and M. Davis, "The Necessity of Certain Lipins in the Diet

during Growth," *Journal of Biological Chemistry* 15 (1913): 167–75.

25 McCollum and Pitz, "The 'Vitamine' Hypothesis and Deficiency Diseases."

26 McCollum and Davis, "The Necessity of Certain Lipins in the Diet during Growth."

27 Drummond, "Note on the Role of the Anti-Scorbutic Factor in Nutrition."

28 Drummond, "Note on the Role of the Anti-Scorbutic Factor in Nutrition."

29 F. G. Hopkins, "The Analyst and the Medical Man," *Analyst* 31 (1906): 385–404.

6장

1 S. S. Zilva, "The Isolation and Identification of Vitamin C," *Archives of Disease in Childhood* 10 (1935): 253–64.

2 A. Harden and S. S. Zilva, "The Antiscorbutic Factor in Lemon Juice," *Biochemical Journal* 12 (1918): 259–69.

3 Ralph W. Moss, *Free Radical: Albert Szent-Gyorgyi and the Battle over Vitamin C* (New York: Paragon House, 1988).

4 A. Szent-Gyorgyi, "Lost in the Twentieth Century," *Annual Review of Biochemistry* 32 (1963): 1–15.

5 A. Szent-Gyorgyi, "Observations on the Function of Peroxidase Systems and the Chemistry of the Adrenal Cortex," *Biochemical Journal* 22 (1928): 1387–1410.

6 J. L. Svirbely and C. G. King, "The Preparation of Vitamin C Concentrates from Lemon Juice," *Journal of Biological Chemistry* 94 (1931): 483–90.

7 J. L. Svirbely and A. Szent-Gyorgyi, "Hexuronic Acid as the Antiscorbutic Factor," *Nature* 129 (1932): 576; J. L. Svirbely and A. Szent-Gyorgyi, "The Chemical Nature of Vitamin C," *Biochemical Journal* 26 (1932): 865–70.

8 S. S. Zilva, "Hexuronic Acid as the Antiscorbutic Factor," Nature 129 (1932): 943; S. S. Zilva, "The Isolation and Identification of Vitamin C."

9 Szent-Gyorgyi, "Lost in the Twentieth Century."

10 C. G. King and W. A. Waugh, "The Chemical Nature of Vitamin C," *Science* 75 (1932) 357–58.

11 W. A. Waugh and C. G. King, "Isolation and Characterization of Vitamin C,"

Journal of Biological Chemistry 97 (1932): 325–31.

12 Svirbely and Szent-Gyorgyi, "Hexuronic Acid as the Antiscorbutic Factor."

13 Szent-Gyorgyi, "Lost in the Twentieth Century."

14 W. N. Haworth, "The Structure of Carbohydrates and of Vitamin C," in *Nobel Lectures: Chemistry 1922–1941* (Amsterdam: Elsevier, 1966).

15 A. Szent-Gyorgyi and W. N. Haworth, "Hexuronic Acid (Ascorbic Acid) as the Antiscorbutic Factor," Nature 131 (1933): 24.

16 A. Szent-Gyorgyi, "Oxidation, Energy Transfer, and Vitamins," in *Nobel Lectures: Physiology or Medicine 1922–1941* (Amsterdam: Elsevier, 1965); W. N. Haworth, "The Structure of Carbohydrates and of Vitamin C," in *Nobel Lectures: Chemistry 1922– 1941* (Amsterdam: Elsevier, 1966).

17 G. J. Cox, "Crystallized Vitamin C and Hexuronic Acid," *Science* 86 (1937): 540– 42.

7장

1 J. C. Drummond and A. Wilbraham, "William Stark, M.D.," *Lancet* 226 (1935): 459–62.

2 Adrian Tinniswood, *The Royal Society and the Invention of Modern Science* (New York: Basic, 2019), 78.

3 J. H. Crandon, C. C. Lund, and D. B. Dill, "Experimental Human Scurvy," *New England Journal of Medicine* 223 (1940): 353–69; J. H. Crandon and C. C. Lund, "Vitamin C Deficiency in an Otherwise Normal Adult," *New England Journal of Medicine* 222 (1940): 748–52.

4 Lawrence K. Altman, *Who Goes First? The Story of Self-Experimentation in Medicine* (New York: Random House, 1987), 250–55.

5 J. Pemberton, "Medical Experiments Carried out in Sheffield on Conscientious Objectors to Military Service during the 1939–45 War," *International Journal of Epidemiology* 35 (2006): 556–58; Medical Research Council, *Vitamins: A Survey of Present Knowledge*, Medical Research Council Special Reports Series No. 167 (London: His Majesty's Stationery Office, 1932).

6　M. Pijoan and E. L. Lozner, "Vitamin C Economy in the Human Subject," *Bulletin of the Johns Hopkins Hospital* 75 (1944): 303-14.

7　R. E. Hodges, E. M. Baker, J. Hood, H. E. Sauberlich, and S. E. March, "Experimental Scurvy in Man," *American Journal of Clinical Nutrition* 22 (1969): 535-48; R. E. Hodges, J. Hood, J. E. Canham, H. E. Sauberlich, and E. M. Baker, "Clinical Manifestations of Ascorbic Acid Deficiency in Man," *Amerian Journal of Clinical Nutrition* 24 (1971): 432-43.

8　S. K. Shah, F. G. Miller, D. C. Darton, D. Duenas, C. Emerson, H. Fernandez Lynch, E. Jamrozik, N. S. Jecker, D. Kamuya, M. Kapulu, J. Kimmelman, D. Mackay, M. J. Memoli, S. C. Murphy, R. Palacios, T. L. Richie, M. Roestenberg, A. Saxena, K. Saylor, M. J. Selgelid, V. Vaswani, and A. Rid, "Ethics of Controlled Human Infection to Address COVID-19," *Science* 368 (2020): 832-34.

8장

1　C. S. Johnston, F. M. Steinberg, and R. B. Rucker, "Ascorbic Acid," in *Handbook of Vitamins*, ed. J. Zempleni, 4th ed. (Boca Raton, FL: CRC Press, 2007), 489-520.

2　M. Levine, "New Concepts in the Biology and Biochemistry of Ascorbic Acid," *New England Journal of Medicine* 314 (1986): 892-902; I. B. Chatterjee, A. K. Mujumder, B. K. Nandi, and N. Subramanian, "Synthesis and Some Major Functions of Vitamin C in Animals," *Annals of the New York Academy of Sciences* 258 (1975): 24-47; J. Mandl, A. Szarka, and G. Banhegyi, "Vitamin C: Update on Physiology and Pharmacology," *British Journal of Pharmacology* 157 (2009) 1097-1110; Johnston, Steinberg, and Rucker, "Ascorbic Acid."

3　Mandl, Szarka, and Banhegyi, "Vitamin C: Update on Physiology and Pharmacology."

4　Johnston, Steinberg, and Rucker, "Ascorbic Acid."

5　N. L. Parrow, J. A. Leshin, and M. Levine, "Parenteral Ascorbate as a Cancer Therapeutic: A Reassessment Based on Pharmacokinetics," *Antioxidants and Redox Signaling* 19 (2013): 2141-56.

6　N. Smirnoff, "Ascorbic Acid Metabolism and Function: A Comparison of Plants and Animals," *Free Radical Biology and Medicine* 122 (2018): 116–29; G. Drouin, J. R. Godin, and B. Page, "The Genetics of Vitamin C Loss in Vertebrates," *Current Genomics* 12 (2011): 371–78; I. B. Chatterjee, "Evolution and the Biosynthesis of Ascorbic Acid," *Science* 182 (1973): 1271–72; A. Nandi, K. Mukhopadhyay, M. K. Ghosh, D. J. Chattopadhyay, and I. B. Chatterjee, "Evolutionary Significance of Vitamin C Biosynthesis in Terrestrial Vertebrates," *Free Radical Biology and Medicine* 22 (1997): 1047–54; A. R. Fernie and T. Tohge, "Ascorbate Biosynthesis: A Cross-Kingdom History," *eLife* 4 (2015): e07527.

7   P. Aghajanian, S. Hall, M. D. Wongworawat, and S. Mohan, "The Roles and Mechanisms of Action of Vitamin C in Bone: New Developments," *Journal of Bone and Mineral Research* 30 (2015): 1945–55; Johnston, Steinberg, and Rucker, "Ascorbic Acid."

8   N. Gest, H. Gaitier, and R. Stevens, "Ascorbate as Seen through Plant Evolution: The Rise of a Successful Molecule?" *Journal of Experimental Botany* 64 (2013): 33–53; B. N. Ivanov, "Role of Ascorbic Acid in Photosynthesis," *Biochemistry (Moscow)* 79 (2014): 282–89; Y. Leshem, "Plant Senescence Processes and Free Radicals," *Free Radical Biology and Medicine* 5 (1988): 39–49; Smirnoff, "Ascorbic Acid Metabolism and Function: A Comparison of Plants and Animals"; N. Smirnoff and G. L. Wheeler, "Ascorbic Acid in Plants: Biosynthesis and Function," *Critical Reviews in Biochemistry and Molecular Biology* 35 (2000): 291–414.

9   Mandl, Szarka, and Banhegyi, "Vitamin C: Update on Physiology and Pharmacology."

10 S. England and S. Seifter, "The Biochemical Functions of Ascorbic Acid," *Annual Review of Nutrition* 6 (1986): 365–406.

11 Johnston, Steinberg, and Rucker, "Ascorbic acid."

12 Mandl, Szarka, and Banhegyi, "Vitamin C: Update on Physiology and Pharmacology."

13 K. J. Nytko, N. Maeda, P. Schafli, P. Spielman, R. H. Wengler, and D. P. Stiehl, "Vitamin C Is Dispensable for Oxygen Sensing in Vivo," *Blood* 117 (2010): 5485–93.

14 Johnston, Steinberg, and Rucker, "Ascorbic Acid."

15 S. Hasselhot, P. Tveden-Nyborg, and J. Lykkesfeldt, "Distribution of Vitamin C Is Tissue Specific with Early Saturation of the Brain and Adrenal Glands Following Differential Oral Dose Regimens in Guinea Pigs," *British Journal of Nutrition* 113 (2015): 1539–49.

16 C. C. Carr and S. Maggini, "Vitamin C and Immune Function," *Nutrients* 9 (2017): 1211, https://doi.org/10.3390/nu9111211; H. Hemila, "Vitamin C and Infections," *Nutrients* 9 (2017): 339–56; W. R. Thomas and P. G. Holt, "Vitamin C and Immunity: An Assessment of the Evidence," *Clinical and Experimental Immunology* 32 (1978): 370–79.

17 Alfred F. Hess, *Scurvy: Past and Present* (Philadelphia: Lippencott, 1920). Available at http://chla.library.cornell.edu.

18 P. W. Washko, Y. Wang, and M. Levine, "Ascorbic Acid Recycling in Human Neutrophils," *Journal of Biological Chemistry* 268 (1993): 15531–35.

9장

1 The details of the biography of Linus Pauling are from Thomas Hager, *Force of Nature: The Life of Linus Pauling* (New York: Simon and Schuster, 1995).

2 L. Pauling, "The Nature of the Chemical Bond: Application of Results Obtained from the Quantum Mechanics and from a Theory of Paramagnetic Susceptibility to the Structure of Molecules," *Journal of the American Chemical Society* 53 (1931): 1367–400.

3 L. Pauling, R. B. Corey, and H. R. Branson, "The Structure of Proteins: Two Hydrogen-Bonded Helical Configurations of the Polypeptide Chain," *Proceedings of the National Academy of Sciences* 37 (1951): 205–11; L. Pauling and R. B. Corey, "Atomic Coordinates and Structure Factors for Two Helical Configurations of Polypeptide Chains," *Proceedings of the National Academy of Sciences* 37 (1951): 235–40; L. Pauling and R. B. Corey, "The Structure of Synthetic Polypeptides," *Proceedings of the National Academy of Sciences* 37 (1951): 241–50; L. Pauling and R. B. Corey, "The Pleated Sheet, a New Layer Configuration of Polypeptide Chains," *Proceedings of the National Academy of Sciences* 37 (1951): 251–56; L. Pauling and R.

B. Corey, "The Structure of Feather Rachis Keratin," *Proceedings of the National Academy of Sciences* 37 (1951): 256–61; L. Pauling and R. B. Corey, "The Structure of Hair, Muscle and Related Proteins," *Proceedings of the National Academy of Sciences* 37 (1951): 261–71; L. Pauling and R. B. Corey, "The Structure of Fibrous Proteins of the Collagen-Gelatin Group," *Proceedings of the National Academy of Sciences* 37 (1951): 272–81; L. Pauling and R. B. Corey, "The Polypeptide-Chain Configuration in Hemoglobin and Other Globular Proteins," *Proceedings of the National Academy of Sciences* 37 (1951): 282–85; L. Pauling and R. B. Corey, "Configurations of Polypeptide Chains with Favored Orientations around Single Bonds: Two New Pleated Sheets," *Proceedings of the National Academy of Sciences* 37 (1951): 729–40.

4 L. Pauling, H. A. Itano, S. J. Singer, and I. C. Wells, "Sickle Cell Anemia: A Molecular Disease," *Science* 110 (1949): 543–48.

5 L. Pauling and R. B. Corey, "A Proposed Structure for the Nucleic Acids," *Proceedings of the National Academy of Sciences* 39 (1953): 84–97.

6 L. Pauling, "Orthomolecular Psychiatry," *Science* 160 (1968): 265–71.

7 Linus Pauling, *Vitamin C and the Common Cold* (San Francisco: W. H. Freeman, 1970).

8 G. Ritzel, "Critical Evaluation of the Prophylactic and Therapeutic Properties of Vitamin C with Respect to the Common Cold," *Helvetica Medica Acta* 28 (1961): 63–68.

9 L. Pauling, "The Significance of the Evidence about Ascorbic Acid and the Common Cold," *Proceedings of the National Academy of Sciences* 68 (1971): 2678–81.

10 D. W. Cowan, H. S. Diehl, and A. B. Baker, "Vitamins for the Prevention of Colds," *JAMA* 120 (1942): 1268–71; T. R. Karlowski, T. C. Chalmers, L. D. Frenkel, A. Z. Kapikian, T. L. Lewis, and J. M. Lynch, "Ascorbic Acid for the Common Cold: A Prophylactic and Therapeutic Trial," *JAMA* 231 (1975): 1038–42; T. W. Anderson, G. H. Beaton, P. N. Corer, and L. Spero, "Winter Illness and Vitamin C: The Effect of Relatively Low Doses," *Canadian Medical Association Journal* 112 (1975): 823–26; T. W. Anderson, D. B. W. Reid, and G. H. Beaton, "Vitamin C and the Common Cold: A Double-Blind Trial," *Canadian Medical Association Journal* 105 (1972): 503–8; T. W. Anderson, G. Suranyi, and G. H. Beaton, "The Effect

on Winter Illness of Large Doses of Vitamin C," *Canadian Medical Association Journal* 111 (1974): 31–36; J. L. Coulehan, K. S. Reisinger, K. D. Rogers, and D. W. Bradley, "Vitamin C Prophylaxis in a Boarding School," *New England Journal of Medicine* 290 (1974): 6–10; C. W. M. Wilson and H. S. Loh, "Common Cold and Vitamin C," *Lancet* 1 (1973): 638–41.

11 T. C. Chalmers, "Effects of Ascorbic Acid on the Common Cold," *American Journal of Medicine* 58 (1975): 532–36.

12 Chalmers, "Effects of Ascorbic Acid on the Common Cold"; M. H. M. Dykes and P. Meier, "Ascorbic Acid and the Common Cold: Evaluation of Its Efficacy and Toxicity," *JAMA* 231 (1975): 1073–79; T. W. Anderson, "Large-Scale Trials of Vitamin C," *Annals of the New York Academy of Sciences* 258 (1975): 498–504.

13 Linus Pauling, *Vitamin C, the Common Cold, and the Flu* (San Francisco: W. H. Freeman, 1976).

14 E. T. Creagan, C. G. Moertel, J. R. O'Fallon, A. J. Schutt, M. J. O'Connell, J. Rubin, and S. Frytak, "Failure of High-Dose Vitamin C (Ascorbic Acid) to Benefit Patients with Advanced Cancer: A Controlled Trial," *New England Journal of Medicine* 301 (1979): 687–90.

15 C. G. Moertel, T. R. Fleming, E. T. Creagan, J. Rubin, M. J. O'Connell, and M. M. Ames, "High-Dose Vitamin C versus Placebo in the Treatment of Patients with Advanced Cancer Who Have Had No Prior Chemotherapy: A Randomized Double-Blind Comparison," *New England Journal of Medicine* 312 (1985): 137–41.

10장

1 Dan Hurley, *Natural Causes: Death, Lies, and Politics in America's Vitamin and Herbal Supplement Industry* (New York: Broadway, 2006); Paul A. Offit, *Do You Believe in Magic? The Sense and Nonsense of Alternative Medicine* (New York: HarperCollins, 2013).

2 E. D. Kantor, C. D. Rehm, M. Du, E. White, and E. L. Giovannucci, "Trends in Dietary Supplement Use among US Adults from 1999–2012," *JAMA* 316 (2016): 1464–74; D. M. Eisenberg, R. C. Kessler, C. Foster, F. E. Norlock, D. R. Calkins, and T. L. Delbanco, "Unconventional Medicine in the United States," *New England*

Journal of Medicine 328 (1993): 246–52; J. J. Galche, R. I. Bailey, N. Potischman, and J. T. Dwyer, "Dietary Supplement Use Was Very High among Older Adults in the United States in 2011–2014," *Journal of Nutrition* 147 (2017): 1968–76; S. P. Murphy, D. Rose, M. Hudes, and F. E. Viterii, "Demographic and Economic Factors Associated with Dietary Quality for Adults in the 1987–88 Nationwide Food Consumption Survey," *Journal of the American Dietetic Association* 92 (1992): 1352–57.

3   D. M. Qato, J. Wilder, P. Shumm, V. Gillet, and C. Alexander, "Changes in Prescription and Over-the-Counter Medication and Dietary Supplement Use among Older Adults in the United States, 2005 versus 2011," *JAMA Internal Medicine* 176 (2016): 473–82.

4   U. S. Food and Drug Administration, "Dietary Supplements," https://www.fda.gov/Food/DietarySupplements/default.htm.

5   S. M. Schmitz, H. L. Lopez, D. Mackay, H. Nguyen, and P. Miller, "Serious Adverse Events Reported with Dietary Supplement Use in the United States: A 2.5 Year Experience," *Journal of Dietary Supplements* 17 (2020): 227–48, https://doi.org/10.1080/19390211.2018.1513109.

6   A. I. Geller, N. Shehab, N. J. Weidle, M. C. Lovegrove, B. J. Wolpert, B. B. Timbo, R. P. Mozersky, and D. S. Budnitz, "Emergency Department Visits for Adverse Events Related to Dietary Supplements," *New England Journal of Medicine* 373 (2015): 1531–40.

7   J. Calahan, D. Howard, A. J. Almalki, M. P. Gupta, and A. I. Calderon, "Chemical Adulteration in Herbal Medicinal Products: A Review," *Planta Medica* 82 (2016): 505–15; D. M. Marcus, "Dietary Supplements: What's in a Name? What's in the Bottle?" *Drug Testing Analysis* 8 (2015): 410–12.

8   Katherine Eban, *Bottle of Lies* (New York: HarperCollins, 2019).

9   Linus Pauling, *The Nature of the Chemical Bond* (Ithaca, NY: Cornell University Press, 1960).

11장

1 Medical Research Council, *Vitamins: A Survey of Present Knowledge*, Medical Research Council Special Reports Series No. 167 (London: His Majesty's Stationery Office, 1932), 10.

2 A. E. Carroll, "Health Facts Aren't Enough. Should Persuasion Become a Priority?" *New York Times*, July 22, 2019.

3 B. Nyhan, J. Reifler, S. Richey, and G. L. Freed, "Effective Messages in Vaccine Promotion: A Randomized Trial," *Pediatrics* 133 (2014): 835–42.

4 R. J. Blendon, C. M. DesRoches, J. M. Benson, M. Brodie, and D. E. Altman, "Americans' Views on the Use and Regulation of Dietary Supplements," *Archives of Internal Medicine* 161 (2001): 805–10.

5 A. J. Bollet, "Politics and Pellagra: The Epidemic of Pellagra in the U.S. in the Early Twentieth Century," *Yale Journal of Biology and Medicine* 65 (1992): 211–21.

12장

1 Food and Nutrition Board, Institute of Medicine, *Dietary Reference Intakes for Vitamin C, Vitamin E, Selenium and Carentenoids* (Washington, DC: National Academy Press, 2000).

2 Y. Li and H. E. Schelhorn, "New Developments and Novel Therapeutic Perspectives for Vitamin C," *Journal of Nutrition* 137 (2007): 2171–84.

3 M. Levine, C. Conry-Cantelena, Y. Wang, R. W. Welch, P. W. Washko, K. R. Dhariwal, J. B. Park, A. Lazarev, J. F. Graumlich, J. King, and L. R. Cantilena, "Vitamin C Pharmacokinetics in Healthy Volunteers: Evidence for a Recommended Daily Allowance," *Proceedings of the National Academies of Science* 93 (1996): 3704–9; M. Levine, Y. Wang, S. J. Padayatty, and J. Morrow, "A New Recommended Dietary Allowance of Vitamin C for Healthy Women," *Proceedings of the National Academies of Science* 98 (2001): 9842–46.

4 Food and Nutrition Board, *Dietary Reference Intakes for Vitamin C, Vitamin E, Selenium and Carentenoids.*

5 A. Kallner, D. Hartmann, and D. Hornig, "Steady-State Turnover and Body Pool

of Ascorbic Acid in Man," *American Journal of Clinical Nutrition* 32 (1979): 530–39.

6   Food and Nutrition Board, *Dietary Reference Intakes for Vitamin C, Vitamin E, Selenium and Carentenoids.*

7   V. R. Young, "Evidence for a Recommended Daily Allowance for Vitamin C from Pharmacokinetics: A Comment and Analysis," *Proceedings of the National Academies of Science* 93 (1996): 14344–48.

8   Public Health England, *Government Dietary Recommendations* (London: The Stationery Office, 2016), https://assets.publishing.service.gov.uk/government/uploads/system/uploads/attachment_data/ file/618167/government_dietary_recommendations.pdf.

9   G. Bjelakovic, D. Nikolova, L. L. Gluud, R. G. Simonetti, and C. Gluud, "Antioxidant Supplements for Prevention of Mortality in Healthy Participants and Patients with Various Diseases," *Cochrane Database of Systematic Reviews* CD007176 (2012).

10 G. Bjelakovic, D. Nikolova, R. G. Simonetti, and C. Gluud, "Antioxidant Supplements for Prevention of Gastrointestinal Cancers: A Systematic Review and Meta-Analysis," *Lancet* 364 (2004): 1219–28.

11 Bjelakovic, Nikolova, Simonetti, and Gluud, "Antioxidant Supplements for Prevention of Gastrointestinal Cancers."

12 H. Hemila and E. Chalker, "Vitamin C for Preventing and Treating the Common Cold," *Cochrane Database of Systematic Reviews* CD000980 (2013).

13 G. Ritzel, "Critical Evaluation of the Prophylactic and Therapeutic Properties of Vitamin C with Respect to the Common Cold," *Helvetica Medica Acta* 28 (1961): 63–68; N. W. Constantini, G. Dubnov-Raz, B. Eyal, E. M. Berry, A. H. Cohen, and H. Hemila, "The Effects of Vitamin C on Upper Respiratory Infections in Adolescent Swimmers: A Randomized Trial," *European Journal of Pediatrics* 170 (2011): 59–63; B. H. Sabiston and M. W. Radonski, "Health Problems and Vitamin C in Canadian Northern Military Operations," Defence and Civil Institute of Environmental Medicine Report 74-R-1012 (1974): www.mv.helsinki.fi/home/hemila/CC/Sabiston_1974_ch.pdf; E. M. Peters, J. M. Goetzsche, B. Grobbelaar, and T. D. Noakes, "Vitamin C Supplementation Reduces the

Incidence of Postrace Symptoms of UpperRespiratory-Tract Infection in Ultramarathon Runners," *American Journal of Clinical Nutrition* 57 (1993): 170–74.

14 Hemila and Chalker, "Vitamin C for Preventing and Treating the Common Cold"; H. Hemila, "Vitamin C and Infections," *Nutrients* 9 (2017): 339–56; C. Jacobs, B. Hutton, T. Ng, R. Shorr, and M. Clemons, "Is There a Role for Oral or Intravenous Ascorbate (Vitamin C) in Treating Patients with Cancer? A Systematic Review," *Oncologist* 20 (2015): 210–23; M. A. Moser and O. K. Chun, "Vitamin C and Heart Health: A Review Based on Findings from Epidemiological Studies," *International Journal of Molecular Science* 17, 8 (2016): 1328, https:// doi.org/10.3390/ijms17081328.

15 H. Gerster, "No Contribution of Ascorbic Acid to Renal Calcium Oxalate Stones," *Annals of Nutrition and Metabolism* 41 (1997): 269–82.

16 S. Wu, G. Wu, and H. Wu, "Hemolytic Jaundice Induced by Pharmacological Dose Ascorbic Acid in Glucose-6-Phosphate Dehydrogenase Deficiency," *Medicine* 97, no. 51 (2018): e13588.

부록

1 National Institutes of Health, Office of Dietary Supplements, "Vitamin C," https://ods.od.nih.gov/factsheets/VitaminC-HealthProfessional/.

참고문헌

Aghajanian P., S. Hall, M. D. Wongworawat, and S. Mohan. "The Roles and
    Mechanisms of Action of Vitamin C in Bone: New Developments." *Journal of
    Bone and Mineral Research* 30 (2015): 1945–55.

Altman, Lawrence K. *Who Goes First? The Story of Self-Experimentation in Medicine.* New
    York: Random House, 1987.

Anderson, T. W. "Large-Scale Trials of Vitamin C." *Annals of the New York Academy of
    Sciences* 258 (1975): 498–504.

Anderson, T. W., G. H. Beaton, P. N. Corer, and L. Spero. "Winter Illness and Vitamin
    C: The Effect of Relatively Low Doses." *Canadian Medical Association Journal* 112
    (1975): 823–26.

Anderson, T. W., D. B. W. Reid, and G. H. Beaton. "Vitamin C and the Common
    Cold: A Double-Blind Trial." *Canadian Medical Association Journal* 105 (1972):
    503–8.

Anderson, T. W., G. Suranyi, and G. H. Beaton. "The Effect on Winter Illness of Large
    Doses of Vitamin C." *Canadian Medical Association Journal* 111 (1974): 31–36.

Anson, George. *A Voyage around the World.* London: Paean Books, 2011.

Aspin, R. K. "The Papers of Sir Thomas Barlow, BT, KVCO, FRS, PRCP (1845–1945)."
    Medical History 37 (1993): 333–40.

Baly, W. "On the Prevention of Scurvy in Prisoners, Pauper Lunatic Asylums, Etc." *London Medical Gazette* 1 (1843): 699–703.

Barlow, T. "On Cases Described as 'Acute Rickets' Which Are Probably a Combination of Scurvy and Rickets, the Scurvy Being an Essential, and the Rickets a Variable Element." *Medico-Chirurgical Transactions* 66 (1883): 159–220.

_____. "The Bradshaw Lecture on Infantile Scurvy and Its Relation to Rickets." *British Medical Journal* 2, no.1767 (November 10, 1894): 1029–34.

Barrett, J. "Observations on Scurvy: As It Was Developed in Bath and Its Neighborhood, in the Spring of 1847." *Provincial Medical and Surgical Journal* 13, no. 6 (March 21, 1849): 148–53.

Bartley, W., H. A. Krebs, and J. R. P. O'Brien. "Vitamin C Requirements of Human Adults." Medical Research Council Special Report Series No. 280. London: Her Majesty's Stationery Office, 1953.

Bay, A. "Mori Ōgai Mori and the Beriberi Dispute." *East Asian Science, Technology and Society: An International Journal* 5 (2011): 573–79.

Beaglehole, J. C. *The Life of Captain James Cook.* Stanford, CA: Stanford University Press, 1974.

Berg, Jeremy M, John L. Tymoczko, and Lubert Stryer. *Biochemistry.* 5th ed. New York: W. H. Freeman, 2002.

Bjelakovic, G., D. Nikolova, R. G. Simonetti, and C. Gluud. "Antioxidant Supplements for Prevention of Gastrointestinal Cancers: A Systematic Review and Meta-Analysis." *Lancet* 364 (2004): 1219–28.

Blaine, Gibert. *Observations on the Diseases of Seamen,* 2nd ed. London: Joseph Cooper, 1789; repr. Boston: Gate ECCO, 2010.

Bollet, A. J. "Politics and Pellagra: The Epidemic of Pellagra in the U.S. in the Early Twentieth Century." *Yale Journal of Biology and Medicine* 65 (1992): 211–21.

Bown, Stephen R. *Scurvy: How a Surgeon, a Mariner and a Gentleman Solved the Greatest Medical Mystery of the Age of Sail.* New York: Thomas Dunne, 2003.

Boyle, P. P., and C. O. Grada. "Fertility Trends, Excess Mortality and the Great Irish Famine." *Demography* 23, no. 4 (1986): 543–62.

Brindan, Lynn, Alison Brading, and Tilli Taney, eds. *Women Physiologists. An*

Anniversary Celebration of their Contributions to British Physiology. London: Portland Press, 1993.

Byron, Willian. *Cervantes: A Biography*. Garden City, NY: Doubleday, 1978.

Calahan, J., D. Howard, A. J. Almalki, M. P. Gupta, and A. I. Calderon. "Chemical Adulteration in Herbal Medicinal Products: A Review." *Planta Medica* 82 (2016): 505–15.

Camarena, V., and G. Wang. "The Epigenetic Role of Vitamin C in Health and Disease." *Cellular and Molecular Life Sciences* 73 (2016): 1645–58.

Carpenter, Kenneth J. *The History of Scurvy and Vitamin C*. Cambridge: Cambridge University Press, 1986.

_____. Review of *Free Radical: Albert Szent-Gyorgyi and the Battle over Vitamin C*, by Ralph W. Moss. *Journal of Nutrition* 118 (1988): 1422–23.

_____. *Beriberi, White Rice and Vitamin B*. Berkeley: University of California Press, 2000.

Carr, C. C., and S. Maggini. "Vitamin C and Immune Function." *Nutrients* 9 (2017): 1211, https://doi.org/10.3390/nu9111211.

Carter, K. C. "The Germ Theory, Beriberi, and the Deficiency Theory of Disease." *Medical History* 21 (1977): 119–36.

Chalmers, T. C. "Effects of Ascorbic Acid on the Common Cold." *American Journal of Medicine* 58 (1975): 532–36.

Chappell, Vere C., ed. *The Philosophy of David Hume*. New York: Modern Library, 1963.

Chatterjee, I. B. "Evolution and the Biosynthesis of Ascorbic Acid." *Science* 182 (1973): 1271–72.

Chatterjee, I. B., A. K. Mujumder, B. K. Nandi, and N. Subramanian. "Synthesis and Some Major Functions of Vitamin C in Animals." *Annals of the New York Academy of Sciences* 258 (1975): 24–47.

Chick, H., E. J. Dalyell, M. Hume, H. M. M. Mackay, and H. Henderson Smith. "The Etiology of Rickets in Infants." *Lancet* 2 (1922): 7–11.

Chick, H., E. M. Hume, R. F. Skelton, and A. Henderson Smith. "The Relative Content of Antiscorbutic Principle in Limes and Lemons." *Lancet* (November 30, 1918): 735–38.

Chick, Harriette, Margaret Hume, and Marjorie Macfarland, *War on Disease: A History of the Lister Institute*. London: Andre Deutsch, 1971.

Christison, R. "On Scurvy: Account of Scurvy as It Has Lately Appeared in Edinburgh, and of an Epidemic of It among Railway Labourers in the Surrounding County." *Monthly Journal of Medical Science* 13, no. 74 (1847): 1–22.

Constantini, N. W., G. Dubnov-Raz, B. Eyal, E. M. Berry, A. H. Cohen, and H. Hemila. "The Effects of Vitamin C on Upper Respiratory Infections in Adolescent Swimmers: A Randomized Trial." *European Journal of Pediatrics* 170 (2011): 59–63.

Cook, G. C. "Scurvy in the British Mercantile Marine in the 19th Century, and the Contribution of the Seaman's Hospital Society." *Postgraduate Medical Journal* 80 (2004): 224–29.

Cook, J. "The Methods Taken for Preserving the Health of the Crew of His Majesty's Ship the *Resolution* during Her Late Voyage around the World." *Philosophical Transactions of the Royal Society of London* 66 (1776): 402–6.

Cooper, E. A. "On the Protective and Curative Properties of Certain Foodstuffs against Polyneuritis Induced in Birds by a Diet of Polished Rice." *Journal of Hygiene* 12 (1912): 436–62.

_____. "The Nutritional Importance of the Presence in Dietaries of Minute Amounts of Certain Accessory Substances." *British Medical Journal* 1, no. 2727 (1913): 722–24.

_____. "On the Protective and Curative Properties of Certain Foodstuffs against Polyneuritis Induced in Birds by a Diet of Polished Rice." *Journal of Hygiene* 14 (1914): 12–22.

Coulehan, J. L., K. S. Reisinger, K. D. Rogers, and D. W. Bradley. "Vitamin C Prophylaxis in a Boarding School." *New England Journal of Medicine* 290 (1974): 6–10.

Cowan, D. W., H. S. Diehl, and A. B. Baker. "Vitamins for the Prevention of Colds." *JAMA* 120 (1942): 1268–71.

Crandon, J. H., and C. C. Lund. "Vitamin C Deficiency in an Otherwise Normal Adult." *New England Journal of Medicine* 222 (1940): 748–52.

Crandon, J. H., C. C. Lund, and D. B. Dill. "Experimental Human Scurvy." *New England Journal of Medicine* 223 (1940): 353–69.

Crowley, Roger. *City of Fortune: How Venice Ruled the Seas*. New York: Random House, 2011.

———. *Conquerors: How Portugal Forged the First Global Empire*. New York: Random House, 2015.

Cuppage, Francis E. *James Cook and the Conquest of Scurvy*. Westport, CT: Greenwood Press, 1994.

Dalrymple, William. *The Anarchy*. New York: Bloomsbury, 2019.

De Vreese, L. "Causal (Mis)understanding and the Search for Scientific Explanations: A Case Study from the History of Medicine." *Studies in History and Philosophy of Biological and Biomedical Sciences* 39 (2008): 14–24.

Drouin, G., J. R. Godin, and B. Page. "The Genetics of Vitamin C Loss in Vertebrates." *Current Genomics* 12 (2011): 371–78.

Drummond, J. C., and A. Wilbraham. "William Stark, M.D." *Lancet* 226 (1935): 459–62.

Dugan, James. *The Great Mutiny*. New York: G. P. Putnam's Sons, 1965.

Dunn, W. A., G. Rettura, E. Seifter, S. Englard, "Carnitine Biosynthesis from γ-Butyrobetataine and from Exogenous Protein-bound 6-NTrimethyl-L-lysine by the Perfused Guinea Pig Liver." *Journal of Biological Chemistry* 259 (1984): 10764–70.

Dykes, M. H. M., and P. Meier. "Ascorbic Acid and the Common Cold. Evaluation of Its Efficacy and Toxicity." *JAMA* 231 (1975): 1073–79.

Eban, Katherine. *Bottle of Lies*. New York: Ecco Press, 2019.

Eijkman, C. "Antineuitic Vitamin and Beriberi." Nobel Lecture (1929). NobelPrize.org. www.nobelprize.org/prizes/medicine/1929/eijkman/lecture/.

Eisenberg, D. M., R. C. Kessler, C. Foster, F. E. Norlock, D. R. Calkins, and T. L. Delbanco. "Unconventional Medicine in the United States." *New England Journal of Medicine* 328 (1993): 246–52.

England, S., and S. Seifter. "The Biochemical Functions of Ascorbic Acid." *Annual Review of Nutrition* 6 (1986): 365–406.

Fara, Patricia. *A Lab of One's Own: Science and Suffrage in the First World War*. Oxford: Oxford University Press, 2018.

Fernie, A. R., and T. Tohge. "Ascorbate Biosynthesis. A Cross-Kingdom History." *eLife* 4 (2015): e07527.

Foster, William, ed. *The Voyages of Sir James Lancaster to Brasil and the East Indies 1591– 1603*. London: Hakluyt Society, 1940.

Funk, C. "On the Chemical Nature of the Substance Which Cures Polyneuritis in Birds Induced by a Diet of Polished Rice." *Journal of Physiology* 43 (1911): 395–400.

Gahche, J. J., R. I. Bailey, N. Potischman, and J. T. Dwyer. "Dietary Supplement Use Was Very High among Older Adults in the United States in 2011–2014." *Journal of Nutrition* 147 (2017): 1968–76.

Geller, A. I., N. Shehab, N. J. Weidle, M. C. Lovegrove, B. J. Wolpert, B. B. Timbo, R. P. Mozersky, and D. S. Budnitz. "Emergency Department Visits for Adverse Events Related to Dietary Supplements." *New England Journal of Medicine* 373 (2015): 1531–40.

Gest, N., H. Gaitier, and R. Stevens. "Ascorbate as Seen through Plant Evolution: The Rise of a Successful Molecule?" *Journal of Experimental Botany* 64 (2013): 33–53.

Gorman, Sara E., and Jack M Gorman. *Denying to the Grave*. New York: Oxford University Press, 2017.

Grijns, G. "Over Polyneuritis Gallinarum." *Geneeskundig Tijdschrift voor Nererlandsch-Indië* 41 (1901): 3–110. Published in English in Grijns, G. *Researches on Vitamins 1900–1911*. Gorinchem: J. Noorduyn en Zoon N.V., 1935, 1–108.

———. *Researches on Vitamins 1900–1911*. Gorinchem: J. Noorduyn en Zoon N.V., 1935.

Hager, Thomas. *Force of Nature: The Life of Linus Pauling*. New York: Simon and Schuster, 1995.

Harden, A., and S. S. Zilva. "Accessory Factors in the Nutrition of the Rat." *Biochemical Journal* 12 (1918): 408–15.

———. "The Antiscorbutic Factor in Lemon Juice." *Biochemical Journal* 12 (1918): 259–69.

Harrison, M. "Scurvy on Sea and Land: Political Economy and Natural History, c.1780–c.1850." *Journal for Maritime Research* 15 (2013): 7–25.

Harvie, David I. *Limeys: The True Story of One Man's War against Ignorance, the Establishment and the Deadly Scurvy.* Stroud, UK: Sutton, 2002.

Hasselhot, S., P. Tveden-Nyborg, and J. Lykkesfeldt. "Distribution of Vitamin C Is Tissue Specific with Early Saturation of the Brain and Adrenal Glands Following Differential Oral Dose Regimens in Guinea Pigs." *British Journal of Nutrition* 113 (1915): 1539–49.

Hawkins, Richard. *The Observations of Sir Richard Hawkins, Knight, in His Voyage into the South Sea in the Year 1593.* San Francisco: Elibron Classics, 2005. First published 1847 by the Hakluyt Society (London).

Haworth, W. N. "The Structure of Carbohydrates and of Vitamin C." Nobel Lecture (1937). NobelPrize.org. www.nobelprize.org/prizes/chemistry/1937/haworth/lecture/.

Hemila, H. "Vitamin C and Infections." *Nutrients* 9 (2017): 339–56.

Hemila, H., and E. Chalker. "Vitamin C for Preventing and Treating the Common Cold." *Cochrane Database of Systematic Reviews* CD000980 (2013).

Herman, Arthur. *How the Scots Invented the Modern World.* New York: Crown, 2001.

Hess, A. F., and M. Fish. "Infantile Scurvy: The Blood, the Blood Vessels and the Diet." *American Journal of Diseases of Children* 8 (1914): 385–405.

Hess, Alfred F. *Scurvy: Past and Present.* Philadelphia: Lippincott, 1920. Available at http://chla.library.cornell.edu.

Hirschmann, J. V., and G. J. Raugi. "Adult Scurvy." *Journal of the American Academy of Dermatology* 41 (1999): 895–906.

Hodges, R. E., E. M. Baker, J. Hood, H. E. Sauberlich, and S. E. March. "Experimental Scurvy in Man." *American Journal of Clinical Nutrition* 22 (1969): 535–48.

Hodges, R. E., J. Hood, J. E. Canham, H. E. Sauberlich, and E. M. Baker. "Clinical Manifestations of Ascorbic Acid Deficiency in Man." *American Journal of Clinical Nutrition* 24 (1971): 432–43.

Holst, A. "Experimental Studies Relating to 'Ship Beri-Beri' and Scurvy." *Journal of Hygiene* 7 (1907): 619–33.

Holst, A., and T. Frølich. "Experimental Studies Relating to Ship Beri-Beri and

Scurvy." *Journal of Hygiene* 7 (1907): 634–71.

Hopkins, F. G. "The Analyst and the Medical Man." *Analyst* 31 (1906): 385–404.

———. "Feeding Experiments Illustrating the Importance of Accessory Factors in Normal Dietaries." *Journal of Physiology* 44 (1912): 425–60.

———. "The Earlier History of Vitamin Research." Nobel Lecture (1929). NobelPrize.org. www.nobelprize.org/prizes/medicine/1929/hopkins/lecture/.

Huntford, Roland. *The Last Place on Earth*. New York: Modern Library, 1999.

Hurley, Dan. *Natural Causes: Death, Lies, and Politics in America's Vitamin and Herbal Supplement Industry*. New York: Broadway Books, 2006.

Hutchinson, Robert. *The Spanish Armada*. New York: Thomas Dunne, 2013.

Institute of Medicine, Food and Nutrition Board. *Dietary Reference Intakes for Vitamin C, Vitamin E, Selenium and Carentenoids*. Washington, DC: National Academy Press, 2000.

Ivanov, B. N. "Role of Ascorbic Acid in Photosynthesis." *Biochemistry (Moscow)* 79 (2014): 282–89.

Johnson, Steven. *The Ghost Map*. New York: Riverhead, 2007.

Johnston, C. S., F. M. Steinberg, and R. B. Rucker. "Ascorbic Acid." In *Handbook of Vitamins*, ed. Janos Zempleni. 4th ed. Boca Raton, FL: CRC Press, 2007.

Jukes, T. H. "The Identification of Vitamin C, an Historical Summary." *Journal of Nutrition* 118 (1988): 1290–93.

Karlowski, T. R., T. C. Chalmers, L. D. Frenkel, A. Z. Kapikian, T. L. Lewis, and J. M. Lynch. "Ascorbic Acid for the Common Cold. A Prophylactic and Therapeutic Trial." *JAMA* 231 (1975): 1038–42.

King, C. G., and W. A. Waugh. "The Chemical Nature of Vitamin C." *Science* 75 (1932): 357–58.

Kinsman, R. A., and J. Hood. "Some Behavioral Effects of Ascorbic Acid Deficiency." *American Journal of Clinical Nutrition* 24 (1971): 455–64.

Koplan, J. P., J. Annest, P. M. Layde, and G. L. Rubin. "Nutrient Intake and Supplementation in the United States (NHANES II)." *American Journal of Public Health* 78 (1986): 287–89.

Kuhn, Thomas S. *The Structure of Scientific Revolutions*. 4th ed. Chicago: University of

Chicago Press, 2012.

Kumar, M., and A. E. Axelrod. "Circulating Antibody Formation in Scorbutic Guinea Pigs." *Journal of Nutrition* 98 (1969): 411–44.

Lamb, Jonathan. *Scurvy: The Disease of Discovery.* Princeton, NJ: Princeton University Press, 2017.

Leach, R. D. "Sir Gilbert Blane, Bart, M.D. FRS (1749–1832)." *Annals of the Royal College of Surgeons of England* 62 (1980): 232–39.

Leshem, Y. "Plant Senescence Processes and Free Radicals." *Free Radical Biology and Medicine* 5 (1988): 39–49.

Levine, M., C. Conry-Cantelena, Y. Wang, R. W. Welch, P. W. Washko, K. R. Dhariwal, J. B. Park, A. Lazarev, J. F. Graumlich, J. King, and L. R. Cantilena. "Vitamin C Pharmacokinetics in Healthy Volunteers: Evidence for a Recommended Daily Allowance." *Proceedings of the National Academies of Science* 93 (1996): 3704–9.

Levine, M., Y. Wang, S. J. Padayatty, and J. Morrow. "A New Recommended Dietary Allowance of Vitamin C for Healthy Women." *Proceedings of the National Academies of Science* 98 (2001): 9842–46.

Lind, James. *A Treatise on the Scurvy,* 3rd ed. London, 1772; repr. Birmingham, AL: Classics in Medicine Library, 1980.

Lloyd, Christopher. "The Introduction of Lemon Juice as a Cure for Scurvy." *Bulletin of the History of Medicine* 35 (1961): 123–32.

———. *The Health of Seamen.* London: Navy Records Society, 1965.

Lloyd, Christopher, and Jack L. S. Coulter. *Medicine and the Navy, 1200–1900.* Edinburgh: E. and S. Livingstone Ltd., 1961.

Lown, Bernard. *The Lost Art of Healing.* Boston: Houghton Mifflin, 1996.

Lunin, N. (1881): "Über die Bedeutung der anorganischen Salze für Ernährung des Thieres." *Zeitschrift für Physikalische Chemie* 5 (1881): 31.

Magiokinis, E., A. Beloukas, and A. Diamantis. "Scurvy: Past, Present and Future." *European Journal of Internal Medicine* 22 (2011): 147–52.

Maltz, A. "Casimer Funk, Nonconformist Nomenclature, and Networks Surrounding the Discovery of Vitamins." *Journal of Nutrition* 143 (2013): 1013–20.

Mandl, J., A. Szarka, and G. Banhegyi. "Vitamin C: Update on Physiology and Pharmacology." *British Journal of Pharmacology* 157 (2009): 1097–1110.

Marcus, D. M. "Dietary Supplements: What's in a Name? What's in the Bottle?" *Drug Testing Analysis* 8 (2015): 410–12.

Markham, Sir Clements R., ed. *The Voyages of Sir James Lancaster, KT, to the East Indies.* Miami: Hard Press, 2014.

McCollum, E. V., and M. Davis. "The Necessity of Certain Lipins in the Diet during Growth." *Journal of Biological Chemistry* 15 (1913): 167–75.

McCollum, Elmer V. *A History of Nutrition.* Boston: Houghton Mifflin, 1957.

Medical Research Committee. *Report on the Present State of Knowledge Concerning Accessory Food Factors (Vitamines).* Special Reports Series No. 20. London: His Majesty's Stationery Office, 1919.

Medical Research Council. *Vitamins: A Survey of Present Knowledge.* Medical Research Council Special Reports Series No. 167. London: His Majesty's Stationery Office, 1932.

Moss, Ralph W. *Free Radical: Albert Szent-Gyorgyi and the Battle over Vitamin C.* New York: Paragon House, 1988.

Murad, S., D. Grove, K. A. Lindberg, G. Reynolds, A. Sivarajah, and S. R. Pinnell. "Regulation of Collagen Synthesis by Ascorbic Acid." *Proceedings of the National Academies of Science* 78 (1981): 2879–82.

Murphy, S. P., D. Rose, M. Hudes, and F. E. Viteri. "Demographic and Economic Factors Associated with Dietary Quality for Adults in the 1987–88 Nationwide Food Consumption Survey." *Journal of the American Dietetic Association* 92 (1992): 1352–57.

Nandi, A., K. Mukhopadhyay, M. K. Ghosh, D. J. Chattopadhyay, and I. B. Chatterjee. "Evolutionary Significance of Vitamin C Biosynthesis in Terrestrial Vertebrates." *Free Radical Biology and Medicine* 22 (1997): 1047–54.

Nytko, K. J., N. Maeda, P. Schafli, P. Spielman, R. H. Wengler, and D. P. Stiehl. "Vitamin C Is Dispensable for Oxygen Sensing in Vivo." *Blood* 117 (2010): 5485–93.

Offit, Paul A. *Do You Believe in Magic? The Sense and Nonsense of Alternative Medicine.* New York: HarperCollins, 2013.

Osborne, T. B., and L. B. Mendel. "Feeding Experiments with Artificial Food-Substances." Carnegie Institution Publication No. 156 (1911).

_____. "The Relation of Growth to the Chemical Constituents of the Diet." *Journal of Biological Chemistry* 15 (1913): 311–26.

Parrow, N. L., J. A. Leshin, and M. Levine. "Parenteral Ascorbate as a Cancer Therapeutic: A Reassessment Based on Pharmacokinetics." *Antioxidants and Redox Signaling* 19 (2013): 2141–56.

Pauling, Linus. "The Nature of the Chemical Bond: Application of Results Obtained from the Quantum Mechanics and from a Theory of Paramagnetic Susceptibility to the Structure of Molecules." *Journal of American Chemical Society* 53 (1931): 1367–1400.

_____. *The Nature of the Chemical Bond*. Ithaca, NY: Cornell University Press, 1960.

_____. "Orthomolecular Psychiatry." *Science* 160 (1968): 265–71.

_____. "The Significance of the Evidence about Ascorbic Acid and the Common Cold." *Proceedings of the National Academies of Science* 68 (1971): 2678–81.

_____. *Vitamin C, the Common Cold and the Flu*. San Francisco: W. H. Freeman, 1976.

Pauling, L., and R. B. Corey. "Atomic Coordinates and Structure Factors for Two Helical Configurations of Polypeptide Chains." *Proceedings of the National Academies of Science* 37 (1951): 235–40.

_____. "Configurations of Polypeptide Chains with Favored Orientations around Single Bonds: Two New Pleated Sheets." *Proceedings of the National Academies of Science* 37 (1951): 729–40.

_____. "The Pleated Sheet, a New Layer Configuration of Polypeptide Chains." *Proceedings of the National Academies of Science* 37 (1951): 251–56.

_____. "The Polypeptide-Chain Configuration in Hemoglobin and Other Globular Proteins." *Proceedings of the National Academies of Science* 37 (1951): 282–85.

_____. "The Structure of Feather Rachis Keratin." *Proceedings of the National Academies of Science* 37 (1951): 256–61.

_____. "The Structure of Fibrous Proteins of the Collagen-Gelatin Group." *Proceedings of the National Academies of Science* 37 (1951): 272–81.

_____. "The Structure of Hair, Muscle and Related Proteins." *Proceedings of the*

National Academies of Science 37 (1951): 261–71.

_____. "The Structure of Synthetic Polypeptides." *Proceedings of the National Academies of Science* 37 (1951): 241–50.

_____. "A Proposed Structure for the Nucleic Acids." *Proceedings of the National Academies of Science* 39 (1953): 84–97.

Pauling, L., R. B. Corey, and H. R. Branson. "The Structure of Proteins: Two Hydrogen-Bonded Helical Configurations of the Polypeptide Chain." *Proceedings of the National Academies of Science* 37 (1951): 205–11.

Pauling, L., H. A. Itano, S. J. Singer, and I. C. Wells. "Sickle Cell Anemia: A Molecular Disease." *Science* 110 (1949): 543–48.

Pemberton, J. "Medical Experiments Carried out in Sheffield on Conscientious Objectors to Military Service during the 1939–45 War." *International Journal of Epidemiology* 35 (2006): 556–58.

Penn-Barwell, J. G. "Sir Gilbert Blane FRS: The Man and His Legacy." *Journal of the Royal Naval Medical Service* 102 (2016): 61–66.

Peters, E. M., J. M. Goetzsche, B. Grobbelaar, and T. D. Noakes. "Vitamin C Supplementation Reduces the Incidence of Postrace Symptoms of Upper-Respiratory-Tract Infection in Ultramarathon Runners." *American Journal of Clinical Nutrition* 57 (1993): 170–74.

Pijoan, M., and E. L. Lozner. "Vitamin C Economy in the Human Subject." *Bulletin of the Johns Hopkins Hospital* 75 (1944): 303–14.

Piro, A., G. Tagarelli, P. Lagonia, A. Tagarelli, and A. Quattrone. "Casimer Funk: His Discovery of the Vitamins and Their Deficiency Disorders." *Annals of Nutrition and Metabolism* 57 (2010): 85–88.

Public Health England. *Government Dietary Recommendations.* London: The Stationery Office, 2016, https://assets.publishing.service.gov.uk/government/uploads/system/uploads/attachment_data/file/618167/government_dietary_recommendations.pdf.

Rankin, A., and J. Rivest. "Medicine, Monopoly, and the Premodern State—Early Clinical Trials." *New England Journal of Medicine* 375 (2016): 106–9.

Ravenstein, Ernst G., ed. *A Journal of the First Voyage of Vasco da Gama, 1497–99.* New

York: Burt Franklin, 2017. First published in 1898 by the Hakluyt Society (London).

Ritchie, C. "Contributions to the Pathology and Treatment of the Scorbutus, Which Is at Present Prevalent in Various Parts of Scotland." *Monthly Journal of Medical Science* 2, no. 13 (1847): 38–49.

Ritzel, G. "Critical Evaluation of the Prophylactic and Therapeutic Properties of Vitamin C with Respect to the Common Cold." *Helvetica Medica Acta* 28 (1961): 63–68.

Roddis, Louis H. *James Lind: Founder of Nautical Medicine.* New York: Henry Schuman, 1950.

Sabiston, B. H., and M. W. Radonski. "Health Problems and Vitamin C in Canadian Northern Military Operations." Defense and Civil Institute of Environmental Medicine Report No. 74-R-1012 (1974), www.mv.helsinki.fi/home/hemila/CC/Sabiston_1974_ch.pdf.

Semba, R. D. "The Discovery of the Vitamins." *International Journal of Vitamin Nutrition Research* 82 (2012): 310–15.

Shah, S. K., F. G. Miller, D. C. Darton, D. Duenas, C. Emerson, H. Fernandez Lynch, E. Jamrozik, N. S. Jecker, D. Kamuya, M. Kapulu, J. Kimmelman, D. Mackay, M. J. Memoli, S. C. Murphy, R. Palacios, T. L. Richie, M. Roestenberg, A. Saxena, K. Saylor, M. J. Selgelid, V. Vaswani, and A. Rid, "Ethics of Controlled Human Infection to Address COVID-19." *Science* 368 (2020): 832–34.

Smirnoff, N. "Ascorbic Acid Metabolism and Function: A Comparison of Plants and Animals." *Free Radical Biology and Medicine* 122 (2018): 116–29.

Smirnoff, N., and G. L. Wheeler. "Ascorbic Acid in Plants: Biosynthesis and Function." *Critical Reviews in Biochemistry and Molecular Biology* 35 (2000): 291–414.

Smith, A. H. "A Historical Inquiry into the Efficacy of Lime Juice for the Prevention and Cure of Scurvy." *Journal of the Royal Army Medical Corps* 1 (1919): 93–116; 188–208.

Stare, F. J., and I. M. Stare. "Charles Glen King, 1896–1988." *Journal of Nutrition* 118 (1988): 1272–77.

Stewart, C. P., and Douglas Guthrie, eds. *Lind's Treatise on Scurvy.* Edinburgh:

Edinburgh University Press, 1953.

Stockman, R. "James Lind and Scurvy." *Edinburgh Medical Journal* 33 (1926): 329–50.

Stubbs, B. J. "Captain Cook's Beer: The Antiscorbutic Use of Malt and Beer in Late 18th Century Sea Voyages." *Asia Pacific Journal of Clinical Nutrition* 13 (2003): 129–37.

Svirbely, J. L., and A. Szent-Györgyi. "The Chemical Nature of Vitamin C." *Biochemical Journal* 26 (1932): 865–70.

_____. "Hexuronic Acid as the Antiscorbutic Factor." *Nature* 129 (1932): 576.

Szent-Györgyi, A. "Observations on the Function of Peroxidase Systems and the Chemistry of the Adrenal Cortex: Description of a New Carbohydrate Deriviative." *Biochemical Journal* 22 (1928): 1387–410.

_____. "On the Mechanism of Biological Oxidation and the Function of the Suprarenal Gland." *Science* 72 (1930): 125–26.

_____. "Oxidation, Energy Transfer and Vitamins." Nobel Lecture (1937). NobelPrize.org. www.nobelprize.org/prizes/medicine/1937/szent-gyorgyi/lecture.

_____. "Lost in the Twentieth Century." *Annual Review of Biochemistry* 32 (1963): 1–15.

Thomas, W. R., and P. G. Holt. "Vitamin C and Immunity: An Assessment of the Evidence." *Clinical and Experimental Immunology* 32 (1978): 370–79.

Tucker, J., T. Fischer, L. Upjohn, D. Mazzera, and M. Kumar. "Unapproved Pharmaceutical Ingredients Included in Dietary Supplements Associated with U.S. Food and Drug Administration Warnings." *JAMA Network Open* 1, no. 6 (2018): e183337.

Washko, P. W., Y. Wang, and M. Levine. "Ascorbic Acid Recycling in Human Neutrophils." *Journal of Biological Chemistry* 268 (1993): 15531–35.

Waugh, W. A., and C. G. King. "Isolation and Identification of Vitamin C." *Journal of Biological Chemistry* 97 (1932): 325–31.

Wharton, M. "Sir Gilbert Blane Bt (1749–1834)." *Annals of the Royal College of Surgeons of England* 66 (1984): 375–76.

Wilson, C. W. M., and H. S. Loh. "Common Cold and Vitamin C." *Lancet* 1 (1973): 638–41.

Wilson, E. A. "The Medical Aspect of the Discovery's Voyage to the Antarctic." *British Medical Journal* 2 (1905): 77–80.

Wilson, Edward A. *Diary of the Discovery Expedition*. London: Blandford Press, 1966.

Wilson, L. G. "The Clinical Definition of Scurvy and the Discovery of Vitamin C." *Journal of the History of Medicine and Allied Sciences* 30 (1975): 40–60.

Woodham-Smith, Cecil. *The Great Hunger: Ireland 1845–1849*. New York: E. P. Dutton, 1980.

Young, V. R. "Evidence for a Recommended Daily Allowance for Vitamin C from Pharmacokinetics: A Comment and Analysis." *Proceedings of the National Academies of Science* 93 (1996): 14344–48.

Zilva, S. S. "Recent Progress in the Study of Experimental Scurvy." *Proceedings of the Royal Society of Medicine* 18 (1925): 1–9.

_____. "Hexuronic Acid as the Antiscorbutic Factor." *Nature* 129 (1932): 943.

_____. "The Isolation and Identification of Vitamin C." *Archives of Disease in Childhood* 10 (1935): 253–64.

감사의 말

마이클 라슨Michael Larsen이 시간을 아끼지 않고 조언한 덕분에 나는 글쓰기 모임 두 개를 조직할 수 있었다. 마이클과 글쓰기 모임 구성원인 리처드 베일리Richard Bailey, 준 존슨June Johnson, 할런 루윈Harlan Lewin, 케메 린Keh-Meh Lin, 바버라 미셸먼Barbara Michelman, 제인 피어슨Jane Pearson, 브리기테 슐체 필리보지안Brigitte Schulze Pilibosian, 스콧 샐린저Scott Salinger, 스티브 소도코프Steve Sodokoff, 시드니 사우버Sydney Sauber, 롤린 워커Rolene Walker에게 나는 큰 빚을 졌다. 도나 페리에로Donna Ferriero, 조너선 실버먼Jonathan Silberman, 프랭크 샤프Frank Sharp는 이 책의 초안을 받고 골머리를 앓으면서도 내게 통찰과 격려를 보냈다.

크리스틴 아이리스Cristen Iris는 노련한 편집 실력을 발휘하며 내게 가장 중요한 조언과 격려의 말을 해주었다. 크리스틴은 주어진 의무를 초월해 이 책의 출판을 도왔다. 원고의 초기 버전은 대니엘

굿맨Danielle Goodman이 편집했고, 이후에는 스테이시 스메코프스키 Stacey Smekofske가 편집했다. 책에 남아 있는 오류는 전적으로 나의 잘못이며, 내가 다른 이의 조언을 따르지 않은 탓이다.

나는 사서들에게도 빚을 졌다. 샌프란시스코 메카닉스 인스티 튜트Mechanics Institute 도서관은 일하기 좋은 환경을 조성하고 작가를 전폭적으로 지원하는 훌륭한 자원이다. 하버드 의학전문대학원의 카운트웨이 의학 도서관 사서들과 캘리포니아대학교 버클리캠퍼스의 생물과학·천연자원·공중보건 도서관의 사서들은 내가 잘 알려지지 않은 참고문헌을 찾을 때 기꺼이 도와주었다. 캘리포니아대학교 샌프란시스코캠퍼스의 의학 도서관은 오래된 책과 학술지의 보고였다.

이 책을 완성한 제이크 보너Jake Bonar와 프로메테우스북스 Prometheus Books 직원들께 감사드린다. 이들은 뛰어난 전문가로서 신인 작가에게 무한한 인내심을 발휘했다.

비타민에 관심이 있는 사람이라면 모두 케네스 J. 카펜터Kenneth J. Carpenter 교수에게 감사해야 한다. 카펜터 교수가 집필한 전문 역사서《괴혈병의 역사와 비타민 C The History of Scurvy and Vitamin C》는 참으로 귀중하다. 비타민 C의 역사를 깊이 파고들고 싶은 독자가 가장 먼저 읽는 책이다.

물론, 내게 사랑과 격려와 인내를 베풀어준 아내 수전 세모노프Susan Semonoff에게는 아무리 감사의 말을 보내도 충분하지 않을 것이다.